Kohlhammer

Das Jugendalter

Herausgegeben von Rolf Göppel

Der Autor

Tillmann F. Kreuzer, Dr. päd., Dipl.-Päd., Mag., Akademischer Rat an der PH Ludwigsburg am Institut für Erziehungswissenschaft in der Abteilung Allgemeine Pädagogik mit dem Schwerpunkt Psychoanalytische Pädagogik. Forschungsschwerpunkte in Kindheit, Jugend, Familie, Psychoanalytische Pädagogik, Psychoanalyse und Literatur sowie mentalisierungsbasierte Pädagogik. Mit-Herausgeber der Zeitschrift Kinder- und Jugendlichen-Psychotherapie. Zeitschrift für Psychoanalyse und Tiefenpsychologie. Analytischer und tiefenpsychologisch fundierter Kinder- und Jugendlichenpsychotherapeut in freier Praxis.

Tillmann F. Kreuzer

Die Jugendlichen und ihre Geschwisterbeziehungen

Verlag W. Kohlhammer

Dieses Werk einschließlich aller seiner Teile ist urheberrechtlich geschützt. Jede Verwendung außerhalb der engen Grenzen des Urheberrechts ist ohne Zustimmung des Verlags unzulässig und strafbar. Das gilt insbesondere für Vervielfältigungen, Übersetzungen, Mikroverfilmungen und für die Einspeicherung und Verarbeitung in elektronischen Systemen.

Die Wiedergabe von Warenbezeichnungen, Handelsnamen und sonstigen Kennzeichen in diesem Buch berechtigt nicht zu der Annahme, dass diese von jedermann frei benutzt werden dürfen. Vielmehr kann es sich auch dann um eingetragene Warenzeichen oder sonstige geschützte Kennzeichen handeln, wenn sie nicht eigens als solche gekennzeichnet sind.

Es konnten nicht alle Rechtsinhaber von Abbildungen ermittelt werden. Sollte dem Verlag gegenüber der Nachweis der Rechtsinhaberschaft geführt werden, wird das branchenübliche Honorar nachträglich gezahlt.

Dieses Werk enthält Hinweise/Links zu externen Websites Dritter, auf deren Inhalt der Verlag keinen Einfluss hat und die der Haftung der jeweiligen Seitenanbieter oder -betreiber unterliegen. Zum Zeitpunkt der Verlinkung wurden die externen Websites auf mögliche Rechtsverstöße überprüft und dabei keine Rechtsverletzung festgestellt. Ohne konkrete Hinweise auf eine solche Rechtsverletzung ist eine permanente inhaltliche Kontrolle der verlinkten Seiten nicht zumutbar. Sollten jedoch Rechtsverletzungen bekannt werden, werden die betroffenen externen Links soweit möglich unverzüglich entfernt.

1. Auflage 2022

Alle Rechte vorbehalten
© W. Kohlhammer GmbH, Stuttgart
Gesamtherstellung: W. Kohlhammer GmbH, Stuttgart

Print:
ISBN 978-3-17-030224-2

E-Book-Formate:
pdf: ISBN 978-3-17-030225-9
epub: ISBN 978-3-17-030226-6

Inhaltsverzeichnis

Vorwort		**9**

1	**Gemeinsames Aufwachsen in der Familie: Der Rahmen, in dem Geschwisterbeziehungen sich entwickeln**	**15**

Die Bedeutung der Mutter für die sich entwickelnden
Geschwisterbeziehungen 18
Die Bedeutung des Vaters für die sich entwickelnden
Geschwisterbeziehungen 23

2	**Geschwisterlichkeit**	**34**

Definitionen und Formen von Geschwisterlichkeit 35
Aktuelle Trends bezüglich Familiengröße,
Geschwisterzahl und deren Folgen 35
Kinderlosigkeit und Geschwisterlosigkeit 37
Varianten der »Geschwisterlichkeit« jenseits
der Normalform der leiblichen Geschwister 40
Ist die Vielfalt der unterschiedlichen Formen und
Qualitäten von Geschwisterbeziehungen letztendlich
theoretisch unverstehbar und undurchdringbar? 50

Inhaltsverzeichnis

3	**Geschwisterkonstellationen und ihre Folgen – Traditionen und Positionen der Geschwisterforschung**	**54**

Die Anfänge bei Freud und Jung	55
Geschwisterpostion und Lebensstil: Alfred Adler	55
Die Ausdifferenzierungen durch Walter Toman	59
Weitere Studien	65
Das Thema »häusliche Verpflichtungen Jugendlicher« und die Geschwisterforschung	74
Das Thema »care giving« und »tutoring« durch ältere Geschwister	75

4	**Mustertypen, Kernthemen und Kernkonflikte von Geschwisterbeziehungen**	**79**

Geschwisterbeziehungstypen nach E.M. Hethrington	81
Geschwisterbeziehungstypen nach D.T. Gold	84
Loyiltät und Rivalität als Kernthemen von Geschwisterbeziehungen	87
Die Bedeutung der Geschlechterkonstellation in Geschwisterbeziehungen	89

5	**Entwicklungsaufgaben und Probleme des Jugendalters**	**95**

Zur seelischen Dynamik des Jugendalters	96
Selbstfindung und Selbstwerdung in der Jugend	103
Jugend als eine abgrenzbare Entwicklungs- oder Lebensphase?	105
Fragestellungen, Themen und Thesen der Jugendforschung	110
Phasen und innerseelische Konflikte der Jugendlichen in der psychoanalytischen Entwicklungspsychologie	116

6	**Jugendliche, ihre Eltern und ihre Geschwister im Jugendalter – neue Herausforderungen, neue Konflikte, veränderte Beziehungen**	**123**

Familienerziehung: Können Eltern die Erziehung
an Geschwister übergeben? 124
Wie wird die Übergabe von Verantwortung
von den Jugendlichen erlebt? Inwiefern stellt
sie sich als Bürde dar? 125
Wie wirkt sich Ungleichbehandlung durch die Eltern
auf die Geschwisterbeziehung aus? 128
Welche Rolle spielen Geschwister beim Zerbrechen
der Ursprungsfamilie füreinander? 132
Geschwister – lebenslang Vertraute und Verbündete
oder eher Konkurrenten und Rivalen? 134
Welche Besonderheiten ergeben sich beim
Aufwachsen mit chronisch kranken oder behinderten
Geschwistern im Jugendalter? 141

7	**Inwiefern fungieren ältere Geschwister für ihre jüngeren Geschwister als »Erzieher«?**	**147**

Ältere Geschwister erziehen durch zeigen und vor-
machen, jüngere Geschwister lernen durch nachahmen 148
Welcher Stellenwert kommt der Erziehung von
Geschwistern durch Geschwister in der Pädagogik zu? 159
Welche Rolle spielen explizite »Erziehungsziele«
im Umgang der Geschwister? 167

8	**Schluss: Geschwister als Herausforderung und Chance**	**174**

Literatur		**181**

Vorwort

»Meine Geschwister waren enorm wichtig für meine Entwicklung! In den ersten Jahren war es vor allem meine Schwester, die eine große Rolle gespielt hat. Sie war Spielkameradin, Erzieherin, Vorbild und Gesprächspartner. ... Meine Schwester war auch oft meine engste Vertraute. Wir haben über Probleme in der Schule, mit den Eltern, mit Freundinnen und später dann auch über Jungs und den Glauben gesprochen.«

Leonie (20 Jahre), jüngste Schwester von fünf Geschwistern

»Meine Schwester war maßgeblich an meiner Prägung im Kindes- und Jugendalter beteiligt. Im Jugendalter hingegen änderte sich unser Verhältnis. Auch wenn es hin und wieder zu Auseinandersetzungen kam, intensivierte sich unser Kontakt ab dem 12. Lebensalter. In dieser Phase war meine Schwester für meine Erziehung und Sozialisation bedeutender als meine Eltern und erster Ansprechpartner, auch hinsichtlich persönlicher Belange, was wiederum auf Wechselseitigkeit beruhte. Ab dem 14. Lebensjahr ging ich auch primär mit meiner Schwester und ihren Freunden weg, wodurch ich zunächst ihre deutlich älteren Freunde kennen lernte. Es baute sich eine immer engere Bindung und ein gemeinsamer Freundeskreis auf. Auch heute unternehme ich viel mit meiner Schwester und wir besitzen einen sich in großen Teilen überschneidenden Freundeskreis.«

Jannis (20 Jahre), jüngerer Bruder einer Schwester

»Geschwister kennen sich inniger als Freunde oder Eltern, vorausgesetzt der Altersunterschied ist nicht zu groß. Auch ein räumliches Zusammensein (gleiches Zuhause) spielen hierbei eine Rolle. ... Vor allem in der Pubertät wurden Freunde für mich zusehends wichtiger. Da meine Geschwister 5 bzw. 8 Jahre jünger sind als ich, fehlt diesen in einem gewissen Alter die Mitsprachemöglichkeit. ...

Heutzutage kommt meine jüngere Schwester häufig hier her, um mich zu besuchen. Bei gemeinsamen Unternehmungen sind oftmals Freunde von mir dabei, mit diesen versteht sie sich gut ... Speziell das Problem des Altersunterschieds bedingt im Jugendalter, dass Jugendliche sich bevorzugt mit Gleichaltrigen austauschen.«

Jörg (21 Jahre), ältester Bruder von vier Geschwistern

Geschwister sind für diejenigen, die Geschwister haben, aus ihrem Leben nicht wegzudenken. Sie beeinflussen sich wechselseitig, wie Leonie, Jannis und Jörg dies in den einführenden Zitaten deutlich unterstreichen. Geschwister sind gegeben, aussuchen kann man sie sich nicht. Sie sind neben den Eltern die ersten Bezugspersonen im Leben eines Kindes. Sie sind für die persönliche Entwicklung von größter Bedeutung – egal ob im Negativen oder wie in den Narrationen mehrheitlich im Positiven. Geschwisterbindungen entstehen und sind intime wie auch öffentliche Beziehungen zwischen zwei oder mehr Geschwistern. Sie sind von zentraler Bedeutung und damit eine nicht zu vernachlässigende Einflussgröße in ihrem Leben.

In diesem Buch stehen die Jugendlichen und ihre Geschwister(beziehungen) im Zentrum des Interesses. In einem Forschungsprojekt konnten durch eine qualitative Interviewstudie von Studierenden an der Pädagogischen Hochschule Ludwigsburg Narrationen erhoben werden, die als Grundlage dienen. Bei den Narrationen der Studierenden handelt es sich um Äußerungen junger Menschen, die in der Phase des jungen Erwachsenenalters, dem *emering adulthood*, angekommen sind. Es sind junge Erwachsene, die sich meist noch selbst als »Jugendliche« (ca. 80 %) bezeichnen. Die Jugendlichen und jungen Erwachsenen haben im rekonstruktiven Verfahren der Narrationen (vgl. Bohnsack 2008) ihre Jugend und ihre Beziehungen zu ihren Geschwistern beschrieben. Dabei erklären sie vielfach und vielfältig, dass Geschwister weder austauschbar noch ersetzbar sind, wie beispielsweise Freunde. Für die meisten jungen Menschen waren und sind ihre Geschwister unersetzlich. Ihre Beziehungen gestalten sich bunt – jeweils beeinflusst durch das gemeinsame Aufwachsen und die Förderung der Beziehung durch die Eltern.

So wendet sich das erste Kapitel (▶ Kap. 1) der Familie, dem äußeren Rahmen der Geschwister, zu. Die Grundlage jeder Geschwisterbeziehung ist das gemeinsame Aufwachsen. Es entsteht eine lebenslang miteinander verbundene Geschichte, die mit der Wendung der Familie von der Triade hin zur Polyade beginnt. Dies bedeutet, dass die Familie bereits existiert und weiterwächst, wenn ein zweites oder drittes oder weiteres Kind hinzutritt. Das gemeinsame Aufwachsen der Geschwister in einem Haushalt ist in der Regel bindungsfördernd und es ermöglicht einen lebenslangen Austausch an Erfahrungen und Erinnerungen. Dies findet bei einem positiven, aktiv durch die verschiedenen Elternteile geförderten Kontakt auch bei Adoptiv- und Halbgeschwistern, oder in weitere entstehenden Familienformen und -strukturen statt. Verantwortlich hierfür sind vor allem die Eltern – was in den Narrationen immer wieder betont wird.

Innerhalb des intimen Rahmens der Familie können Kinder und Jugendliche ihre Fähigkeit zur Interaktion erproben und entwickeln. Diese Entwicklung wiederum nimmt Einfluss darauf, wie sich die Geschwisterbeziehung selbst gestaltet. Heute gestaltet sich diese Entwicklung zunehmend schwieriger, da die Anzahl von Geschwistern in Familien abnimmt und die meisten Jugendlichen nur noch mit einem Geschwister aufwachsen (Sohni 2004, World Vision 2010), oder aber eine neue Form von Geschwisterlichkeit in Patchworkfamilien entsteht, in der sowohl biologische als auch soziale Geschwister in Verbindung zueinander treten (Papastefanou 2002). Geschwister gehen quantitativ in ihrer Anzahl in einer Familie zunehmend zurück und oftmals gibt es nur noch Paargeschwister, welche oft nicht mehr gemeinsam, sondern in verschiedenen Räumen aufwachsen. Hierbei sind neben unterschiedlichen Zimmern in der elterlichen Wohnung oder im elterlichen Haus auch nicht geteilte Umwelten gemeint – wie beispielsweise unterschiedliche Kindergärten oder verschiedene schulische Einrichtungen.

Im zweiten Kapitel (▶ Kap. 2) werden die »Definitionen und Formen von Geschwisterlichkeit« sowie die verschiedenen Möglichkeiten von Geschwisterlichkeit diskutiert. Wer zählt als Geschwister und welche »Voraussetzungen« müssen erfüllt sein? So zählen neben den Vollgeschwistern, die gemeinsam oder getrennt voneinander aufwachsen können, ebenso Halb-, Stief- oder Adoptivgeschwister dazu. Im Kapitel werden die jeweils unterschiedlichen Beziehungskonstellationen aufgegriffen und in ihrer eigenen Dynamik dargestellt.

Im dritten Kapitel (▶ Kap. 3) »Geschwister als Umgebungsfaktoren – Positionen und Konstellationen in der Forschung« werden die bisherigen Forschungsergebnisse näher betrachtet. Dazu wird näher auf die Ursprünge der Geschwisterforschung bei Alfred Adler und Walter Toman eingegangen. Insbesondere Toman hat sich mit den »Familienkonstellationen« (1965/2020) auseinandergesetzt, welche in Bezug auf die Haupttypen der Brüder und Schwestern kursorisch vorgestellt werden. Weiter rücken zwei wesentliche Aspekte in den Vordergrund, die bisher meist nicht untersucht worden sind: die häuslichen Verpflichtungen sowie der Betreuungsgedanke – »care giving«. Diese Art der geschwisterlichen Solidarität äußert sich in den Narrationen überwiegend durch gegenseitige Verpflichtungen, Verantwortung, Hilfsbereitschaft und Hilfeleistung, meist vom älteren dem jüngeren Geschwister gegenüber, oftmals ab einem gewissen Alter – oder gerade in der gemeinsam erlebten Adoleszenz, wechselseitig.

Die Besonderheiten der Geschwisterbeziehung im Jugendalter werden in Kapitel vier (▶ Kap. 4) thematisiert. Es werden verschiedene Typologien vorgestellt, welche in der Forschung herausgearbeitet worden sind. Zudem treten verschiedene Aspekte der Geschwisterbeziehung wie der Position oder die Konstellation sowie die Fragen nach den Genen und der Umwelt in den Vordergrund. Das Bedingungsgefüge von Jugend, die besonderen Aspekte der Geschwisterbeziehungen und die Bindung unter den Geschwistern, treten in besonderer Art und Weise hervor.

In Kapitel fünf (▶ Kap. 5) rückt die »Jugend als Lebensphase« sowie deren Erforschung in den Mittelpunkt. Hier wird die Dynamik der Jugend beleuchtet sowie der Frage nachgegangen, inwiefern diese Lebensphase sich von der vorherigen Kindheit und dem nachfolgenden Erwachsenenalter abgrenzen lässt. Es wird auch der Frage: Jugendforschung – Grundlage für die Geschwisterforschung?

nachgegangen. Hier findet eine Verbindung zwischen den beiden Forschungsschwerpunkten statt. Weiter werden die Phasen der Jugend in der psychoanalytischen Entwicklungspsychologie näher vorgestellt, die sich in die Prä- und Frühadoleszenz sowie die Spät- und Postadoleszenz unterteilen lassen.

Im nachfolgenden, sechsten Kapitel (▶ Kap. 6) »Phänomenologie des Jugendalters« sollen verschiedene Leitfragen zum Verhältnis der Geschwister mit-, unter-, von- und zueinander sowie zu ihren Eltern und Freunden diskutiert werden. Dabei werden Themen der Familienerziehung sowie der damit verbundenen Übergabe von Verantwortung an die Ältesten thematisiert. Wird dies von den Geschwistern als Bürde erlebt? Oder: Haben es älteste immer schwerer als jüngste Geschwister? So konnte herausgefunden werden, dass bei empfundenen Ungerechtigkeiten ein Geschwisterkind oft die Funktion übernimmt, verantwortlich für einen Ausgleich zwischen den Geschwistern zu sein oder sich so zu verhalten, dass es zum Ausgleich kommt (Ferring/Boll/Filipp 2005). Weiter wird gefragt, ob Geschwister gegenüber Eltern eine Einheit bilden können. Entsteht daraus eine tiefwurzelnde, lebenslange Verbundenheit oder bietet diese überhaupt erst die Möglichkeit, dass Geschwister füreinander einstehen können? Wie bedeutsam werden Geschwister, wenn die elterliche Paarbeziehung zerbricht und die familiäre Welt ins Wanken gerät?

Immer wieder wird auch über den Neid oder die Eifersucht unter Geschwistern diskutiert – aber welchen Anteil haben Eltern daran? Wie erleben Geschwister es, wenn ihre nächsten Angehörigen erkranken oder eine Behinderung erfahren? Erleben ältere das Hinzutreten jüngerer Geschwister tatsächlich heute noch als eine Entthronung?

Das abschließende siebte Kapitel (▶ Kap. 7) »Inwiefern fungieren ältere Geschwister für ihre jüngeren Geschwister als ›Erzieher‹?« widmet sich explizit dem Erziehen in der Geschwisterbeziehung. Anhand theoretischer Positionen wird das Zeigen, das Vorleben und das Vormachen als Anleitung von älteren für jüngere Geschwister thematisiert. Dadurch wird auch ersichtlich, dass ältere

Geschwister keinen expliziten Auftrag zur Vermittlung von Normen und Werten haben, sondern ausschließlich durch die gemeinsam geteilte Lebensumwelt erziehen. Ein funktionales und wechselseitiges Erziehen steht im Vordergrund – denn auch die jüngeren Geschwister haben ihren Einfluss. Es wird den Fragen nachgegangen: Wie wirkt sich Erziehung von Geschwistern im erzieherischen Prozess aus? Welche Erziehungsziele gelten für Geschwister? Gibt es diese »Ziele« überhaupt?

So sind die Geschwisterbeziehungen eingebettet in die Familienrealitäten und abhängig von einer Vielzahl unterschiedlichster Faktoren, die sich je nach Lebensalter und Entwicklung der individuellen oder familiären Schicksale verändern können. Sie können an Einfluss gewinnen oder verlieren – sie sind eben durch ihre unterschiedlichen Familienrealitäten geprägt. Diese definieren sich durch die Entstehungsgeschichte der Familie, ihre Werte und Normen, den Umgang der Eltern untereinander, mit den Kindern. Weiter durch das Verhalten der Geschwister untereinandern, wie sie auf einander reagieren und miteinander agieren, wenn es darum geht, bspw. eine kindliche Perspektive gegenüber der elterlichen durchzusetzen.

Diese individuellen familiären Realitäten sind ein weites Feld. Die einwirkenden Faktoren können sich in diesem Feld letztendlich nicht gänzlich erschließen lassen – so sind die geschilderten Realitäten jeweils nur ein Auszug, in denen versucht wird, den Jugendlichen und ihren Geschwistern in ihrem Labyrinth zu folgen.

1

Gemeinsames Aufwachsen in der Familie: Der Rahmen, in dem Geschwisterbeziehungen sich entwickeln

> Im ersten Kapitel wird die Familie als naturgegebener und kulturell geprägter Rahmen des Aufwachsens betrachtet. Hierbei stehen besonders Mutter und Vater im Fokus sowie die Frage, wie sich ihr elterliches Verhalten auf die Kinder und die Geschwisterbeziehungen auswirken kann.

Die wichtigste Aufgabe der Eltern ist es, ihre Kinder zu lieben, zu pflegen und zu erziehen. Die Beziehungen zwischen Eltern und Jugendlichen sind in dieser Entwicklungsphase oftmals konfliktreich, weisen auf die Dauer ihres Lebens betrachtet jedoch eine hohe Stabilität auf, die sich auch auf die Geschwisterbeziehungen auswirkt.

Jugendliche benötigten in der Adoleszenz ein Netzwerk, um die sich ihnen stellenden Entwicklungsaufgaben zu bewältigen. Dazu zählen neben Vater und Mutter vor allem *die Geschwister*.

In der Familie sammeln Kinder ihre ersten Erfahrungen mit anderen Menschen – Eltern, Geschwistern oder anderen nahestehenden Verwandten. »In der familiären Interaktion entwickeln sich Vorstellungen und Zuschreibungen von Rollen und Positionen der einzelnen Mitglieder innerhalb des Familiengefüges; es bilden sich Vorstellungen von Elternschaft, von Kind-Sein und dem Platz innerhalb der Familie, den jeder Einzelne innehat« (Ritzenfeldt 1998, S. 15). Bindungen entstehen, auf deren Basis später Ablösung und Autonomie schrittweise erprobt wird. Hier findet die Sehnsucht nach Beständigkeit ihren Ort und ermöglicht dadurch die Neugier auf Fremdes.

Das Fehlen der Geschwister bedeutet einerseits, dass es keine Konkurrenten um die elterliche Zuwendung gibt und dass andererseits in diesem familiären Rahmen keine Verantwortung für andere übernommen werden kann. Damit entfällt auf der horizontalen Ebene die Erfahrung, beziehungsweise Fertigkeit, für seine eigenen Belange gegenüber anderen einzutreten und diese auszuhandeln. Das Üben grundlegender sozialer Kompetenzen wie beispielsweise Einfühlungsvermögen, Verzicht, Sensitivität, Konfliktfähigkeit, Toleranz und Respekt vor den unterschiedlichen Erwartungen anderer Menschen können in außerfamiliären pädagogischen Institutionen nur erschwert erworben werden und das Kind muss immer mit dem Ausschluss aus der Gruppe rechnen. Trotz aller Diskussionen um die Stabilität und den vermeintlichen Funktionsverlust der Familie ist sie noch immer der häufigste und selbstverständliche Rahmen des Aufwachsens in unserer Gesellschaft. Sie wird immer Teil des sich wandelnden gesellschaftlichen Lebens bleiben, Geschwisterbeziehungen sind darin eingelagert. »Die Familie mit Eltern und Geschwistern ist für das Kind die erste soziale Gruppe, das erste langjährige Trainingsfeld für zwischenmenschliche Beziehungen« (Frick 2006, S. 10).

Mit Blick auf die vergangenen Jahrzehnte lässt sich feststellen, dass sich die Familie modernisiert. Zwar wird die Bezeichnung der Familie als »Keimzelle der Gesellschaft« (vgl. König 1945) bis heute kontrovers diskutiert, aber von einem »Zerfall der Familie« (Finger-Trescher 2000, S. 68) oder von ihrem Niedergang (Bertram 2003) kann weder mit Blick auf die aktuelle Realität noch mit Blick auf die Zukunftswünsche und -pläne der heutigen Jugendlichen gesprochen werden. Der gesellschaftliche Wandel geht jedoch einher mit der Auflösung bestimmter Strukturen, da für den individuellen Lebenserfolg nicht mehr primär die Abstammung oder die schichtenspezifische Zugehörigkeit, sondern das Bildungs- und Leistungsprinzip maßgebend geworden sind.

So wandelt sich auch Familie. Unterschiedliche Generationen von Kindern, die in unterschiedlichen Familienkonstellationen mit je unterschiedlichen Erziehungsleitbildern aufgewachsen sind, wurden in der Literatur als »(Nach-)Kriegskinder«, »Krisenkinder« bzw. »Konsumkinder« beschrieben (vgl. Preuß-Lausitz 1995).

Ulrich Becks (1986) These, dass die Individualisierung der Gesellschaft vornehmlich durch die Auflösung traditioneller Milieus und durch die Aufhebung der klassischen Geschlechterrollen ermöglicht wurde, wodurch auch eine Pluralisierung der Beziehungs- und Familienformen erfolgen konnte, kann zugestimmt werden. Der Familienbildungsprozess, die Dauer des Zusammenlebens, die innerfamiliäre Rollenaufteilung (»Hausmann«) veränderten sich und äußere Anreize wie etwa das Elterngeld oder die Elternzeit wurden neu geschaffen (vgl. Gotschall/Voß 2003; Mischau/Oechsele 2005).

Die Bedeutung der Mutter für die sich entwickelnden Geschwisterbeziehungen

In den primären Beziehungen werden die Grundlagen für gelingende Beziehungen innerhalb der Familie, unter Geschwistern und in den gesellschaftlichen Bezügen gelegt. Gelingende Primärbeziehungen führen dazu, dass anstehende entwicklungsbedingte Veränderungen im Lebensverlauf gut bewältigt werden.

Aus einem dyadischen Beziehungssystem und -modell (Sohni 1991, S. 214) zwischen den Partnern, in der Regel Mann und Frau, wird durch die Geburt des ersten Kindes ein triadisches Grundmodell. Diese kann sich dann durch weitere Geschwister über eine Tetrade weiter zur Polyade entwickeln.

Mütterlichkeit

Während Sigmund Freud die Mutter als Hauptverantwortliche für die gelingende Entwicklung des Kindes betrachtete, können wir heute nicht mehr von *einem* vorherrschenden Mutterbild sprechen, höchstens von Leitbildern, da verschiedene Lebensformen in der Postmoderne nebeneinander existieren, kulturellen und schichtenspezifisch bedingten Aspekten unterliegen und in der Übertragung auch auf Geschwister wirken. Sharon Hays (1998, S. 174f.), die das propagierte Mutterbild als »historisch konstruierte Ideologie« bezeichnet, fasst das heutige Leitbild einer »Supermutter« überspitzt zusammen:

> »Mühelos schafft sie den Spagat zwischen Heim und Arbeit. Diese Mutter kann mit der einen Hand einen Kinderwagen schieben und mit der anderen die Aktentasche tragen. Sie ist immer gut frisiert, ihre Strumpfhosen haben nie Laufmaschen, ihr Kostüm ist stets frei von Knitterfalten, und ihr Heim ist natürlich blitzsauber. Ihre Kinder sind makellos: Sie haben gute Manieren, sind aber nicht passiv, sondern putzmunter und strotzen vor Selbstbewusstsein.«

Mütterlichkeit wird heute zunehmend unter dem Gesichtspunkt »Arbeit mit den Kindern« betrachtet. Hierbei geht es um folgende drei Komponenten: Zum Ersten um die Komponente der physischen Versorgung, also die Ernährung und Pflege der Kinder. Zweitens um die sozial-kommunikative Komponente, was die Integration des Kindes in das soziale Umfeld meint und drittens um die psychisch-emotionale Komponente. Eine wichtige Erkenntnis in der zweiten Hälfte des 20. Jahrhunderts ist, dass neben den Müttern auch andere Bezugspersonen, bspw. Väter, Großeltern oder Geschwister, partiell die Betreuung der Kinder übernehmen können. Trotzdem ist die Bedeutung der frühen und intensiven Mutterbindung auch in der jüngeren Forschung immer wieder bestätigt worden (vgl. Kreuzer 2007).

Mütter und Töchter

In den Narrationen fanden sich bezogen auf den Betreuungs- und Versorgungsaspekt bei ältesten Geschwistern in der Regel nur wenige älteste Brüder, die im jugendlichen Alter ihre jüngeren Geschwister versorgend im Haus betreuten, während älteste Schwestern diese Rolle überwiegend übernommen hatten. Dies entspricht der Ansicht Donald W. Winnicotts (1960), dass es die mütterliche Fürsorge sei, welche von der Tochter in der Übertragung übernommen wird, die ihr die Fähigkeit verleiht, die »holding funciton« gegenüber dem jüngeren Geschwisterkind auszuüben. Da die Summe all dieser Erfahrungen des vertrauensvollen haltendsorgenden Umgangs zwischen den Geschwistern sich in deren Gefühlsleben verankert, können diese Erfahrungen lebenslang von grundlegender Bedeutung sein. Hier kann die prägende Erfahrung gemacht werden, geliebt oder vernachlässigt zu werden.

Dies lässt sich beispielsweise in den Narrationen von Sina (20 Jahre), älteste Schwester von vier Geschwistern, finden:

> »Meinen kleinsten Bruder habe ich sehr oft als mein ›Kind‹ angesehen. Er wurde von mir gefüttert, im Puppenwagen spazieren gefahren, in mein Pup-

penbett gelegt und von mir versorgt. ... Fakt ist, dass wir sehr viel und sehr gern miteinander gespielt haben und als Geschwister viel miteinander gemacht haben.

Da ich die ältere Schwester war, lag die Verantwortung für meinen Bruder bei mir. Eigentlich teilte meine Mutter die Aufgaben für den Haushalt fair auf. Ich sollte uns mittags das Essen warm machen und das Geschirr abräumen.«

Charles (20 Jahre) wiederum schildert dies aus der Sicht eines mittleren Bruders, der ältere sowie jüngere Schwestern hat:

»Meistens saß ich am Esszimmertisch und habe dort meine Hausaufgaben gemacht. Im Alter von zwölf bis achtzehn Jahren hat mir meistens meine ältere Schwester geholfen, wenn ich Hilfe gebraucht habe. Dies lief oft harmonischer ab als mit meiner Mutter, da ich mich hier eher gegen das Machen der Hausaufgaben gewehrt habe.

Als ich älter als achtzehn Jahre war, habe ich dann ab und an meiner jüngsten Schwester bei den Hausaufgaben geholfen. Das war aber doch recht selten, lief aber meist harmonisch ab. Meine Mutter hat hier jedoch eine größere Rolle gespielt als bei mir. Auch lief es bei meinen Schwestern viel harmonischer ab als bei mir.«

Die psychoanalytisch-pädagogische Forschung hat unter Berücksichtigung verschiedener Theorien, bspw. der Objektbeziehungstheorie nach Michael Balint (1966), Donald W. Winnicott (1967, 1974) und Otto Kernberg (1978, 1985), der Selbstpsychologie nach Heinz Kohut (1973, 1979) oder der Säuglingsforschung nach Martin Dornes (1997, 2006, 2009, 2010), Joseph Lichtenberg (1991) und Daniel Stern (1992), die Bedeutung der Beziehungsdynamik von Mutter-Vater-Kind für die Persönlichkeitsentwicklung in den Mittelpunkt gerückt. Demzufolge erwachsen aus den mütterlichen Eigenschaften soziale Haltungen und Einstellungen wie lieben, versorgen, einfühlen, verstehen, verbinden und integrieren, die an die nächste Generation weitergegeben werden und das Verhältnis und die Güte der Beziehung der Geschwister untereinander prägen. Heute ist der Begriff »Mütterlichkeit« nicht mehr nur an ein geschlechtsspezifisches Verstehen gebunden, sondern transportiert wesentliche menschliche Werte, die von Müttern, Vätern *und* Geschwistern vermittelt werden können (Winnicott 2008, S. 135f.).

Auswirkungen dyadischen Geschehens zwischen Mutter und Tochter und zwischen ältester und jüngerer Schwester

Die Mutter ist für viele Fragen auch heute noch die bedeutsamste Ansprechpartnerin für Jugendliche, was sich nicht nur durch die Shell- Jugendstudien, sondern auch durch die KIM- oder JIM-Studien sowie die Jugendstudie Baden-Württemberg (2013) belegen lässt. Für Töchter stellt sie die wichtigste Person im geschlechtsspezifischen Sozialisationsprozess dar. Für die Ältesten steht sie zur Geschlechtsrollenidentifizierung zur Verfügung, was die älteren an jüngeren Schwestern weitergeben.

Nach Jaques Lacan (1949) gleicht die Mutter-Tochter-Beziehung der analytischen Metapher des Spiegels. Die Mutter findet Anteile von sich selbst in ihrer Tochter und diese sieht eigene Anteile von sich in ihrer Mutter. Diese kann sie entweder ablehnen oder bejahen (Schottlaender 1961, S. 57f.). Diese Projektionen werden oftmals von der Ältesten an jüngere Schwestern weitergegeben. Häufig sind im Jugendalter bei Mädchen auf ihrer Identitätssuche und der Entwicklung ihres Selbst Verunsicherungen wahrzunehmen, wenn beim Nachdenken über sich und die Mutter Ähnlichkeiten und Unterschiede festgestellt werden. Sollte die Mutter-Tochter-Beziehung während der Adoleszenz konflikthaft verlaufen, wovon in der Regel auszugehen ist, ist die Gefahr für die Schwester-Schwester-Beziehung groß, auch konfliktreich zu verlaufen. Von Beginn an ist die Beziehung durch Gleichgeschlechtlichkeit bestimmt. Die Tochter wird zum Identischen der Mutter, vor allem die Älteste identifiziert sich mit ihr und kann im Übertragungsprozess die Identifizierung auf ihre jüngeren Geschwister übertragen. Hierzu bedarf es u. a. ein »bemutterndes« Verhalten gegenüber den Jüngeren. Diese primäre Identifikation und ihre Wirkung kann lebenslang bestehen bleiben.

Somit wird nachvollziehbar, wie stark die Verbindung der Gefühlswelten zwischen Mutter und Tochter sind und dass diese Problematik aus der Beziehungsdynamik resultiert: Die Ablösung der Tochter von der Mutter ist oftmals ein langwieriger und anstrengender Prozess, an dessen Ende neben der Ausbildung eigener Anteile auch die Akzeptanz von Anteilen der Mutter stehen kann. Der Vater wird hierfür als dritte Person dringend benötigt, um den Ablösungsprozess zu unterstützen und zu erleichtern. Die (reale) Abwesenheit des Vaters kann zu seiner Idealisierung führen, andererseits dazu, dass Töchter sich von der Mutter nicht ablösen können, bzw. Mütter ihre Töchter nicht ziehen lassen können. Der Prozess des »Anklammerns« und »Abstoßens« zwischen ältester und jüngerer Schwester scheint sich zu wiederholen. In der Jugend ist es denkbar, dass dann die Beziehung der Schwestern untereinander zwischen »pathologischer Liebe und reaktivem Hass« hin und her schwankt (Petri 1994, S. 63).

Saskia (18 Jahre) ist ältere Zwillingsschwester und wächst mit fünf weiteren Geschwistern auf.

> »Wenn meine Mutter gerade nicht da ist, bin ich immer für meinen kleinen Bruder da. Meine Geschwister bezeichnen mich schon als zweite Mama, da ich viel helfe, aber auch so streng wie Mama bin. Ich helfe meinem kleinen Bruder bei den Hausaufgaben und spiele mit ihm in der Freizeit. [...] Mein großer Bruder ist eher der gemütliche und steht mir manchmal zu Seite. Jedoch bin ich als Älteste der Chef der Kinder.«

Ihre Beziehung zur Mutter und ihr Verständnis für ihre jüngeren Schwestern werden deutlich, als sie erzählt:

> »In den Sommerferien wird meine Schwester mit ihrem Freund in den Urlaub fahren und ich werde mit auf eine Freizeit als Mitarbeiter gehen. Es ist Samstagmorgen und meine Mutter war mal wieder sehr früh einkaufen. Als ich aufgestanden bin, schlief meine Schwester noch. Immer wenn ihr Freund bei uns schläft, steht sie sehr spät auf. Ich lief nach unten in das Esszimmer, durch die Küche, zum Frühstück. Mein Platz ist der gegenüber von meiner Schwester. Auf ihrem Platz lagen schon wieder tausende von Sachen, die meine Mutter für sie eingekauft hat. Zum Beispiel Süßigkeiten, ein neues Strandtuch und ein neuer Bikini. Ich hingegen habe keine Dinge für mein Zeltlager bekommen. Ich fühlte mich ungerecht behandelt und zog mich zurück. Ich habe nicht darüber gesprochen oder es mir anmerken lassen. Ich hatte das Gefühl, dass meine Mutter alles Gute meiner Schwester gab, um sie gut dastehen zu lassen, da ihr Freund aus gutem Elternhause kommt und seine Eltern eine eigene Firma haben. Das ging einige Tage

so, bis ich mir mal Gedanken darüber gemacht habe, wie es wäre, wenn ich einen Freund hätte. Und dann ist mir klar geworden, dass meine Mutter wahrscheinlich das Gleiche für mich getan hätte. Heute weiß ich, dass meine Mutter nur das Beste für uns will und sie sich für mich und meinen Freund genauso einsetzt. Ich finde, dass ich richtig reagiert habe, denn hätte ich etwas gesagt oder es mir anmerken lassen, wäre nur eine große, unnötige Diskussion entstanden.«

Die Bedeutung des Vaters für die sich entwickelnden Geschwisterbeziehungen

Das Vaterbild stand immer mit im Zentrum des forschenden Denkens über Familie. Das (re-)präsentierte Vaterbild wirkt besonders auf die Söhne und prägt das Verhältnis unter den Geschwistern.

Väterlichkeit

Im historischen Verlauf lassen sich mehrere Schritte, die zu einer Entfremdung des Vaters aus de Familie führen, beobachten: Die Arbeitswelt wird durch die Industrialisierung vom familiären Leben getrennt, Kriege entfremden den Vater aus der Familie und die ältesten Söhne übernehmen oft in jugendlichem Alter die Rolle des abwesenden Vaters und bestimmen dadurch auch das Verhältnis zu den jüngeren Geschwistern. Zurückgekehrt blieb dem Vater zum Schutz des bedrohten Selbst nur die Überbewertung der beruflichen Arbeit, denn hier konnte er seine eigene Identität begründen (vgl. King 2010a, S. 21). Die »Flucht« heutiger Väter in den Beruf kann damit erklärt werden, dass ihnen schon der eigene Vater gefehlt hat. In dieser negativen Sicht auf den Vater sehen Mary Target und Peter Fonagy (2003, S. 76) eine typische Erscheinungsform westlicher Kultur.

1 Gemeinsames Aufwachsen in der Familie

Jörg (21 Jahre), ältester Bruder von vier Geschwistern, beschreibt dies im Hinblick auf die Entwicklung seiner Beziehung zu den Geschwistern:

> »Durch die Trennung meiner Eltern, vor mittlerweile acht Jahren, hat sich bzgl. der Entwicklung der Beziehung zwischen meinen Geschwistern und mir eine äußerst positive Wende zugetragen. ... Als der Älteste war ich häufig zu Geduld, Verständnis sowie Rücksicht gezwungen. ... Habe ich Aufgaben gestellt, hat sich mein jüngerer Bruder diesen gefügt, auch Vorschriften, die ich ihm manchmal in Erinnerung rufen musste, hielt er ein, meine Schwester war im Vergleich häufig uneinsichtiger und dickköpfiger.«

Wenn sich Väter heute zunehmend ihrer Bedeutung bewusst werden und einen Rollenwandel hin zu einer primären Betreuungsperson vollziehen, gestaltet sich auch die Situation des ältesten Bruders als Betreuungsperson neu. Männlichen Jugendlichen fällt es bisher meist schwer, Aufgaben zu übernehmen, die in traditionellen Rollenmustern in der Vergangenheit den Frauen zugesprochen wurden und auch heute oftmals noch so gesehen werden. Mit der Weiterentwicklung des Rollenverständnisses der Frau und die dadurch entstehenden Veränderungen im sozialen Gefüge wandelt sich auch die Rolle des Mannes, und die Kindererziehung wird zunehmend als Aufgabe des Paares angesehen (vgl. Pleck/Pleck 1997). Beispielsweise würde gerne ein Drittel der im Väterreport 2018 befragten Väter in Teilzeit arbeiten, um diesen Umstand zu ändern. Geschwister könnten so die Alltagspräsenz des Vaters wieder verstärkt wahrnehmen und dies sicherlich als bereichernd empfinden.

Zusammenfassend ist festzustellen, dass Jugendliche mit aktiven Vätern eine höhere soziale Kompetenz und eine höhere Stressresistenz besitzen. Sie zeigten mehr Einfühlsamkeit und geringere Geschlechtsrollenfixiertheit (BMFSFJ 2006b, S. 14).

Verena (18 Jahre), jüngste Schwester von zwei älteren Brüdern, erzählt:

> »Da ich die Kleinste der Familie bin, lag die Verantwortung meist bei meinen großen Brüdern. Zum Beispiel als Mama und Papa am Abend im Theater waren, war es der Älteste, der mich ins Bett gebracht hat – Zähne putzen, waschen, vorlesen – das volle Programm!«

Väter und Söhne

Ebenso wie die Metapher des Spiegels für die Mutter-Tochter-Beziehung gesehen wird steht sie auch für die Vater-Sohn-Beziehung. Wie die Mutter erkennt der Vater sich ganz oder teilweise in seinem Sohn, wie dies auch umgekehrt der Fall ist. Anfangs ist der Vater als Dritter zur Loslösung aus der Dyade zwischen Mutter und Sohn unabdingbar, dann orientiert sich der Sohn am Vater, um seine Geschlechtsrollenidentität auszubilden. Diese Identitätssuche kann vom ältesten auf jüngere Brüder übertragen werden (vgl. Forer/Still 1979, S. 37).

Im Sozialisationsprozess benötigen Söhne ihren Vater als eine wichtige Bezugsperson; die Krisen der Adoleszenz können wiederholt zu ambivalenten Gefühlseinstellungen führen. Der Sohn kann zwischen gegensätzlichen Gefühlen dem Vater gegenüber hin- und hergerissen sein, und so ist es konsequent, davon auszugehen, dass sich dies auf die Beziehung zwischen ältesten und jüngeren Brüdern überträgt. Diese Ambivalenz kann sich bereits im ödipalen Konflikt andeuten. Frank Dammasch (2008b) widmet sich besonders dem Vaterbild und der Entwicklung des Jungen, der Triangulierung der Geschlechter, auch bezüglich dem Lernen, Denken und Handeln, aus psychoanalytischer und pädagogischer Sicht und knüpft dabei an die Bedeutung des Vaters auf der phallisch-ödipalen Entwicklungsstufe des Sohnes an, die Freud zum Kern der Subjektentwicklung ernannt hatte.

Martin (22 Jahre) schildert als ältester Bruder in einer Narration von solch einem phallischen Rivalisieren zwischen zwei Brüdern während der Jugendzeit:

»Als er [der jüngere Bruder, T.K.] dann in die Pubertät kam, begannen die kleinen Machtkämpfe. Er wollte stärker und besser sein. Heute gehen wir zusammen auf Partys und Feste, machen zusammen die Straßen unsicher und ab und zu kommt es sogar vor, dass wir uns gegenseitig die Mädchen ausspannen. So wurde aus dem Kumpanen in gewisser Hinsicht ein Konkurrent.«

1 Gemeinsames Aufwachsen in der Familie

Väter wirken im Entwicklungsprozess auf die Bildung der Geschlechtstypen besonders durch ihre Funktion als Rollenvorbild in den täglichen Interaktionen ein. Durch die Interaktionen kann der Sohn den sozialen Wert begreifen, lernt Signale bei der Regulierung des Sozialverhaltens zu verstehen und gibt als Ältester dies weiter, was sich im Spiel der Geschwister zeigt: Der Zwang zur Wiederholung von Reaktionen entsteht durch identifizierende Nachahmung, die sich sowohl in der männlichen Dyade vertikal wie auch horizontal erkennen lässt.

Hierin spiegelt sich das Strukturprinzip unserer Gesellschaft, die patriarchal geprägt ist und den Entfremdungsvorgang zwischen Vätern und Söhnen in der Regel verharmlost (Mitscherlich 1973/2003, S. 177). Der Entfremdungsvorgang kann durch positive Beziehungspunkte – über gemeinsame Interessen, wie Sport, Kultur, Politik oder das Spiel – abgemildert werden (vgl. Kreuzer 2016). Durch die Auseinandersetzung, primär mit dem Vater oder stellvertretend mit väterlichen Autoritäten, kann gelernt werden, soziale Konflikte zu bewältigen. Wird diese Möglichkeit der Auseinandersetzung nicht geboten, da der Vater abwesend ist, stellt dies für den Sohn eine erschwerte Ausgangsposition dar, um sich in späteren Auseinandersetzungen mit Geschwistern, der Peergroup oder Vertretern bzw. Institutionen des »Vater Staates« zu verständigen; in der Folge können aggressive Verhaltensweisen entstehen.

Oliver (20 Jahre) erzählt von seinem Erleben mit seinem zwei Jahre älteren Bruder. Er streicht die Bedeutung des Älteren für ihn hervor, da die Geschwister »vaterlos« aufwuchsen. Gleichzeitig hat es den Anschein, dass der Ältere für den Jüngeren greifbar war und sich für ihn eingesetzt hat – in der Regel typische Aufgaben für Väter:

> »Ich habe einen zwei Jahre älteren Bruder. Da unsere Eltern sich früh getrennt hatten, haben wir nie besonders viel Geld gehabt, weshalb unsere Mutter auch mittags arbeiten musste und wir in der Grundschule früh recht selbstständig auf uns allein gestellt waren. Mein Bruder war zwar älter als ich, aber nie ein richtiges Vorbild, da wir sehr verschiedene Charakterzüge hatten. Ich war eher still und zurückhaltend, während er eher auf-

brausend und immer etwas chaotisch war. Er war auf der Hauptschule, ich auf dem Gymnasium. Deshalb hatte er immer gedacht, dass ich bevorzugt wurde, während eigentlich ihm die größte Aufmerksamkeit geschenkt wurde, die er auch eher als ich gebraucht hatte. Auf der anderen Seite war mein Bruder auch immer mein Beschützer, der eingriff, wenn ich Ärger hatte. Später hatten wir eine Phase, in der wir uns richtig gut verstanden haben und auch zusammen weggegangen sind (ich war 18 oder 19 Jahre alt).

Als wir Jugendliche (zwischen 13 und 18) waren, gingen wir ab und zu mittags zusammen Fußball spielen, die Initiative ging dabei eigentlich immer von meinem Bruder aus. Oft fiel der Ball dabei hinter die Hecke eines Nachbarn, der einen großen Hund hatte und die Bälle in Nullkommanichts zerstörte. Außerdem spielten wir in diesem Alter zusammen öfters Playstation 2, in der Regel FIFA (ein Fußballspiel). Manchmal spielten wir miteinander, allerdings hat das direkte Duell gegeneinander mehr Spaß gemacht, da wir ungefähr gleich gut waren und so immer andere Ergebnisse zustande kamen. Die Playstation gehörte uns beiden zusammen, so dass jeder vom anderen die Spiele spielen konnte. Sie war ein Weihnachtsgeschenk a) weil sie für jeden allein zu teuer gewesen wäre und b) weil sowieso der jeweils andere auch damit gespielt hätte.«

Steht der Vater als aktiver Ansprechpartner zur Verfügung, wirkt sich dies positiv auf die kognitive Entwicklung und somit auf die verbale Ausdrucksfähigkeit des Sohnes aus. Väter haben eine eigene Art, einen Lernvorgang zu lenken. Die Weitergabe dieser Fähigkeit Ältester an Jüngere ist wahrscheinlich und kann während der Jugend in der Geschwisterinteraktion und außerfamiliär zur Konfliktlösung beitragen (vgl. Papastefanou/Hofer 2002, S. 182ff.; Noack 2002, S. 457).

Bei Jörg (21 Jahre) zeigt sich dies besonders deutlich nach der Trennung der Eltern. So berichtet er, wie er bereits früh Verantwortung übernommen hatte und sich die nach dem Auszug verstärkte:

»Ich bin 5 Jahre älter als meine Schwester, insgesamt 8 Jahre älter als mein Bruder. ... Wir sind gemeinsam mit unserer Mutter ausgezogen, im selben Moment hat sich unser Verhältnis sehr stark verändert. ... Ich als ältester Bruder bin mir aus heutiger Sicht sehr sicher, dass ich beispielsweise gegenüber meinem Bruder eine ›Vaterrolle‹ spiele, dies äußert sich in einem teilweise respektvollerem Verhalten gegenüber mir als dem gegenüber meiner Mutter. ... Als Ältester meiner Geschwister hatte zuerst ich bei der Abwesenheit der Eltern das Kommando. Dies ist sicherlich auch auf den Altersunterschied zurückzuführen. ... nach der Trennung meiner Eltern (ich war 16) waren wir Kinder aufgrund der beruflichen Situation meiner Mutter auch häufiger alleine. Ich habe früh Verantwortung übernommen und so auch den Alltag koordiniert, wenn meine Mutter nicht zuhause war. Häufig habe ich mich um das Mittagessen gekümmert, anfallende Aufgaben verteilt und auch Hausaufgaben meiner Geschwister überprüft.«

Vater zu sein heißt, seine Erfahrungen weiterzugeben. Die Vergangenheit wird in die Gegenwart eingebracht, damit Zukunft ermöglicht wird. Gelingt es dem Vater, seine Wärme und Zuneigung seinen Söhnen, seinen Kindern gegenüber auszudrücken, wirkt sich dies positiv auf den Intellekt, auf die Ausbildung von Werten und Normen und auf die Übernahme der Geschlechtsrolle sowie auf die emotionale und auf die soziale Anpassung aus. So stellt die Geschwisterschaft ein Feld dar, in dem sich besonders Brüder ausprobieren können, ohne zu riskieren, auf Dauer ausgeschlossen zu werden (vgl. Kohnstamm 1988, S. 186), was dazu führt, schneller ins soziale Leben hineinzuwachsen und im Sozialisierungsprozess verschiedenste soziale Kompetenzen zu erlernen.

Es wird deutlich, dass sich sowohl soziale wie auch psychische Ebenen gegenseitig bedingen, soziale Geschwisterbeziehungsstrukturen die psychischen Geschwisterbeziehungsstrukturen beeinflussen und dass übernommene elterliche Verhaltensweisen die sozialen Beziehungsstrukturen der Geschwister festigen.

Auswirkungen der Vater-Sohn-Beziehung auf das Verhältnis zwischen ältestem und jüngerem Bruder

Väter sind in der Forschung lange Zeit stiefkindlich behandelt worden. Der Vater an sich, das Bild vom Vater von Kindern, Müttern, Vätern oder der Gesellschaft selbst wurden kaum untersucht (vgl. Stern 2006; Stambolis 2013). Ebenso selten wandte sich die Forschung den Auswirkungen von Vaterlosigkeit oder beispielsweise phantasierten Vätern zu (vgl. Sohni 1991; Grieser 1998). Horst Petri (2009, S. 21ff.) fragt, was »den blinden Fleck um den verlorenen Vater bei Freud, Fromm und Mitscherlich« bedingen mag und bietet die vordergründige Annahme an, dass aufgrund der zunehmenden Erforschung der frühen Kindheit die Mutter-Kind-Beziehung in den Blick rückte. Ein denkbarer Erklärungsansatz sei, dass »das männliche Selbstverständnis die Omnipräsenz des Vaters als gegeben voraussetzt und sein Verlust verleugnet wird« (ebd.).

Lange Zeit wurde die Vorstellung von einem Familienvater, der als einzige Funktion die Ernährerrolle innehatte, weitergegeben – dies entspricht zunehmend nicht mehr den Wünschen der jüngeren Väter. Viele Väter möchten sich auch nicht mehr nur auf eine rein wirtschaftliche Funktion ihrer Vaterschaft festlegen lassen. Zudem möchten auch die Mütter nach der Geburt ihrer Kinder ihre Chancen im Beruf ergreifen und ihre Erwerbstätigkeit weiterführen (BMFSFJ 2018, S. 7). Man kann hier von einer neuen gesellschaftlichen Dynamik, welche starke Auswirkungen auf das Familienleben hat, sprechen.

Hieraus ergibt sich folgendes Dilemma, das sich auch im Verhältnis der Geschwister wiederfinden lässt: Auf der einen Seite wird Partnerschaft verlangt, auf der anderen Seite besteht immer noch ein Rollenbild, das einer Führungsrolle entspricht. Eine gleichgestellte Partner- und Elternschaft wird als neues Leitbild gesehen, wobei private und berufliche Aufgaben gleichgestellt angegangen werden sollten (vgl. Wippermann 2014, S.9).

Friedrich (18 Jahre), Ältester von drei Geschwistern, beschreibt: »Wenn niemand zu Hause war, hatte ich meistens das Sagen, da ich der Älteste bin.« Und Robin (21 Jahre) als jüngerer Bruder bestätigt:

> »Wenn meine Eltern nicht zu Hause waren, [wurde dem älteren Bruder, T.K.] eine gewisse Autorität verliehen. Meist erkannte ich sie an. ... Wenn meine Eltern nicht anwesend waren, agierte mein Bruder meist sehr dominant. Trotz dessen nahm er selten die Gelegenheit war, mich in Tätigkeiten mit einzubeziehen. Kam dies vor, half ich teils freundlich, weil ich es selbst wollte und mich wichtig dabei fühlte, teils widerwillig, da ungewohnt mit.«

1 Gemeinsames Aufwachsen in der Familie

Zukünftig wird sich der Wandel des Verständnisses von Vaterschaft auf die Geschwistersituation übertragen: Bereits in der 2005 erschienen Allensbach Studie »Einstellung junger Männer zu Elternzeit, Elterngeld, und Familienfreundlichkeit im Betrieb« wurde deutlich, dass Väter Vaterschaft damit verbinden, Vorbild (70 %) zu sein. Rund ein Drittel aller Väter zwischen 25 und 45 Jahren beteiligen sich an der täglichen Kinderversorgung und sind in den ersten drei Jahren (81 %) eingebunden. Der nun erschienene »Väterreport« (BMFSFJ 2018) unterstreicht die früheren Ergebnisse. Väter wünschen sich, weit häufiger aktiv in die Kinderbetreuung eingebunden zu sein, als sie es tatsächlich sein können (ebd., S. 11), was im »Väterreport Update 2021« bestätigt wurde. Dieses neue Rollen(selbst)verständnis wird bereits an die nächste Generation weitergeben und kann zu einem geschlechtsspezifisch ausgewogeneren Verhältnis unter Geschwistern führen.

Jugendliche können den Vater bewundern und von ihm lernen. Im Idealfall erhalten sie einen Vater, der sie in ihrem Streben nach Autonomie unterstützt und fördert; dies wiederum beginnt bereits in der frühen Kindheit, wenn der Vater zur dyadischen Beziehung zwischen Mutter und Kind hinzutritt und triangulierend einwirken kann. Somit ermöglicht er die Ablösung von der Mutter und fördert bereits in dieser frühen Phase des Lebens Autonomie. Daniel Widlöcher (1965, S. 780) erkennt darin den Ausgangspunkt zum Aufbau des Über-Ich. Vor allem sei es der Vater in der männlichen Position, der es dem Jungen ermögliche, ein Identifikationsmodell zu finden, ein Ich-Ideal aufzubauen. Darin kann nach Hans Hopf (2014, S. 84) auch die Grundlage für die »Entidentifizierung« gelegt werden, verbunden mit der Frage, wie der Junge männlich wird.

Alle Ordnungen, die Jugendliche erleben, sind geknüpft an human-gesellschaftliche Ordnungen: Bei der Mutter haben Kinder und Jugendliche das Sicherheitsgefühl erfahren, beim Vater orientieren sie sich an Lebenspraktiken. Beide Seiten sind im Menschen inkarniert. Der Jugendliche kann größere Unsicherheit nur ertragen, wenn er vorher die Vorbilder unmittelbar erfahrener Sicherheit erlebt hatte.

»Vaterlose Söhne«

Jungen und männliche Jugendliche, die in fragilen Familiensituationen und möglicherweise ohne ihren Vater aufwachsen beziehungsweise deren Vater abgewertet wird (vgl. Dammasch 2000, 2008a), können ihre Identifikation nur durch Gegen-Identifikation finden. Wenn der Vater nicht erkennt, dass seine Wünsche nicht mit denen des Jugendlichen korrelieren, wird der Jugendliche zum Werkzeug seines Vaters. Sollte dieses Werkzeug versagen, kommt dies einer narzisstischen Kränkung gleich. Wenn Vater und Jugendlicher hingegen ein gemeinsames Tätigkeitsfeld haben, kann diese Kränkung zwar immer wieder stattfinden, sie kann aber auch immer wieder aufgehoben werden, so wie dies auch zwischen Geschwistern geschieht.

Bei männlichen Jugendlichen von getrennt lebenden Vätern kann sich eine kompensatorische Männlichkeit finden, bei der ein Junge einmal exzessiv maskulin, ein anderes Mal stark feminin geprägtes Verhalten zeigt (vgl. Fthenakis 1992; Dornes 2006; Petri 2009).

Geht man davon aus, dass bei der Ausprägung der Geschlechtsrollenentwicklung des Jugendlichen der gleichgeschlechtliche Elternteil als Identifikationsfigur vorhanden sein muss, so würde die Abwesenheit des Vaters die Entwicklung des Sohnes und das Geschwisterverhältnis primär und tiefgreifend beeinflussen. Es ergaben sich Korrelationen zwischen der Abwesenheit des Vaters und den Schwierigkeiten bei der männlichen Rollenübernahme und im Sexualverhalten. Besonders stark erscheint eine narzisstische Kränkbarkeit vorhanden zu sein, was sich in ihrem Selbstkonzept niederschlägt. »Die massive Kränkbarkeit des Selbstgefühls verhindert einen gesunden Trauerprozess« (Schon 2000, S. 200). Söhne hingegen, deren Väter versterben, können den Tod als etwas Schicksalhaftes akzeptieren, das traumatische Erleben kann besser verarbeitet werden und innerhalb der Geschwisterbeziehung kommt es eher zu stützendem Verhalten untereinander, wenn dieser Vaterverlust in der Adoleszenz entsteht.

Wenn im alltäglichen Leben eine Unterweisung durch den Vater fehlt, wobei es nicht ausschlaggebend ist, ob er an- oder abwesend ist, und keine Geschwister als Gesprächspartner vorhanden sind, wenden sich Jugendliche zur Orientierung noch stärker der Peergruppe zu, um eine Richtschnur des Verhaltens zu erlangen. Eventuell, wenn der Altersabstand zwischen den Geschwistern hoch ist, Neid und Eifersucht gering sind und sich das Konkurrenzdenken im Rahmen hält, wird der jüngere Bruder den Ältesten auch als Kommunikationspartner und Vaterersatz annehmen.

Väter und Töchter

In der Vater-Tochter-Beziehung wird dem Vater die Rolle des idealisierten Retters zugesprochen, der aus den Verstrickungen der gleichgeschlechtlichen Mutter-Tochter-Beziehung einerseits heraushelfen und andererseits als patriarchalisches Liebesobjekt gesehen werden kann (vgl. Seiffge-Krenke 2017, S. 197). Nach Widlöcher (1965, S. 780) stellt der Vater für die Tochter ein Bild vom Ideal des anderen Geschlechts dar. Daraus resultierend entsteht der ödipale Wunsch der Tochter, den Vater während den ödipalen Phasen »besitzen« zu wollen. Innerhalb dieses Beziehungsgeflechtes werden jüngere Geschwister in der Phantasiewelt von der Tochter oft als gemeinsame Kinder von sich und dem Vater mit einbezogen.

So beschreibt Sina (20 Jahre), älteste Schwester von vier Geschwistern, dass der jüngste Bruder

> »mein ›Versuchskaninchen‹ war: Er wurde von mir gewickelt, umhergetragen, in meine Puppenbetten gelegt und in meinem Puppen-Kinder-Wagen herumgefahren. ... Wenn wir vier Geschwister gemeinsam spielten, spielten wir oft Rollenspiele, bei der jeder von uns einer Person zugeteilt wurde. Sehr beliebt war dabei das Spiel ›Vater-Mutter-Kind‹, bei dem meine Schwester und ich die Eltern waren (ich der Vater, sie die Mutter) und unsere Brüder die Kinder repräsentierten. ... Meinen kleinsten Bruder habe ich sehr oft als mein ›Kind‹ angesehen.«

Mädchen, die ohne Väter aufwachsen, können unter psychoanalytischen Gesichtspunkten im präödipalen Stadium verharren, was bedeutet, dass ihre Weiblichkeit während ihrer ödipalen Phase vom abwesenden Vater nicht bestätigt werden kann (vgl. Cassel-Bähr 2013). Gleichzeitig sind sie der Fürsorge und den unbewussten Erwartungen der Mutter ausgesetzt und die Beziehungen zu ihren Schwestern oder zu anderen Frauen können später häufig von Ambivalenz und Rivalität geprägt sein. Im Falle eines sich stark ablehnend verhaltenden Vaters kann es geschehen, dass die Tochter in die phallische Phase zurückfällt, sich wieder der Mutter zuwendet und dadurch regrediert. So können die Mädchen in ihrer Entwicklung einen entweder positiven oder negativen Konfliktlösungsversuch durchlaufen (King 2002, S. 536f.).

2

Geschwisterlichkeit

> In diesem Kapitel wird den einschlägigen Begrifflichkeiten nachgegangen, und es werden Differenzierungen zwischen unterschiedlichen Varianten von Geschwisterbeziehungen vorgenommen. Dabei rückt auch die Veränderung der Familie aufgrund der abnehmenden Geschwisterzahlen ins Blickfeld. Weiterhin soll die Situation von Halb-, Adoptiv- und Stiefgeschwistern vorgestellt werden.

Definitionen und Formen von Geschwisterlichkeit

Brüder und Schwestern werden als »Geschwister« oft mit ein und demselben Wort bezeichnet. Sie stehen in verschiedensten Kontexten als Metaphern, welche eine besondere Nähe zwischen mindestens zwei Menschen betonen soll. In den verschiedenen Kulturkreisen ist es jeweils unterschiedlich geregelt, welche Menschen als Geschwister bezeichnet werden – ob leiblich oder sinngemäß. Die dem Brockhaus (1997) entnommene Definition ist in Bezug auf unsere Kultur zu verstehen: »Geschwister sind: [ahd. giswestar, eigentl. ›Gesamtheit der Schwestern‹], Personen, die von den gleichen Eltern abstammen. Man unterscheidet vollbürtige oder leibliche G. (Bruder, Schwester) und, wenn sie nur einen Elternteil gemeinsam haben, halbbürtige G. (Stief-G., Halb-G.: Halbbruder, Halbschwester). Als G. gelten auch die minderjährig adoptierten (als Kind angenommene) Personen im Verhältnis zu den leibl. Abkömmlingen des Annehmenden (§1755 BGB; anders bei der Adoption Erwachsener: §1770 BGB). Die Ehe zwischen G. ist nichtig.«

Aktuelle Trends bezüglich Familiengröße, Geschwisterzahl und deren Folgen

In den Statistiken der Bundesregierung werden alle Geschwister, die *minderjährig* in einem Haushalt leben, egal ob es sich dabei um »leibliche Kinder, Stief-, Pflege- oder Adoptivkinder handelt« (Statistisches Bundesamt 2013, S. 50), als Geschwister erfasst. Getrenntlebende oder bereits volljährige Geschwister, Geschwister mit eigener Familie im gleichen Haus werden nicht in die Berechnungen miteinbezogen. Aufgrund der divergierenden Zahlen stellt sich heraus, dass bspw. der Mikrozensus grundsätzlich alle Geschwister, die aktuell im Haushalt leben, als Geschwister »rechnet«. Die Entwicklung zeigt, dass in der 2007 erhobenen World Vision Studie (S. 68) »bezogen auf die Zahl der Geschwister im Haushalt, mit 24 % inzwischen rund ein Viertel der Kinder [...] zu Hause ohne Bruder oder Schwester aufwächst. 50 % wohnen zusammen mit einem Geschwister und 26 % mit zwei und mehr Geschwistern.« In der 2018 erschienenen 4. Studie (S. 55) ist belegt, dass »auch heute noch [...] die Mehrheit der Kinder im Alter von 6 bis 11 Jahren in so bezeichneten Kernfamilien, also gemeinsam mit beiden, miteinander verheirateten Eltern [aufwächst]. Dies trifft auf etwa 70 % unserer Kinder in der World Vision Kinderstudie zu.« Von diesen leben 43 % mit einem Geschwisterkind, 21 % mit zwei und 9 % mit mehr als drei oder mehr Geschwistern in einem Haushalt (ebd., S. 56). Die Anzahl der Einzelkinder ist seit der Studie 2013 mit 27 % konstant geblieben.

Im Statistischen Jahrbuch für die Bundesrepublik Deutschland (2017, S. 64) wird festgestellt, dass 41,8 % (2013: 53 %, 2001: 51 %) aller Familien mit nur einem Kind unter 18 Jahren leben, 42,6 % (2013: 36 %, 2001: 37 %) leben mit zwei Kindern, 15,6 % (2013: 11 %, 2001: 12 %) mit drei und mehr Kindern. Auffallend ist, dass im Statistischen Jahrbuch 2006 noch die Kategorie mit vier und mehr Kindern aufgeführt (2,4 %) war. Seitdem wird diese Kategorie nicht mehr erwähnt. Im Familienreport (2017, S. 17) ist zu lesen: Knapp dreiviertel aller Kinder (74%) wachsen mit Geschwistern auf. Eine Schwester oder einen Bruder haben 64% aller Kinder. Mehr als jedes fünfte Kind lebt mit zwei Geschwistern zusammen (26%) und zehn Prozent haben drei oder mehr Geschwister. 26% der Kinder in Deutschland bleiben Einzelkinder.

Es bleibt zu bedenken, dass es sich bei den genannten Untersuchungen nur um Momentaufnahmen handelt. Es besteht immer die Möglichkeit, dass ein Einzelkind noch Geschwister erhält. Was jedoch nachweisbar erscheint, ist, dass in Zukunft immer mehr Kinder mit weniger Geschwistern aufwachsen werden. Trotz eines wieder steigenden Geburtendurchschnitts, kann bestätigt werden, was Rosemarie Nave-Herz (2009a, S. 343) für die Abnahme der Kinderzahl, bzw. Geschwisterzahl mit einem Funktionswandel von Kindern beschrieben hat:

> »Kinder waren früher vor allem Träger materieller Güter und wurden nicht [...] ausschließlich um ihrer selbst willen und/oder zur eigenen psychischen Bereicherung gewünscht und geplant. Hierzu reichen offenbar 1 bis 2 Kinder aus. [... Verursachende Bedingungen ...:] die gestiegenen Leistungserwartungen an die Eltern, gekoppelt mit dem Prinzip der verantworteten Elternschaft, die hohen finanziellen Aufwendungen sowie die veränderte Rolle der Frau in unserer Gesellschaft und die langen Ausbildungszeiten.«

Kinderlosigkeit und Geschwisterlosigkeit

Dies hat nicht nur Konsequenzen für die Bevölkerungsentwicklung, sondern wirkt sich auch darauf aus, dass Kinder in der eigenen Familie weder mehrere ältere noch mehrere jüngere Geschwister erleben. Sie können die damit verbundenen Erfahrungen in ihrer Entwicklung – vor allem in ihrer Charakterbildung, bei der Bildung der Identität und der sozialen Integration – nicht mehr integrieren und das Netz der sozialen Beziehungen wird sich im weiteren Lebensverlauf verringern.

Auffallend ist auch die Verteilung der Kinder bzw. der Anteil der Kinder in den Haushalten der bildungsnahen und bildungsfernen Schichten: »Etwa 40 % der 35- bis 39jährigen Akademikerinnen haben keine Kinder im Haushalt. Von den gleichaltrigen deutschen Hausfrauen mit Hauptschulabschluss führen nur 21 % einen kinderlosen Haushalt« (Engstler 1997, S. 96) – was jedoch nicht den Umkehrschluss zulässt, dass diese Frauen (noch) kein Kind, bzw. (noch) keine Kinder geboren hatten. Ansonsten wären die Zahlen des Familienreports 2017 sowie des Mikrozensus 2018 nicht nachvollziehbar. So kommt der Familienreport 2017 (S. 37) zu folgendem Ergebnis:

> »Die Kinderlosigkeit ist bei Akademikerinnen höher als bei Frauen ohne akademischen Abschluss. Bei den 45- bis 49-jährigen Nichtakademikerinnen betrug sie 2016 19 Prozent, bei den Akademikerinnen 26 Prozent. Im Vergleich zu 2008 ist der Anteil der Frauen ohne Kind 2016 bei den Akademikerinnen im Alter zwischen 40 und 44 Jahren von 30 auf 25 Prozent gesunken. Die Kinderlosigkeitsquote ist bei den 45- bis 49-jährigen Akademikerinnen im Vergleich zu 2008 konstant geblieben (26 Prozent 2008 und 2016 sowie 27 Prozent 2012). Bei den Nichtakademikerinnen blieb der Anteil der Frauen ohne Kinder im Alter von 40 bis 44 bzw. 45 bis 49 Jahren seit 2012 mit etwa 20 Prozent konstant.«

Hieraus lässt sich erkennen, dass wieder mehr Kinder in den bildungsnahen Haushalten leben – ob als Einzelkinder oder Geschwisterkinder ist hingegen bisher nicht geklärt.

Diese Zahlen lassen sich durch den Mikrozensus 2018 (Mikrozensus 2019, S. 18) bestätigen:

> »Von den Nicht-Akademikerinnen der Jahrgänge 1959 bis 1963 waren 18 % kinderlos. Bei den jüngeren, zwischen 1969 und 1973 geborenen Frauen mit nicht-akademischem Bildungsabschluss hatten bereits 21 % kein Kind geboren.
>
> Der Abstand in der Kinderlosenquote zwischen den Akademikerinnen und Nicht- Akademikerinnen reduzierte sich dadurch. Während er bei den Jahrgängen 1959 bis 1963 10 Prozentpunkte betrug, lag er bei den zwischen 1969 und 1973 geborenen Frauen bei 5 Prozentpunkten.«

Christian Alt (2001, S. 75) vertritt die Auffassung, dass das Vorhandensein von Kindern in der Gesellschaft zunehmend zu einem Kriterium wird, welches bestimmte Bevölkerungsgruppen »diskriminiert«. Bei der Benachteiligung aufgrund von Kindern müssen Aspekte wie Wohnraum, Rente oder Rückkehr in den Beruf nach Elternzeit mitgedacht werden.

In gängigen Handbüchern und Nachschlagewerken der Erziehungswissenschaft (vgl. Mertens/Frost/Böhm/Koch/Ladenthin 2011; Sandfuchs/Melzer/Dühlmeier/Rausch 2012) finden sich bis heute keine Schlagwörter oder Artikel zu Geschwistern und ihre Bedeutung für das Aufwachsen von Kindern und Jugendlichen. In psychologischen Ratgebern (vgl. Brisch 2019) hingegen sind diese – allerdings nur unter den negativ konnotierten Stichworten wie Neid, Rivalität oder Eifersucht – zu finden.

Neben einigen wenigen kurzen Beiträgen bei Imke Behnken und Jürgen Zinnecker (2001, S. 536) sowie Manfred Hofer, Elke Wild und Peter Noack (2002) findet sich bei Heinz-Elmar Tenorth und Rudolf Tippelt (2007, S. 284f.) eine Definition von »Geschwistern«. Sie formulieren, dass auch Stief- und Adoptivkinder Geschwister werden können, ohne »blutsmäßige Abstammung«. Winfried Böhm (2005, S. 252) gibt einen sehr knappen Abriss über die juristische Definition von Geschwistern. Erstaunlicherweise geht er dabei auf die Rollen des »Erstkind[es] als Vorbild und Leitfigur« ein.

Aufgrund pluraler Lebensformen wird heute hauptsächlich zwischen biologischen Voll- und Halbgeschwistern sowie sozialen Stief- und Adoptivgeschwistern unterschieden. Tenorth und Tippelt (2007, S. 284f.) stellen fest: »Die neuere Geschwisterforschung stellt eher Unterschiede als Gemeinsamkeiten von Geschwistern heraus.«

In den psychoanalytisch orientierten Theorien wird davon ausgegangen, dass es nicht genügt, ein »äußeres Bild« zur Kenntnis zu nehmen, sondern dass es eines Bildes des Anderen, dass es eines »inneren Bildes« bedarf, um eine Ganzheit entwickeln zu können. Somit können dann Bilder eines »inneren Bruders« und einer »inneren Schwester« bedeutend werden. Diese Geschwister in uns, die imaginierten und geträumten, sind im Sinne der Traumdeutung auf der Subjektebene der Interpretationen zu erfassen. Sie sind Anteile von uns, von unserer anderen Seite, der »Schatten«, wie Carl Gustav Jung sie bezeichnet hat. Das Erkennen des eigenen Schattens und die Integration der ungelebten, verdrängten Anteile führen zur Persönlichkeitsreifung des Menschen. Positiv verlaufende Geschwisterbeziehungen können im Bezugsfeld der Familie dazu beitragen, die Entwicklung mit den äußeren Geschwistern für die eigene Individuation voranzutreiben. Doch Geschwister sind als Instanz innerhalb der Familie bis heute im »Schatten« geblieben (Köhler, Krüger, Pfaff 2016; Bauer/Wiezorek 2017).

In der 16. Shell Jugendstudie (2010) wurde nach der Bedeutung der Familie gefragt. Mit 76 % erreichte sie einen abermals höheren

Wert in ihrer Bedeutung zum Glück im Leben. Jedoch wurde nur eine Frage nach Geschwistern gestellt: »Hast du Geschwister?« In der 17. Shell Jugendstudie (2015) hingegen wurde nicht einmal mehr diese Frage gestellt – weder im Fragebogen, hier könnte noch F95: »Wie viele Personen, Sie eingeschlossen, leben in Ihrem Haushalt? Sind das ...« (Albert et al. 2015, S. 427) auf mögliche Geschwister hindeuten. Dazu wäre aber ein sehr großer Phantasieraum der Teilnehmerinnen und Teilnehmer gefragt gewesen. Bei den Leitfragen des qualitativen Tests wird in der Folge auch nur auf die elterliche Situation eingegangen.

In der aktuellen 18. Shell Jugendstudie (2019) wird nicht einmal mehr das Feld der Geschwister annähernd thematisiert. Geschwister sind – so die mutmaßliche Folgerung – ein völlig unterschätzter Aspekt in der Forschung.

Varianten der »Geschwisterlichkeit« jenseits der Normalform der leiblichen Geschwister

Die Situation von Halbgeschwistern

Von Vollgeschwistern abzugrenzen sind Halbgeschwister. Halbschwester und Halbbruder haben eine gemeinsame Mutter oder einen gemeinsamen Vater (vgl. Kasten 2004, S. 1). Bis heute gibt es keine größeren Untersuchungen darüber, welche Auswirkungen ein gemeinsames Kind der geschiedenen Elternteile auf die Geschwister hat, die ein oder beide Elternteile aus ihrer ersten Ehe mitgebracht haben, bzw. wie sie sich ihm gegenüber verhalten. Anne C. Bernstein stellt bereits 1990 in ihrer Studie zu Patchworkfamilien fest, dass ältere Geschwister gegenüber den nachfolgenden Halbgeschwistern eine ausgeprägte Erziehungsfunktion haben. Wenn nun das neue Elternpaar ein gemeinsames Kind bekommt, so kann dieses die Funktion haben, als Halbgeschwister die Stiefgeschwister miteinander zu verbinden, wenn diese vorher lange genug Zeit hatten, sich an die neue Situation zu gewöhnen. Andererseits kann es aber auch dazu führen, dass sich die älteren Geschwister ausgeschlossen fühlen, eifersüchtig und ablehnend sind, wenn das neue Geschwisterkind die leibliche Mutter und den biologischen Vater an seiner Seite hat.

Sollten Kinder noch ein Halbgeschwister im adoleszenten Alter als Jugendliche bekommen, so kann es sein, dass keine emotionale Bindung mehr entsteht, da sie sich auf Identitätssuche befinden und vielleicht schon einen eigenen Kinderwunsch haben. Dann kann es sogar sein, dass Halbgeschwister schamhaft besetzt sind und ein Spannungsfeld entsteht.

Hartmut Kasten (2003, S. 163) geht davon aus, dass dies darauf zurückzuführen ist, dass der große Altersunterschied zu einer Verminderung der gefühlsmäßigen Nähe führt. Der »Nestbauimpuls« ist nicht in Einklang zu bringen mit den Unabhängigkeitsbestrebungen der Ältesten. Dies führt zu Spannungen und Problemen mit den Eltern und dazu, dass sich dieses Kind frühzeitig abnabelt.

In den zugrunde liegenden Narrationen der Jugendlichen und jungen Erwachsenen konnte diese Position nicht festgestellt werden. Hingegen wird von Martin (21 Jahre) liebevoll beschrieben, wie er sich seiner jüngsten Schwester zuwendet:

> »Seitdem meine kleine Schwester (Altersunterschied: 19 Jahre) auf der Welt ist, besuche ich diese regelmäßig, wo sie mit meinem Vater und seiner neuen Ehefrau zusammenlebt. Ich beobachte sehr gerne ihre Entwicklung und erfülle ihr jeden Wunsch. Es ist interessant, einen kleinen Menschen heranwachsen zu sehen. Sie ist mein neuer Schützling, und es liegt auch in meinem Aufgabenbereich für ihr Wohl zu sorgen.«

Die Situation von Stiefgeschwistern

Früher war das Verständnis verbreitet, dass es sich bei »Stief«eltern um »Ersatz«eltern, bei »Stief«geschwistern um »Ersatz«geschwister und bei den »Stief«familien um »Ersatz«familien handle. Heute werden diese Varianten eher neutral unter Begriffen der

Zwei-Kern-Familie, Zweitfamilie, Patchwork-Familie oder Fortsetzungs-Familie gefasst. Ebenso wurde der Begriff Mehrelternschaft geprägt sowie der von Meta- oder sogar Supra-Familien, die durch die Pluralisierung des Netzes der Familie entstehen (vgl. Fthenakis 1995). Ich fasse diese Familien unter dem Oberbegriff der *Bindestrich-Familien* zusammen.

Meist wird heute die »Stieffamilie« als »Patchworkfamilie« bezeichnet. Stiefgeschwister entstehen heute vor allem auf Grund der hohen Ehescheidungs- und Wiederverheiratungsrate (vgl. Harring/Witte/Wrulich 2015, S. 22). Kasten (2004, S. 1) definiert »Stief«geschwister wie folgt:

> »Als Stiefgeschwister bezeichnet man Kinder, die biologisch nicht miteinander verwandt sind, jedoch zusammen mit ihrer leiblichen Mutter oder ihrem leiblichen Vater in einer Stieffamilie (oder in einem gemeinsamen Haushalt in einer familienähnlichen Situation) leben, d. h. zusammen mit Kindern des Stiefvaters oder der Stiefmutter.«

Nach Klagsbrun (1992, S. 147f.) kann sich das natürliche soziale Umfeld von Geschwistern auch später noch durch das Dazutreten oder Wegfallen von jüngeren oder älteren Halb- oder Stiefgeschwistern und somit die Geschwisterreihe beispielsweise durch Trennung und neue Partnerschaften der Eltern verändern. Dies kann dazu führen, dass eine bis dahin gewohnte Geschwisterposition aufgehoben und beispielsweise ein ältestes nicht mehr ältestes Geschwister ist oder ein jüngstes die Nesthäkchenposition abgeben muss. Das Hinzukommen gleichaltriger Halb- oder Stiefgeschwister kann zu einer »Zwillingssituation« führen, in dem Sinne, dass zwei gleichaltrige Kinder in der neu zu bildenden Familie sind. Nähe und Distanz unter Halb- und Stiefgeschwistern ist ein Thema, das weitgehend tabuisiert ist (vgl. Freud 1912/2000 StA IX; Rank 1926; Grabbe 2005).

Inwiefern sich das Aufeinandertreffen der Stiefgeschwister, die nicht im selben Haushalt des leiblichen Elternteils und Stiefelternteils leben, sondern nur als Besuchsgeschwister auftreten und damit den Verlust eines leiblichen Elternteils verkraften müssen und den »verlorenen« Elternteil mit einem hinzukommenden Stiefgeschwister teilen müssen, auswirkt, ist nicht erforscht. Hingegen gibt es einige wenige Untersuchungen, die das entstehende Verhältnis zwischen Stief- und hinzukommenden Halbgeschwistern untersuchen (vgl. Walper/Wild 2002, S. 336ff.). Wenn in diese Richtung überhaupt geforscht wurde, dann befassten sich die meisten Untersuchungen mit Stiefvater-Familien (vgl. Kasten 2004, S. 157ff.). Weiterhin wird angenommen, dass in der Regel nach Gründung einer Bindestrich-Familie die Stiefgeschwisterkinder ein Halbgeschwister bekommen und dass zwei Drittel der Kinder mit Geschwistern aufwachsen, mit denen sie in irgendeiner Form biologisch verbunden sind (vgl. Walper/Wild 2002, S. 351f.).

Marian (19 Jahre), ältester Bruder von fünf Voll-, Halb und Stiefgeschwistern, schildert aus seiner Familie, dass die Begegnung zwischen seinem jüngeren, leiblichen Bruder und seinen Stiefgeschwistern anfangs nicht von Harmonie dominiert war:

> »Als mein leiblicher Bruder wieder zu uns, also meinen Eltern, meinen Stiefgeschwistern und mir gezogen ist, hatte er große Probleme, soziale Kontakte zu knüpfen. Er war in seiner neuen Schule eher ein Einzelgänger, und es kam auch vor, dass er sich Mobbing ausgesetzt sah. ... Insbesondere zu meinem Stiefbruder pflegte er nicht das beste Verhältnis. Sie gingen zu dieser Zeit beide auf dieselbe Schule, genauso wie meine Stiefschwester und ich auf eine Schule gingen.«

Die Qualität von jugendlichen Stief- oder Patchworkgeschwisterbeziehungen ist größtenteils von der Art und Weise der Zusammenführung der Bindestrich-Familien abhängig. So können die Beziehungen schon auf Grund der Erlebnisse, die zum Zustandekommen einer solchen familiären Konstellation geführt haben, oft prägend und mit vielen verwirrenden Gefühlen verbunden sein. Die Jugendlichen sind aber im Fassen neuer Beziehungen untereinander meist herzlicher und flexibler als zu dem hinzukommenden Stiefelternteil.

Bei Susanna (19 Jahre), älteste Zwillingsschwester von sechs Voll-, Halb- und Stiefgeschwistern, kommt dieser herzliche Aspekt zum Tragen:

2 Geschwisterlichkeit

»Ich habe weitere Geschwister bzw. Halb- und Stiefgeschwister, die jedoch nicht bei mir wohnen. Jedoch habe ich häufig Besuche abgestattet und so kam es dann, dass ich das Sagen hatte, wenn die Eltern nicht da waren. Das war im Großen und Ganzen, meist, nie mit Problemen verbunden.

Meine Geschwister waren nie gegen mich in dieser Situation und haben mir auch geholfen. Sie haben sich sogar gefreut, dass mal die Eltern nicht da waren.

Ein Beispiel dafür wäre das abendliche Aufpassen. Abends wenn die Eltern unterwegs waren, war es meine Aufgabe, die Kids ins Bett zu bringen. Sie wussten, dass sie bei mir meist länger wach bleiben durften als bei den Eltern – ich denke deshalb haben sie auch nie Theater gemacht. Auch beim Aufpassen tagsüber war es so, dass die Kids ihre »Rituale« einhalten, jedoch konnte ich, wenn ich wollte, das alles umschmeißen. Ich hatte in dem Moment alle Freiheiten, die mir auch von den Eltern gegeben wurden.«

Trotzdem sind die Beziehungen untereinander oft von ambivalenten und fremdartig-entfremdeten Gefühlen (vgl. Kreuzer 2014a, b), vor allem im frühen Jugendalter, dominiert (vgl. Visher/Visher 1987, S. 163). Wenn der außerhalb lebende Elternteil die neue Beziehung der Mutter oder des Vaters unterstützen kann, werden die Jugendlichen nicht in einen Loyalitätskonflikt getrieben, sondern können sich auf eine gute Beziehung zu den Stiefgeschwistern einlassen (vgl. Kasten 2003, S. 166).

Marian berichtet noch ausführlicher über die Konflikte zwischen ihm, seinem leiblichen Bruder sowie den Stiefgeschwistern, welche die Aussagen untermauern:

»Gerade durch die Scheidung meines Vaters und meiner ›leiblichen‹ Mutter und dem daraus entstandenen Sorgerechtsstreit um uns beide Kinder, also mich und meinen Bruder, eskalierte jedoch die Situation sehr. Ich blieb bei meinem Vater, mein Bruder musste zu meiner leiblichen Mutter. Durch diese Trennung entstand ein sehr schwieriges Verhältnis zu meinem Bruder. Wenn wir uns sahen, endete es meist im Streit. Wenn ich damals meine leibliche Mutter und ihn über das Wochenende besuchen sollte, endete der Aufenthalt nicht selten damit, dass ich aufgrund von Streitigkeiten mit meinem Bruder, die meine leibliche Mutter vielleicht zu beenden versuchte, jedoch immer den Schuldigen dafür in mir fand, entweder schon am Tag der Anreise wieder heimgefahren bin, oder zu meinen in der Nähe wohnenden Großeltern geflüchtet bin. Mein Bruder wohnt mittlerweile seit ein paar Jahren bei uns (meinem Vater, Stiefmutter, Stiefgeschwister und mir), jedoch ist das Verhältnis zwischen uns beiden immer noch sehr angespannt. Auch zum Zeitpunkt, als mein Vater seine damals neue Freundin (meine heutige Stiefmutter, bzw. »Mutter«) kennenlernte, die ihrerseits zwei Kinder aus erster Ehe mit in die Patchworkfamilie brachte, war es nie einfach. Mein Stiefbruder und ich gerieten oft aneinander, weil wir das Privileg des Ältesten zuvor beide innehatten, jetzt jedoch nur noch einer es sein konnte. Meine Stiefschwester war logischerweise auch mehr an ihren Bruder gebunden als an mich. Diese Strukturen sind heute nicht mehr so krass existent, jedoch schon noch bemerkbar.«

Erotisch-sexuelle Beziehungen, die sich zwischen Stiefgeschwistern entwickeln können, und die damit verbundenen Konflikte unter Stiefgeschwistern werden in der Forschung von Medizin und Psychologie zwar erwähnt (vgl. Kasten 2003, S. 113), sind aber nicht Forschungsgegenstand geworden. Zwar gilt das Inzestverbot für Stiefgeschwister nicht, der französische Kinderpsychologe und Autor Marcel Rufo geht aber davon aus, dass ein sexuelles Verhältnis unter jugendlichen Stiefgeschwistern eine »gefährliche Entwicklungsbremse« darstelle (Rufo 2004, S. 65).

Eine Ausnahme stellt hingegen die Trilogie »Emma und Daniel« (1996) von Mats Wahl dar. Der schwedische Kinder- und Jugendbuchautor und Psychologieprofessor hat diese Thematik aufgegriffen. Er zeichnet in seiner Erzählung den typischen Verlauf der Annäherung zwischen den Stiefgeschwistern nach. Anfangs besteht zwischen Emma und Daniel eine abwehrende Haltung, die sich in gegenseitige Sympathie wandelt und Zuneigung entsteht. Das daraus resultierende erotische Begehren wird angedeutet. Im Umgang mit ihrer Beziehung, Verunsicherung, Angst, Neugier und Ungewissheit, spiegeln sich die kulturell bedingten Tabus wider (vgl. Kreuzer 2009).

Die Situation von Adoptivgeschwistern

Die Situation eines adoptierten Kindes in der Jugendzeit kann besonders problematisch werden. In der Regel wissen Adoptivkinder bis zum Eintritt in die Pubertät über ihren Status Bescheid. Meist wird der Jugendliche bereits als Kind während der ersten Lebensjahre in die Familie aufgenommen. Die meisten Studien beziehen sich auf früh adoptierte Kinder (vgl. Göppel 1992, S. 131). Darin stellt sich auch die Frage, wann und wie über die biologische und familiäre Herkunft gesprochen wird. Es kommt vor, dass Adoptivkinder während ihrer Jugend oft die Phantasie haben, dass sie neben den Geschwistern, mit denen sie aufwachsen, noch weitere, leibliche Geschwister haben. So zeigt sich, dass ein adoptierter Jugendlicher sich emotional immer mit dem Problem einer doppelten Elternschaft und mit zwei Familiensystemen auseinandersetzen muss, obwohl von rechtlicher Seite die Adoptivfamilie alle Rechte der Herkunftsfamilie erhält.

Die soziologische Forschung geht davon aus, dass eine Geheimhaltung und mangelnde Information zu einem Schockerlebnis beim Jugendlichen führen könnten, vor allem, wenn das Kind über Dritte von seiner Adoption erfährt (vgl. Claessens 1979; Nave-Herz 1988).

Diese Haltung entspricht der psychoanalytisch orientierten Erziehungspraxis, die erst nach der Lösung des ödipalen Konfliktes empfiehlt – in der Regel nach dem 6. Lebensjahr –, über die Herkunft des adoptierten Kindes aufzuklären, da sonst die psychosexuelle Entwicklung gestört werden kann. In diesem Alter wird erfahren, dass Eltern sich nicht nur den Wünschen der Kinder zuwenden, sondern sich auch von den Kindern abwenden und Wünsche zurückweisen können. In zunehmendem Maße erwarten Eltern dann von ihren Kindern, dass diese auch die Wünsche der Eltern verstehen lernen. Mit diesem Vorgang sind Gefühle der Zurückweisung und mangelndes Angenommensein mit Kränkung und Ablehnung verbunden, die besonders adoptierte Kinder und Jugendliche schwer erschüttern können. Der Jugendliche reagiert auf Grenzsetzungen wie auf erfahrene Ablehnung mit der Vorstellung, dass es in Wirklichkeit das Kind von ganz anderen, liebevolleren Eltern sei. Für leibliche Jugendliche besteht nur in der Phantasie der Ausweg, bessere Eltern wählen zu können, für ein Adoptivkind stellt eine doppelte Elternschaft die Realität dar (vgl. Wagner/Schütze 1998).

Um das Risiko einer schweren Beziehungs- und Identitätsstörung des Kindes zu vermeiden, müssen Eltern in der Lage sein, ausführlich über den Hintergrund des Adoptionsverhältnisses zu sprechen. Damit wird der Jugendliche zunehmend mit dem Problem der familiären Identität konfrontiert. Einerseits soll er ein vollständiges Familienmitglied sein, andererseits realisiert er zunehmend, dass seine Herkunft außerfamiliär ist (vgl. Schneewind 1997; Streeck-Fischer 2004). In der Regel sind Adoptivgeschwister in diesem Punkt innerfamiliär allein.

Die Position des Adoptivkindes, welches in der Regel nicht als Jugendlicher, sondern früher in die Geschwisterreihe aufgenommen wird, ist für die Entwicklung von Bedeutung. Ist das adoptierte Kind ältestes Geschwister, besteht die Gefahr, dass die Eltern mehr Probleme in der Bewältigung bei den Entwicklungsaufgaben des Kindes und Jugendlichen erleben werden, als wenn es das mittlere oder jüngste Kind in der Geschwisterreihe ist. Kasten beschreibt die Situation des adoptierten Kindes sowie die Auswirkungen auf die familiäre Situation und auf die Geschwisterbeziehungen. Er hält fest, dass die Adoptionsforschung weit davon entfernt wäre, genauere Empfehlungen und Hinweise zur Geschwisterkonstellation mit adoptierten Kindern formulieren zu können (vgl. Kasten 1993a, S. 106ff.).

Für das Identitätsgefühl eines in die Geschwisterreihe hinzutretenden Kindes hat das Zusammenleben mit Geschwistern stets dahingehend Auswirkungen, dass es durch eine gute Einbindung in einen bereits bestehenden Geschwisterkreis eine wahrscheinliche Garantie familiärer Zugehörigkeit erfährt. Das Kind lernt, seine Interessen mit seinen »neuen« Geschwistern abzustimmen und die Konkurrenzproblematik, die mit der Geschwisterrolle verbunden ist, zu verarbeiten. Trotzdem kann dieses Zusammengehörigkeitsgefühl in der Adoleszenz aufgrund der Identitätssuche stark ins Wanken geraten, da das Kind erkennt, dass es mit der Aufnahme in seine Adoptivfamilie die Zugehörigkeit zu seiner Herkunftsfamilie verloren hat. Wenn ihm diese Tatsache bewusst wird, muss es sich mit seinen Herkunftsfantasien auseinandersetzen und verliert im Gegensatz zu leiblichen Geschwistern, die sich der Geborgenheit der leiblichen Mutter gewiss sein können, diese Sicherheit (vgl. Göppel 1992, S. 129f.). Es kann die Frage, warum es zur Adoption freigegeben wurde, nicht klären, und als Jugendlicher auch nur schwer das Selbstwertgefühl eines leiblichen Kindes entwickeln. Gerade wenn in dem Jugendlichen das Gefühl entsteht, dass seine Interessen nicht ausreichend beachtet werden, so besteht die Gefahr, dass er glaubt, die scheinbar fehlende Zuwendungsbereitschaft der Eltern sei darauf zurückzuführen, dass es nicht leibliches Kind, sondern Adoptivkind ist. Umgekehrt kann es sein, dass Adoptiveltern ihre Aufmerksamkeit verstärken, um eigenen Versagensängsten zu entgehen.

Wenn in einer Adoptivfamilie die eigenen leiblichen Kinder unproblematisch aufwachsen, der adoptierte Jugendliche aber soziale Verhaltensauffälligkeiten zeigt, so wächst die Gefahr einer Ausstoßungsreaktion. Bei Entwicklungsbesonderheiten von Adoptivkindern fiel Schneewind (1994) auf, dass Störungen des Sozialverhaltens mit Aggressivität und Disziplinschwierigkeiten, vor allem in der Schule, auftauchten. Konzentrationsschwäche und Leistungsprobleme als Folge mangelnder Aufmerksamkeit fielen den Adoptiveltern schon in der Vorschulzeit auf. Dabei werden die leiblichen Geschwister in einen solchen Vorgang mit einbezogen und es entsteht ein Beziehungskonflikt gegenüber Eltern *und* unter Geschwistern. Wenn Eltern unruhig werden und das nicht zu akzeptierende Fehlverhalten des Jugendlichen zunimmt, so übernehmen die Geschwister die Befürchtung, dass das adoptierte Geschwister, auf Grund seiner fremden Abstammung, die familiäre Identität bedrohe (vgl. Jungmann 2000).

Die Last für den adoptierten Jugendlichen besteht dann zunehmend darin, dass seine Abstammung etwas Bedrohliches beinhalten könnte. Oft leisten jüngere Schwestern oder ältere Brüder einen wichtigen Beitrag bei der Bewältigung dieser Last, denn emotionale Anspannungen werden von Geschwistern schneller abgeworfen als von Eltern, und gute geschwisterliche Beziehungen können wesentlich zum Gelingen der familiären Identität beitragen. »Die Qualität des geschwisterlichen Beziehungsverhältnisses dürfte wesentlich mit der Achtung zusammenhängen, die die Familie der Besonderheit der Herkunftsgeschichte des Adoptivkindes entgegen bringt« (Jungmann 2000, S. 208).

Dieses Zuwendungsbedürfnis, das im Übrigen jedes Kind entwickelt, entsteht durch ein Bedürfnis nach Gemeinsamkeit und Gemeinschaft (vgl. Adler 1912/2008). Das Wissen aber und die damit verbundene tiefe Erschütterung, als kleines, hilfloses Wesen von der Mutter verstoßen worden zu sein, weckt bei einem adoptierten Kind ein übergroßes Bedürfnis nach Nähe (vgl. Freud 1905/1999, S. 33ff.).

Die Unruhe, die adoptierte Kinder zudem oft empfinden, übertragen sie auf ihre Mutter, oder die Mutter überträgt in einer Gegenübertragung (vgl. Freud 1910a/1999) ihre Unruhe bspw. bei dem Gedanken daran, dass die Suche des Jugendlichen oder jungen Erwachsenen Unruhe in die Familie bringen kann. Bevor auf diese Unruhe Ruhe folgen kann, muss die Phase der Frustration (Kohut 1979, S. 30) durchlaufen werden (vgl. Thomä/Kächele 1985). Eine auftretende Rückzugstendenz vieler Adoptierter zeigt, dass sie in einem intensiven eigenen Individuationsprozess stecken, bei dem ihnen zu ihrer eigenen selbständigen Entwicklung das Puzzelteil der leiblichen Eltern fehlt. Bei ihrem innerseelischen Prozess fehlt zwar die Prägung durch das biologisch-elterliche Überich, das aber durch die Adoptiveltern, die als Überich-Instanzersatz vorhanden sind, übernommen werden kann. Die besonders im Jugendalter entstehende Frage: Woher komme ich? begleitet Adoptierte aber ein Leben lang.

Ist die Vielfalt der unterschiedlichen Formen und Qualitäten von Geschwisterbeziehungen letztendlich theoretisch unverstehbar und undurchdringbar?

Die Beziehungen von Geschwistern zeichnen sich durch ihre Heterogenität aus und sind von ihrem sozial-gesellschaftlichen Umfeld stark geprägt. Dies zeigt sich immer wieder an den vielfältigen Verwandtschaftsgraden und den Herkunftsverhältnissen, was beispielsweise durch hinzutretende Halbgeschwister deutlich wird. Geschwister sind etwas »Schicksalhaftes, weil man sie sich nicht aussuchen kann« (Kasten 2003, S. 150). Bisher wurden Geschwisterbeziehungen hauptsächlich unter den Aspekten von Nähe, Eifersucht oder Rivalität untersucht und beschrieben. Seltene Ausnahmen beziehen auch die Ressource von Geschwisterlichkeit mit ein.

Im Labyrinth der Gefühle können Gedanken der Hoffnungslosigkeit, der Verzweiflung und der Hilflosigkeit dazu führen, dass ein gewisses Aggressionspotential zu Tage tritt. Es kann in solch eher seltenen Fällten dann zwischen den Jugendlichen zu körperlichen und verbalen Auseinandersetzungen, einer Brutalisierungserfahrung kommen, die unweigerlich mit einer Demütigungserfahrung einhergeht und schmerzhaft zeigt, dass dahinter verborgen oftmals Ängste sich verbergen, die das Bedürfnis nach Anerkennung und den Wunsch nach Linderung des Weltschmerzes überlagern.

Patricia Zukow (1989) konnte anhand weniger interkultureller Vergleiche von Geschwisterbeziehungen feststellen, dass das Versorgungsverhalten, Solidarität und Fürsorglichkeit zwischen den Geschwistern dann abnimmt, wenn zunehmend Kontakt zu den Wertestandards der Industrie- und Leistungsgesellschaft entsteht. Traditionellbezogene Geschwisterverpflichtungen hingegen werden in großen Geschwisterreihen der Stammesgesellschaften (bei den sog. Urvölkern, bspw. in Papua Neuguinea) und bei Familien mit Migrationshintergrund vorgefunden. Beziehen wir die heterogenen bzw. pluralen Lebensläufe heutiger Großeltern- und Elterngenerationen mit ein, stellt sich automatisch die Frage nach der Bedeutsamkeit von Migration bzw. einem sogenannten Migrationshintergrund. Ein Migrationshintergrund bedeutet, dass ein Jugendlicher entweder selbst oder von seinen Eltern mindestens ein Elternteil nach Deutschland migriert ist. Laut dem Statistischen Bundesamt (2012, S. 40; 2021, S. 36) hat jeder vierte junge Mensch im Alter zwischen 15 und 25 Jahren einen Migrationshintergrund. Somit ist das scheinbar besonders Erwähnenswerte längst Normalität geworden und wirkt sich schon seit Jahrzehnten auf die Entwicklung von Jugendlichen aus.

In ihrer Studie »Geschwister-Bindung« untersuchten Stephen Bank und Michael Kahn (1989) die lebenslangen Geschwisterbeziehungen und die Bedeutung von Geschwistern für die Identitätsbildung. Die in der Folge daraus entstehende Strukturierung von Verhaltensmustern definierten sie in der Geschwisterbeziehung als »intime, wie öffentliche Beziehung zwischen dem Selbst von zwei Geschwistern« (ebd., S. 21). Klaus Schneewind (1995, S. 160) sieht in der Geschwisterbeziehung

> »einen Beziehungstypus besonderer Art, da sie in der Regel die am längsten währende, unaufkündbare und annähernd egalitäre menschliche Beziehung ist, die auf einer gemeinsamen Vergangenheit beruht.«

Karle, Klefeld und Klosinski (2000, S. 157) sehen das Problem in der Komplexität des Gegenstandes:

> »Geschwisterbeziehungen sind zum einen Teil des innerfamiliären Beziehungsgefüges. [...] Sie sind abzugrenzen von den Eltern-Kind-Beziehungen und der Paarbeziehung der Eltern. Zum anderen stellen sie einen Teil des Bereiches extrafamilialer Sozialbeziehungen, wie z. B. Peer-Beziehungen bzw. andere Freundschafts- und Rivalitätsbeziehungen dar.«

Es wird deutlich, dass die Geschwistergruppe ein flexibles Gefüge ist, in welchem immer wieder neue Orientierungspunkte im Verlauf des Lebens gesetzt werden. Immer wieder müssen diese untereinander neu verhandelt werden, da Geschwister in einem Rollen-

Antagonismus zwischen generationenübergreifenden Beziehungen und den Beziehungen untereinander oszillieren.

In der Kindheit ist die Beziehung unter den Geschwistern besonders intensiv: Sie lernen und sie spielen miteinander, sie unterstützen sich meist gegenseitig und verbringen oftmals viele Stunden täglich miteinander, während sich dies in der Jugendzeit häufig ändert.

Dies beschreibt Susanna (19 Jahre), älteste Zwillingsschwester von sechs Voll-, Halb- und Stiefgeschwistern, rückblickend:

> »Die Rollen meiner Geschwister haben eine *zentrale* Rolle. Für mich persönlich ist es wichtig, mit Geschwistern aufzuwachsen. Das liegt daran, dass man sich ein ›anderes‹ Verhalten, eigentlich eine andere Persönlichkeit, aneignet bzw. aneignen kann. Grundsätzlich hat man jeden Tag fast 24h die Geschwister um sich, das heißt, man ist nicht allein. Allein das hilft, jeden sich weiter entwickeln zu können, aber auch zu merken, dass man eventuell viel weiter im Leben kommt und sich gegenseitig vertrauen kann. Man muss keine Angst haben, auf sich alleine gestellt zu sein. ... Meine Zwillingsschwester und ich hatten im Großen und Ganzen die gleichen Freunde. Wir beide sind in einem kleinen Dorf aufgewachsen und da kennt man sozusagen jeden. ... Meine Freunde waren mir in Situationen wichtiger, in denen es um intime Sachen ging oder wenn ich mal über Zuhause geschimpft habe. Meine Schwester hätte es sofort zuhause weitererzählt und das musste nicht sein, denn es war mit Ärger verbunden. Wichtiger waren sie mir auch in Situationen, in denen es um erste Schwärmereien in der Pubertät ging. Im Großen und Ganzen habe ich meinen Freunden besser vertrauen können.«

Auch Cassandra (19 Jahre), jüngere Schwester von zwei Schwestern, berichtet von der Abnabelung von der älteren Schwester und wie wichtig dabei Freunde für sie gewesen sind:

> »In der Pubertät war es mir sehr wichtig, eigene Freunde zu haben. Und so im Alter von 12 bis 15 hatten wir dann auch relativ wenig miteinander zu tun. Dann, als ich älter wurde, unternahmen wir immer mehr miteinander und unsere Freunde waren dieselben.
>
> Ich denke beim Abnabelungsprozess war es sehr wichtig für mich, eigene Freundeskreise zu haben.«

Obwohl Horst Petri (1994, S. 49) der Meinung ist, dass Geschwisterliebe durch keine andere Liebe von Lebensbeginn an ersetzbar sei, konkurrieren die Geschwister wenig liebevoll um die Liebe und Zuwendung der Eltern – trotzdem verbünden sie sich aber auch gegen ihre Eltern. Brüder und Schwestern sind manchmal Rivalen, können dann aber auch gleichzeitig wieder Komplizen sein. In einer Ambivalenz von halten und verletzen sind sie meist lebenslang miteinander verbunden: Sie streiten und sie lieben sich, oder anders ausgedrückt: Nicht mit dir und nicht ohne dich!

Sicher ist, dass der Tatsache stärker Rechnung getragen werden muss, dass Geschwister an sich und ihre Beziehungsdynamik für die individuelle Entwicklung des Einzelnen eine wesentliche Rolle spielt und nicht ersetzt werden kann. So schildert dies im Folgenden Merve, 21 Jahre, mittlere Schwester von vier Schwester:

> »Schwestern sind im Prinzip wie Freunde, nur dass man mit ihnen noch enger verbunden und vertraut ist. ... Die meisten gleichen Erfahrungen habe ich mit meiner ein Jahr jüngeren Schwester gesammelt, da wir wie Zwillinge aufgewachsen sind. In dieser Zeit (bis ca. 14 Jahre) haben wir alles gemeinsam gemacht und dadurch eine enge Beziehung aufgebaut. ... Nach dem Abitur waren wir zwei erstmals zusammen durch die USA reisen. Darin bestätigte sich nochmal die gemeinsame Erfahrung.«

3

Geschwisterkonstellationen und ihre Folgen – Traditionen und Positionen der Geschwisterforschung

In diesem Kapitel werden die bisherigen Forschungsergebnisse näher beleuchtet. Dabei wird vor allem auf die Ursprünge der Geschwisterforschung bei Alfred Adler und Walter Toman eingegangen. Insbesondere Toman hat sich mit den »Familienkonstellationen« (1965/2020) auseinandergesetzt. Diese werden kursorisch vorgestellt. Weiter werden zwei wesentliche Aspekte in den Vordergrund gerückt, die bisher meist nicht untersucht worden sind: die Mithilfe bei den häuslichen Verpflichtungen sowie die Beteiligung älterer Geschwister bei der Betreuung der jüngeren Geschwister – »care giving«.

Die Anfänge bei Freud und Jung

Seit dem Gründungsvater der Psychoanalyse Sigmund Freud (1909, 1917) werden in Fallstudien die libidinöse Besetzung innerhalb der Geschwister-Objekt-Beziehung untersucht und belegt (vgl. Parens 1988; Sohni 2011, S. 69ff.). So ging Freud bereits in den »Vorlesungen zur Einführung in die Psychoanalyse« 1916/1917 auf Geschwister ein. Ebenfalls in »Jenseits des Lustprinzips« (1920), »Das Ich und das Es« (1923), in »Hemmung, Symptom und Angst« (1926) sowie in den »Neue Folgen der Vorlesungen zur Einführung in die Psychoanalyse (1933) werden Geschwister zumindest erwähnt und finden in Bezug auf ihre Positionen Beachtung.

Bei C. G. Jung finden sich einige verstreute Hinweise in seinem Werk »Wandlungen und Symbole der Libido« (1912). Weitere in seinem Werk »The Psychologie of the Unconscious«, erschienen in New York 1916, in »Psychologische Typen« (1920) und in »Psychologie und Religion« (1939).

Geschwisterpostion und Lebensstil: Alfred Adler

Alfred Adler (1927/2007) ist in der Nachfolge Freuds der Einzige, der den Einflüsse von Geschwistern im Rahmen seines Theoriekonzeptes einen prominenten Stellenwert zuwies. Er setzte sich in der von ihm gegründeten Individualpsychologie intensiv mit der Bedeutung der die Geschwisterbeziehung auseinander. Nachweise finden sich in »Praxis und Theorie der Individualpsychologie« (1920), in »Menschenkenntnis« (1926), in »What Life Should Mean to You«, 1931 in New York erschienen, und in seinem Werk »Der Sinn des Lebens« (1933). Seine Untersuchungen führte er auf der Grundlage von klinisch-therapeutischen Beobachtungen und von Erfahrungen im Rahmen der Erziehungsberatung (vgl. Toman 1965, S. 234) durch.

3 Geschwisterkonstellationen und ihre Folgen

Die Geschwisterbeziehung ist bekanntlich in der Regel die am längsten andauernde Beziehung im Leben des Menschen und, da auch heute die Mehrzahl der Jugendlichen noch immer mit Geschwistern aufwächst, kommt der Geschwisterforschung, in der die Beziehungsdynamik zwischen Geschwistern und deren Folgen für die Persönlichkeitsentwicklung in den Blick genommen wird, prinzipiell ein hoher Stellenwert zu. Auch dann, wenn viele Fragen wegen der Komplexität des Forschungsfeldes nur schwer zugänglich und kaum letztgültig zu klären sind.

In den Narrationen der jungen Erwachsenen kommt dieser Aspekt durchgehend zum Ausdruck. So schildert Dalia (22 Jahre), jüngere Schwester von zwei Schwestern:

> »Mit dem Umgang eines Geschwisterteils lernt man meiner Meinung nach früher oder vielleicht auch intensiver das Gefühl des Zusammenhalts. Ebenfalls muss man auch immer mit seinen Geschwistern teilen. Bei Einzelkindern ist es häufiger der Fall, dass sie alles bekommen, was sie sich wünschen. Bei Geschwistern ist das doch nicht immer der Fall, da alles mehr verteilt werden muss (sei es Spielzeug, Geld, Liebe, Zuneigung, ...). Soll nun aber nicht heißen, dass wir davon zu wenig erhalten haben.
>
> Fazit: Ich denke, dass es mich positiv beeinflusst hat. ... vielleicht ist man dadurch auch offener für spätere soziale Kontakte. Ich denke, es ist toll, Geschwister zu haben, vor allem wenn man nicht weit vom Alter auseinander ist.«

Auch Sören (21 Jahre), älterer Bruder einer drei Jahre jüngeren Schwester bestätigt dies – wenn auch auf etwas ungewöhnliche Art und Weise:

> »Ja, meine Schwester war wichtig für meine Entwicklung. Beispiel: Beim Umgang mit Geld.
>
> Als meine Schwester und ich Taschengeld bekommen haben, haben wir es unterschiedlich eingesetzt. Während sie es oft gleich wieder ausgegeben hat, habe ich das Geld gespart. Es war für meine/unsere Entwicklung sicher wichtig zu sehen, dass man unterschiedlich mit Geld umgehen kann. Interessant war auch, dass unsere Eltern meinten, ich sollte doch nicht so viel sparen und meine Schwester sollte nicht immer gleich alles ausgeben.«

Ebenso schildert dies Larissa (20 Jahre), mittlere Schwester bei drei Geschwistern – sie ist einziges Mädchen:

> »Ich finde, dass Geschwister für die eigene Entwicklung sehr wichtig sind. Man lernt früh zu teilen und gleichzeitig hat man immer einen Freund zu Hause. Man ist nicht alleine und lernt gleichzeitig, entstandene Probleme schnellstmöglich zu lösen, da man sich jeden Tag sieht.
>
> Ich könnte mir nicht vorstellen, keine Geschwister zu haben, ich denke meine Kindheit wäre sehr viel langweiliger verlaufen ohne meine Brüder. Durch meine Brüder habe ich gelernt, mich durchzusetzen, meine eigene Meinung zu vertreten und ich wusste immer, dass wenn ich Probleme habe, dass sie für mich da sind und mir helfen. Man wächst meiner Meinung nach ›geborgener‹ auf. In meinem Fall war das zumindest so. Das Sozialverhalten entwickelt sich ganz anders, da man nicht nur an sich denken kann und gleichzeitig auch die Eltern nicht nur an ein Kind denken können.«

Die Schriften von Alfred Adler (1912/1983), die er auf der Grundlage therapeutischer und beraterischer Erfahrungen verfasste, können zu den wenigen historischen Arbeiten gerechnet werden, die sich intensiver mit der Geschwisterthematik auseinandersetzen. Adler setzte sich erstmalig mit der Bedeutung der individuellen Stellung des Kindes innerhalb der Geschwisterreihe für den Entwicklungsverlauf auseinander (Adler 1920/2006, S. 305f.) und untersuchte dabei die Einflüsse des Geschwisterrangplatzes auf die Charaktereigenschaften und den Lebensstil im größeren Rahmen der Primärbeziehungen. Adler selbst war Zweitgeborener und wollte seiner Theorie nach den Erstgeborenen in der Geschwisterposition überflügeln, um selbst an der Spitze zu stehen. Oftmals führt dieser Ehrgeiz dazu, dass sich Zweitgeborene in der Rolle eines »Gefolgsmannes« nicht wohlfühlen.

Adler unterscheidet fünf Konstellationen in Bezug auf die Geschwisterposition, die er jeweils mit bestimmten typischen Herausforderungen und Problemlagen und entsprechen mit bestimmten typischen Charakterprägungen in Zusammenhang bringt:

- den Einzigen,
- den Ältesten,

- den Zweiten,
- den Mittleren und
- den Jüngsten.

Dabei besteht in seiner Theorie auch die Möglichkeit, dass Geschwisterpositionen kombiniert und abgewandelt werden. Er berücksichtigt die Wechselwirkungen und die Wirkungszusammenhänge im familialen Bereich und legt einen Schwerpunkt auf das dyadische Geschehen. Er erkannte bereits früh die bedeutsamen Aspekte von Geschwistern für die seelische Entwicklung und setzte sich mit den Auswirkungen, Chancen und Schwierigkeiten in Geschwisterkonstellationen auseinander (vgl. Adler 1927/2007, 1929/1978, 1930/1976).

Neben der Geschwisterposition sind Altersabstand und hinzutretende Mitglieder in die Familie heute als weitere bedeutsame Faktoren für die Geschwisterbeziehung anzusehen, da multiple Sichtweisen das Lebensumfeld der Geschwister beeinflussen. Bedauerlicherweise wurde das komplexe Beziehungssystem unter Geschwistern durch die Forschung nur ansatzweise erfasst. Würde bei Jugendlichen und ihren Geschwistern lediglich die Reihenfolge der Geburt betrachtet, besteht die Gefahr, dass »Pseudowahrheiten« entstehen.

Adler betrachtet bereits 1933 (2008, S. 141) den Zusammenhang zwischen der Stellung des Jugendlichen in seiner Geschwisterreihe, die sich daraus entwickelnden Charaktereigenschaften und die Auswirkung auf das spätere Leben als gegeben. Neben der Position, dem Geschlecht, dem Altersabstand und dem Einfluss der Eltern, welche die Bedeutung der Position mitbestimmen, führt Adler noch einen weiteren Aspekte an: »Es ist eine weit verbreitete falsche Annahme, dass Kinder derselben Familie auch in derselben Umwelt aufwachsen« (1929/1973, S. 110). Hier zeigt sich deutlich, dass neben den außerfamilialen Umwelten besonders die Atmosphäre innerhalb der Familie, in die der Säugling hineingeboren wird, Berücksichtigung finden muss und von tragender Bedeutung ist.

Eine Sondersituation gestaltet sich hingegen, sollte das älteste, erstgeborene Geschwisterkind erkranken und pflegebedürftig werden oder möglicherweise versterben. Damit ändert sich die Situation des Zweitgeborenen radikal. Oftmals übertragen sich die dem Ältesten zugesprochenen Eigenschaften, wie beispielsweise die Übernahme von Verantwortung, was zu einer ungewohnten Last für das nachgeborene Geschwister werden kann.

Von elementarer Wichtigkeit ist es daher, dass innerhalb der Familie über den Verlust des Kindes und Geschwisters geredet wird. So können Eltern ggf. den Tod eines Kindes verdrängen, da sie Angst haben, von depressiven Gefühlen überschwemmt zu werden – Geschwister hingegen müssen den Verlust verarbeiten, ansonsten droht das Risiko tiefergehender psychischer Störungen (vgl. Kasten 1993a, S. 114).

Bei der Verarbeitung des Todes eines Geschwisters kommt es besonders auf die Beziehungsqualität zwischen ihnen an. So kann bei einer eher symbiotischen Beziehung eine Trauerarbeit erschwert werden, da das überlebende Geschwister »durch vielfältige Realitätsprüfung die Tatsache akzeptieren [muss], dass der geliebte Mensch nicht mehr existiert« (Bank/Kahn 1989, S. 247). Bei eher ambivalten Geschwisterbeziehungen ist eher mit Trauerreaktionen zu rechnen, in den Wut, Schuldgefüle und Depressionen sich mischen.

Die Ausdifferenzierungen durch Walter Toman

Wegbereiter für Walter Toman waren vor allem die drei bedeutendsten Tiefenpsychologen Sigmund Freud, Alfred Adler und Carl Gustav Jung. Dabei wurden insbesondere die Forschungsansätze Adlers durch die Arbeiten von Walter Toman (1965/2020) erweitert. Er untersucht Familien- und Geschwisterkonstellationen ebenfalls unter dem Aspekt des Geburtenrangplatzes sowie seinen Auswirkungen auf außerfamiliale Beziehungen. Adler wie auch Toman sind zu dem Ergebnis gekommen, dass der Platz in der Geschwisterreihenfolge wesentlich prägt, obwohl die Geschwisterkonstellationstheorie nicht immer plausibel erscheint und nicht isoliert betrachtet werden darf. Sie ist, trotz aller Kritik, interessanterweise nicht aus der Forschungslandschaft verschwunden. Vor allem der Aspekt der Geschwisterrivalität war und ist bedeutsam im Zusammenhang von Geschwisterkonstellationen und deren Einfluss auf die Persönlichkeitsformation. Toman entwickelte dazu eine »Geschwister-Replikations-Hypothese«, die besagt, dass innerfamiliäres Beziehungsgeschehen sich auf außerfamiliäre Beziehungen auswirkt. Tomans Theorie, mit der er die Auswirkungen von Geschwisterpositionen auf weitere Bereiche des gesellschaftlichen Zusammenlebens beschreibt, entstand ebenfalls auf der Grundlage von therapeutischen Beobachtungen und löste viele Diskussionen aus. Bei den Forschern in dieser Tradition dominierte der Aspekt des Geburtenrangplatzes sowie die prägenden Einflüsse der Geschwisterposition, der Geburtenfolge, des Geschlechts der Geschwister und dessen Auswirkungen im Hinblick auf das Verhalten der Geschwister. Ebenso stellten Familiengröße, Altersabstand zwischen Geschwistern, geschlechtliche Reihung, die Phasen der Geschwisterbeziehung Wichtige Parameter dar.

Geschwisterposition und Typenbildung

Walter Tomans Theorie (1965/2020) basiert auf vielen Jahren klinisch-psychologischer Arbeit. In über 400 Fällen hat er Familienkonstellationen untersucht und sein Hauptaugenmerk auf die Geschwisterpositionen seiner Klienten gelegt. Transgenerational hat er bei seinen Untersuchungen die Geschwisterpositionen der Eltern, und wenn nötig auch die der Großeltern, mitberücksichtigt. Ebenso von Bedeutung waren die Verluste, die unter den Bezugspersonen aufgetreten sind.

Er teilt die Geschwisterpositionen in acht Haupttypen ein:

1. Der älteste Bruder von Brüdern,
2. der jüngste Bruder von Brüdern,
3. der älteste Bruder von Schwestern,
4. der jüngste Bruder von Schwestern,
5. die älteste Schwester von Schwestern,
6. die jüngste Schwester von Schwestern,
7. die älteste Schwester von Brüdern und
8. die jüngste Schwester von Brüdern.

Dabei geht Toman davon aus, dass seine Charakterportraits und Verhaltensbeschreibungen vor allem dann zutreffen, wenn es sich bei den einzelnen Typen jeweils um Konstellationen mit »nicht mehr als ein oder zwei Geschwister(n) handelt« (Toman 1965, S. 21). Diese Haupttypen werden als ausführliche Charakterbilder geschildert, vor allem auch in ihren Beziehungen zu anderen Menschen sowie die Wirkungen von Verlusten auf diese Personen. Toman beschreibt in seiner Theorie die Einstellung zu Autorität und Eigentum, zu Besitz, Arbeit und Politik sowie zu Religion und Philosophie.

Toman ist davon überzeugt, dass bei drei oder vier Geschwistern der gleichen Art sich die beschriebenen Tendenzen verstärken. Gemischte Geschwisterkonfigurationen erscheinen ihm dagegen komplexer. In seinen theoretischen Ausführungen lassen sich auch Mischform aus den bekannten Charakterportraits ableiten. Das Einzelkind, Zwillinge und Drillinge behandelt er gesondert.

Geschwisterkonstellationen wirken nur dann, wenn die Persönlichkeitsentwicklung wie auch das psychologische und soziale Milieu unauffällig sind. Zugleich müssen alle weiteren Faktoren der sozialen Inklination berücksichtigt werden. Bei den Faktoren der sozialen Inklination handelt es sich um Bevölkerungsschicht, Nationalität, Besonderheiten der körperlichen Konstitution, Hoch- oder Minderbegabung sowie die Zugehörigkeit zu einer anderen ethnischen Gruppe, und damit auf einen Migrationshintergrund.

3 Geschwisterkonstellationen und ihre Folgen

Der Typus des »ältesten Bruders«

In Bezug auf die Charakterbilder schildere ich hier kurz, was Toman über den ältesten Bruder in Bezug zur Autorität und Eigentum, zu Besitz, Arbeit und Politik sowie zu Religion und Philosophie schreibt: »Er ist der Führer, der Dirigent [...], sei dies nun durch Gewalt oder List. Er trägt die Verantwortung. Er ist in Kontrolle, [...] er kann [...] Befehle geben, entweder direkt und unverblümt oder durch sanfte Diplomatie« (Toman 1965, S. 21f.).

Weiter beschreibt Toman den ältesten Bruder als arbeitsam, wenn er denn will und andere inspirieren kann. Älteste Brüder fühlten gerne die Macht, seien aber nicht sehr mutig. Er könne aber unter Einsatz seines Lebens einen Menschen aus einer Not retten. Dazu organisiert er gerne, müsse dafür allerdings Anerkennung bekommen.

> »Er kann die Autorität eines überlegenen [...] Lehrers, Vaters [...] akzeptieren, aber er neigt dazu es auf eine von zwei Arten zu tun: entweder er wird selbst wie diese Autoritätsperson, er gestaltet sich selbst nach diesem Vorbild [...] und ist mit unter päpstlicher als der Papst. [...] Oder der älteste Bruder von Brüdern arbeitet gegen seinen Vorgesetzten. [...] Er nörgelt heimlich, [...] macht ihn schlecht und versucht ihn Stück um Stück herabzusetzten« (Toman 1965, S. 22f.).

Er will auf keinen Fall abhängig sein von einer anderen Person. Er verträgt sich besonders gut mit dem jüngsten Bruder von Brüdern. Der älteste Bruder von Brüdern möchte eine ordentliche Umgebung und auf jeden Fall sein eigenes Reich haben. Mädchen behandelt er wie jüngere Brüder und von seinen Freundinnen erwartet er, dass sie ihm dienen. Auf der einen Seite möchte er, dass sie wie eine Mutter zu ihm sind, würde dies auf der anderen Seite aber sofort bestreiten. »Je größer die Zahl seiner Brüder, desto schwieriger ist es für den ältesten Bruder von Brüdern, sich auf ein Mädchen oder eine Frau festzulegen« (Toman 1965, S. 28).

Für den ältesten Bruder von Brüdern bedeutet der Tod das Ende des Lebens, nach dem nichts mehr kommt.

»Der schmerzhafteste Verlust ist jener der Mutter [...]. Ein früher Verlust der Mutter würde die unmittelbare Familie [...] völlig frauenlos machen. Der Verlust, der das relativ stärkste Schulderlebnis auslöst, ist der Verlust eines jüngeren Bruders. [...] Das hängt zum Teil damit zusammen, dass der älteste Bruder von Brüdern sich der Zeit noch entsinnen kann, in der sein Wunsch, keine Brüder zu haben, befriedigt war: die Zeit vor deren Geburt. Er weiß daher auch nach ihrer Geburt noch, was er sich wünscht: Seine Brüder sollen dorthin verschwinden, woher sie gekommen sind, seinethalben in die Hölle« (Toman 1965, S. 31).

Der Typus der »ältesten Schwester«

In Bezug auf die Charaktertypen beschreibt Toman vor allem das jeweilige Verhältnis zu Autorität und Eigentum, zu Besitz, Arbeit und Politik sowie zu Religion und Philosophie. Über die älteste Schwester schreibt er:

»Sie steht mit beiden Beinen auf der Erde, sorgt für anderen und verfügt über sie. Wo sie daran gehindert wird, möchte sie es immerhin. In allem was sie sagt und tut, liegt Sicherheit und Endgültigkeit, die nicht immer durch die tatsächlichen Umstände gerechtfertigt sind« (Toman 1965, S. 62).

Die älteste Schwester sei nicht immer so selbstsicher, wie sie sich gibt. Sie sei der Meinung, dass die Dinge, die sie nicht interessant findet, andere auch nicht interessieren. Auf der einen Seite kann sie »Menschen mundtot machen«, andererseits kann sie Gespräche auch führen und lenken. »Wenn sie nicht herrschen kann, ist sie oft unglücklich, zornig oder aggressiv schweigsam« (Toman 1965, S. 63). Sie ist verantwortungsbewusst und kompetent, arbeitet solide und nimmt gerne eine führende Stellung ein. Sie identifiziert sich mit Autoritäten, wenn diese männlich sind; Frauen sollten sich nach ihrer Meinung unterordnen. Ihre eigene Autorität möchte sie bedingungslos durchsetzen.

Ihr größtes Vorbild sei ihr Vater, so Toman. Ihm eifere sie nach und wolle die ihr gestellten Aufgaben zu seiner Zufriedenheit erfüllen.

3 Geschwisterkonstellationen und ihre Folgen

> »Männer haben ihre liebe Mühe mit ihr. Sie neigt lange dazu Annäherungsversuche zurückzuweisen. Manchmal wirkt sie so stark und unabhängig, dass Männer sich überhaupt nicht an sie heran wagen. Sie mag schön sein, aber Männer betrachten sie oft gar nicht als eine Frau, die erobert oder verführt werden möchte. Sie ermuntert keinen Flirt und keine Verehrer. Dies bedauert sie besonders dann, wenn es der Mann ihres Herzens ist, der nichts von ihrer Bereitschaft weiß. In diesem Falle wird sie ihn vielleicht herumkommandieren, sein Interesse auf die Probe stellen, ihn bewusst enttäuschen und sogar mit einem gewissen Nachdruck geringschätzig zu ihm sprechen. Solange der Mann sich nicht erklärt hat, am besten in demütiger und devoter Form, weiß sie nicht recht, ob sie ihn lieben oder hassen soll« (Toman 1965, S. 65).

Den wahren Reichtum sieht sie im Wohlergehen ihrer Schützlinge. Reichtum und Besitz seien für sie nur von geringer Bedeutung. Die materiellen Mittel, die ihr zu Verfügung stehen, schöpft sie aus. Nur für ihre Schützlinge mache sie Schulden, um ihnen Dinge zu verschaffen, die sich diese wünschen.

> »Alles, was die ihr Anvertrauten machen, ist ihr recht, solange ihre eigene Stellung und die Autorität gewahrt bleibt, von der sie berufen ist. Dadurch, dass sie sich selbst ein wenig wie ein Mann gibt, haben die Mädchen unter ihrem Regime Schwierigkeiten, sich mit ihr zu identifizieren« (Toman 1965, S. 64).

Sie wolle alles so erhalten, wie es schon immer war. Sie glaubt den Willen ihres Vaters erfüllen zu müssen und an die absolute Herrschaft Gottes und daran, dass Gott überall mitwirkt.

Ihrer Gesundheit schenkt sie wenig Aufmerksamkeit und wenn sie krank ist, legt sie sich nicht ins Bett. Sie vergisst, dass der Tod zum Leben dazu gehört. Der Verlust ihres Vaters kann sie an den Rand der Verzweiflung bringen, während der Verlust der Mutter wesentlich weniger aufregend ist. Der Verlust einer Schwester würde sie eher wenig erschüttern.

Weitere Studien

In der Metaanalyse von Cécile Ernst und Jules Angst (1983) wurden Studien aufgenommen, die als Forschungsgegenstand Geburtenfolge und Sozialisation, intellektuelle Fähigkeiten sowie Persönlichkeitsmerkmale berücksichtigten. Die Autoren unterschieden nur zwischen den Erstgeborenen, zu denen sie auch Einzelkinder sowie Spätergeborene rechnen. Die Metaanalyse sollte die Frage klären, ob der Geburtenrangplatz tatsächlich Auswirkungen auf die Persönlichkeitsentwicklung habe und kam zum Ergebnis, dass aufgrund vieler Fehlerquellen *kein eindeutiges* Ergebnis erreicht werden konnte, da die meisten Studien dazu die Hintergründe nicht berücksichtigten:

> »Birth order does not appear to be a very strong influence in molding personality in a definable way. Adler's far-reaching (and incoherent) hypotheses are not supported by empirical data. This could be a consequence of a want of reliable and valid tests. The fact that experimental or behavioral data sometimes support firstborn-lateborn differences where as written tests do not [...] could indicate that birth order does influence personality but that we are unable to define this influence in tests, ratings, and questionnaires« (Ernst/Angst 1983, S. 187).

Die Autoren überprüften die Hypothesen, »discussed first on the base of experiments, then paper-pencil-tests, personals questionnaire ratings by self and other or projectiv tests, and lastly of observations of real-life behavior« (ebd., S. 100) und weisen nach, dass die traditionelle Geschwisterforschung geprägt ist von Theorieferne und einem geringen Grad von Validität auf Grund methodischer Unzulänglichkeiten. Sie konstatieren, dass nicht so sehr die Geschwisterposition auf Persönlichkeitsmerkmale Einfluss nimmt als vielmehr die individuellen Verhältnisse, in denen das Individuum lebt. Ganz ausgeschlossen haben sie den Einfluss der Geschwisterposition jedoch nicht (ebd., S. 284).

Dieses eher ernüchternde Fazit im Hinblick auf den Nachweis starker und gesetzmäßige Auswirkungen bestimmter Geschwisterkonstellationen auf die Persönlichkeitsentwicklung steht in deutlichem Kontrast zu den vielfach geäußerten subjektiven Überzeugungen der Betroffenen von dem maßgeblichen Einfluss, den Geschwisterbeziehungen auf sie hatten. Dies bestätigen auch viele der hier gesammelten Narrationen. Johanna (19 Jahre), mittlere Schwester von drei Geschwistern, berichtet:

> »Vor allem meine Schwester war für meine Entwicklung entscheidend, da ich immer zu ihr aufgeschaut habe und sie mir sehr viel beigebracht hat. Zum Beispiel lernte ich sehr früh lesen, da ich mit meiner Schwester ein Zimmer hatte und, als sie dann in die Schule kam und anfing zu lesen, schaute ich sehr viel von ihr ab.«

Kasten (1993a, S. 44f.) kommt zu dem Ergebnis, dass die Auseinandersetzung unter den Geschwistern im Alter zwischen sechs und zehn Jahren intensiv verläuft, während sie im Alter zwischen zehn und zwölf Jahren an Bedeutung verliert und sich später das Verhältnis wieder zunehmend harmonisierend und egalisierend entwickelt. »Das gilt insbesondere, wenn der Altersabstand zwischen den Brüdern/Schwestern niedriger als drei Jahre ist. Mädchen in diesem Alter [gemeint ist hier die mittlere bis späte Kindheit, T.K.] erweisen sich als genauso aggressiv wie Jungen.«

Martin (22 Jahre), ältester Bruder von drei Geschwistern, erinnert sich in seiner Narration, dass er den jüngeren Bruder in der Kindheit

> »im Leiterwagen überall hin mitgenommen [hat]. Später haben wir zusammen unsere Spielsachen und Freizeit geteilt. Auch haben wir uns oft und gerne über jede Kleinigkeit gestritten, haben gerauft und getobt. Je älter er wurde, desto mehr hat er sich seinen eigenen Freunden zugewandt. In der Jugendzeit waren wir oft zusammen Fußball spielen.«

Somit entspricht die Schilderung Martins der üblichen Entwicklung unter Geschwistern und stellt eine positive Ausnahme dar. Kasten stellt hingegen fest, dass Kinder bei »gleichgeschlechtlichen Geschwistern ... mehr Nähe/Wärme [empfinden; T.K.], insbesondere wenn der Altersabstand gering ist«.

Franziska (19 Jahre), ältere Schwester von einem zwei Jahre jüngeren Bruder, hingegen beschreibt die typische Entwicklung unter Geschwistern:

> »Während der Jugend wurde das Verhältnis dann auch distanzierter, da wir nicht mehr wirklich zusammen ›spielten‹, sondern Zeit eher allein oder mit anderen verbrachten. In der Pubertät nervten die starken Streitigkeiten dann so sehr, dass das Verhältnis recht schlecht war.«

Die Entwicklungspsychologin Judy Dunn kann bis heute als die »Mutter« der modernen Geschwisterforschung bezeichnet werden, da sich über Jahrzehnte hinweg immer wieder mit der Thematik befasste (vgl. 1979, 2007).

Lamb und Sutton-Smith (1982) konstatieren eine Neuorientierung in der Geschwisterforschung, die sich mit verursachenden Prozessen und Wechselwirkungen, wie auch mit intraindividuellen Vergleichen in der Längsschnittperspektive, beschäftige.

Den Schwerpunkt ihrer Forschungen legt Christiane Papastefanou (1992) auf strukturelle Merkmale wie Geburtenrangplatz, Anzahl und Geschlecht der Geschwister sowie den Altersabstand zwischen den Geschwistern und die Bedeutung für ihre individuelle Entwicklung und knüpft somit an die traditionelle Forschung zum Geburtenrangplatz und seinen Auswirkungen an. Besonders die dynamische Entwicklung der Geschwisterbeziehung in den ersten Jahren nach der Geburt eines zweiten Kindes sei wichtig. Zu dieser Zeit können problematische Verhaltensmuster entstehen und positive wie negative Qualitäten können für die zukünftige Geschwisterbeziehung angelegt werden. In der mittleren Kindheitsphase tritt zunehmend eine Differenzierung der Geschwisterinteraktion auf, da Geschwister durch die wachsende soziale Kompetenz befähigt werden, sich miteinander und mit ihren Eltern auseinanderzusetzen. Sie wählen nun ihre eigene Position innerhalb der Familie, bilden Bündnisse und definieren sich unabhängig von ihren Geschwistern.

So beschreibt beispielsweise Cosima (18 Jahre), mittlere Schwester bei vier Geschwistern, wie sich zu Beginn der Jugend Bündnis-

3 Geschwisterkonstellationen und ihre Folgen

se unter den Geschwistern gebildet haben und sie sich von der älteren Schwester abwendet:

> »Während meiner Kindheit nahm ich meine Geschwister als selbstverständlich wahr. Wirklich Gedanken über ihre Rolle bzw. Bedeutung habe ich mir nicht gemacht. Es war schön, zuhause nie allein zu sein und immer jemanden zum Spielen gehabt zu haben.
>
> In der Jugendzeit hat sich die Sichtweise verändert. Meine Schwester (ein Jahr älter als ich) und ich stritten andauernd. Es ging sogar so weit, dass ihre Anwesenheit von mir als störend/nervig empfunden wurde. Zu diesem Zeitpunkt spielte meine Schwester für mich lediglich eine negative Rolle. Durch die ganzen Streitereien hat sich unter uns vier Geschwistern etwas verändert: Ich gewann in meinem kleinen Bruder eine Vertrauensperson und meine große Schwester fand dies in meiner kleinen Schwester. So ist es auch bis heute: Inzwischen verstehe ich mich mit meiner großen Schwester gut, die Bindung zu meinem kleinen Bruder ist jedoch viel stärker und wichtiger für mich. Genauso ist es bei meinen zwei Schwestern.
>
> Mit meinem Bruder kann ich über alles sprechen, wir verstehen einander und helfen uns bei allem.«

Einen anderen Forschungsansatz verfolgt Goetting (1986), um die prosozialen Entwicklungsaufgaben von Geschwistern aufzuzeigen, die im Verlauf des Lebens zu bewältigen sind: Emotionale Unterstützung, Freundschaft und Kameradschaft, ältere helfen jüngeren Geschwistern und alle solidarisieren sich gegenüber Dritten. Vor allem Nähe, Vertrautheit und gefühlsmäßige Verbundenheit wurden in einigen neueren empirisch orientierten Arbeiten erfasst (vgl. Furman/Buhrmester 1985; Bedford 1989). In einem Drei-Phasen-Modell haben Kreppner, Paulsen und Schütze (1981) den Eltern die Aufgabe zugewiesen, in der frühen Kindheit die Beziehung zwischen den Geschwistern zu fördern.

Die Anhänglichkeit zwischen Geschwistern im Verlauf der frühen Kindheit untersuchten britische und kanadische Forscherteams (vgl. Bowlby 1969; Teti/Ablard 1989). Sie fanden heraus, dass jüngere gegenüber älteren Geschwistern anhänglicher sind als umgekehrt und dass eine sichere Bindung der Kinder an die Mutter für den Aufbau der Beziehung zwischen den Geschwistern förderlich ist.

Solch eine »Anhänglichkeit« im positiven Sinne beschreibt auch Jason (19 Jahre), jüngerer Bruder einer vier Jahre älteren Schwester, als er aus seiner frühen Jugendzeit berichtet:

> »Meine Schwester war maßgeblich an meiner Prägung im Kindes- und Jugendalter beteiligt. [...] Auch wenn es hin und wieder zu Auseinandersetzungen kam, intensivierte sich unser Kontakt ab dem 12. Lebensjahr. In dieser Phase war meine Schwester für meine Erziehung und Sozialisation bedeutender als meine Eltern und erster Ansprechpartner, auch hinsichtlich persönlicher Belange, was später wiederum auf Wechselseitigkeit beruhte. Ab dem 14. Lebensjahr ging ich auch primär mit meiner Schwester und ihren Freunden weg, wodurch ich zunächst ihre deutlich älteren Freunde kennenlernte. Es baute sich eine immer engere Bindung und ein gemeinsamer Freundeskreis auf. Auch heute unternehme ich viel mit meiner Schwester und wir besitzen einen sich in großen Teilen überschneidenden Freundeskreis. Als Beispiel sei die Situation genannt, als wir Sturmfrei hatten und ich 14 Jahre alt war. Zwar lud ich auch zwei Freunde ein, verständigte mich aber auch sehr gut mit den Freunden meiner Schwester und wurde sowohl von ihr als auch ihren Freunden als gleichwertig akzeptiert. Einer dieser Freunde ist mittlerweile mein bester Freund, der vier Jahre älter als ich ist.«

Generell wird immer wieder betont, dass es während der Kindheitsjahre entscheidend von den Eltern abhängt, ob sich zwischen den Geschwistern eine positive Beziehung aufbaut, da ein Familiensystem auf Homöostase ausgerichtet ist (vgl. Dunn/Plomin 1996). Bank und Kahn (1989) gehen davon aus, dass die Bindung zwischen Geschwistern enger wird, wenn die Beziehung zu den Eltern instabil wird.

Solch eine Episode erzählt Janina (19 Jahre), ältere Schwester einer um ein Jahr jüngeren Schwester, in ihren ersten Erinnerungen nach der Trennung der Eltern:

> »Meine Schwester und mich trennt nur ein Jahr voneinander (ich bin die Ältere). An das erste, an was ich mich noch erinnere ist, dass nach der Scheidung meiner Eltern (ich war ca. fünf, knapp sechs Jahre alt), als wir gerade wegzogen und einen neuen Kindergarten besuchten, ich immer das Gefühl hatte, meine kleine Schwester beschützen zu müssen, da wir in unterschiedlichen Kindergartengruppen waren und sie sehr viel geweint hat.«

Ähnlich schildert dies Rosalinde (19 Jahre), ältere Schwester eines drei Jahre jüngeren Bruders:

> »Mein Bruder hat in meiner Kindheit/Jugend immer eine große Rolle gespielt. Mit ihm habe ich die meiste Zeit verbracht. Wir haben immer gemeinsam gespielt, sowohl mit Freunden als auch wir beiden alleine. [...] Durch die Scheidung unserer Eltern waren mein Bruder und ich öfter alleine und auch der erste Ansprechpartner für den jeweils anderen bei Problemen. Hauptsächlich bei Familienproblemen.
>
> Konkret war diese Problembesprechung zum Beispiel, als die Familie unseres Vaters meinem Bruder mitteilte, dass sie aufgrund der Familie des neuen Mannes unserer Mutter nicht zu seiner Konfirmation kommen wollten. Abends im gemeinsamen Zimmer konnten mein Bruder und ich uns dann gemeinsam darüber aufregen und beratschlagen, wie man mit solchen Mitteilungen umzugehen hatte.«

Wie sich in meinen Untersuchungen gezeigt hat, lässt die in der Kindheit bestehende engere Beziehung der Geschwister zugunsten von Freundschaftsbeziehungen in der Jugend nach (vgl. Kreuzer 2016). Damit kann das Ergebnis der Studie von Pulakos (1989) bestätigt werden, der nachweist, dass Geschwister sich im Verlauf der Jugendjahre immer weiter voneinander entfernen und gleichgeschlechtlichen Freundschaften oder Liebesbeziehungen dafür ein immer größerer Stellenwert zukommt.

Rosalinde selbst führt dazu aus:

> »Ab der Pubertät waren dann hauptsächlich meine Freundinnen für mich wichtiger, da mein Bruder nun mal ein Junge war und man mit ihm die ›Mädchensachen‹ nicht so gut besprechen konnte. Außerdem wollte ich in der Pubertät eine gewisse Unabhängigkeit und Abgrenzung zur Familie und aufgrund dessen erschienen mir die Freunde wichtiger als mein Bruder oder meine Eltern.«

Damit schildert sie stellvertretend für viele Schwestern und Brüder, was Jugendliche in Bezug auf Familie bewegt.

Bedford (1989) untersucht in diesem Kontext auch die damit verbundene Identitätssuche der Jugendlichen und die entstehende vorübergehende Entfremdung zwischen den Geschwistern.

Auch Franco (18 Jahre), jüngerer Bruder eines drei Jahre älteren Bruders, schildert die typische Entwicklung von einer nahen Bruderbeziehung und ihrer »Entfremdung«, hin zu einer »relativierten«, normalen Bruderbeziehung:

> »Im Laufe meiner Kindheit teilte ich viele Interessen mit meinem älteren Bruder. Als ich ca. elf Jahre alt wurde, begann ich, mehr und mehr Interesse für Fußball und andere Sportarten zu entwickeln. Demzufolge entfernte ich mich von meinem Bruder [...]. Nachdem ich auf eine andere weiterführende Schule als er kam, entfernte ich mich noch weiter und meine Freunde bekamen für mich als Ansprechpartner und Zeitgenossen ›wichtigere‹ Bedeutung. [...] Mein älterer Bruder [war] einer meiner engsten Spielkameraden und somit auch ein Ansprechpartner in allen Lebenslangen. [...] Wir entwickelten unterschiedliche Interessen und hatten ganz unterschiedliche Freundeskreise. Ich kann mich speziell an eine Situation erinnern, bei der klar deutlich wurde, dass inzwischen Freunde ›wichtiger‹ waren als mein Bruder. Ich hatte im Zusammenhang mit einer Freundin Mist gebaut und brauchte dringend Rat, wie ich mich jetzt verhalten sollte, um dies wieder gut zu machen. Dabei half mir eine sehr gute Freundin, indem sie mir zur Seite stand und mir Tipps gab. Zu diesem Zeitpunkt hätte ich mit meinem Bruder über so etwas nicht reden können. Obwohl wir uns insgesamt immer noch gut verstanden, hatten wir in den Phasen der Pubertät doch eine gewisse Distanz zueinander, bzw. hatten relativ wenig Teilhabe an den privaten Problemen des Anderen. Inzwischen hat sich das aber wieder relativiert.«

Eine der ersten ausführlichen und umfassenden Untersuchungen zu Geschwisterbeziehungen unter einer psychodynamischen Orientierung haben Bank und Kahn (1989) vorgelegt. Sie gehen davon aus, dass sich eine Geschwisterbeziehung dann besonders gut entwickeln kann, »wenn ein hoher Zugang zwischen den Geschwistern, das Bedürfnis nach persönlicher Identität und unzureichender Einfluss der Eltern besteht« (ebd., S. 24). In ihrem Werk »Geschwister-Bindung« weisen sie u. a. darauf hin, dass der Altersunterschied und die Gleichgeschlechtlichkeit wechselseitige Identifikationsprozesse beeinflussen. Zudem differenzieren sie zwischen Geschwistern mit hohem und niedrigem emotionalen Zugang.

1996 ergänzt Petri die psychodynamisch orientierte Geschwisterforschung um drei wesentliche Aspekte: die Beziehung zu den Eltern, die konstitutionellen Anlagen und einschneidende Lebensereignisse.

Eltern projizieren unbewusst ihre Wünsche, Phantasien und Erwartungen auf ihre Kinder. Diese Projektionen sind nicht unabhängig von der Position in der Geschwisterreihe und werden unterschiedlich wirksam, sowohl bei den Eltern als auch bei den Kindern und Jugendlichen. Petri ist der Auffassung, dass Eifersuchtsgefühle der Tochter auf eine enge Beziehung zwischen Mutter und Sohn zurückzuführen sein könnten. Eine liebevolle Beziehung zwischen Vater und Tochter hat wiederum Auswirkungen auf die Söhne. Damit wird der ödipale Konflikt angesprochen, mit dem größere oder kleinere Zwistigkeiten zwischen den Geschwistern verbunden sind.

Berücksichtigt werden heute sowohl Faktoren, die auf die Geschwisterbeziehung einwirken, als auch Faktoren, die von der Beziehung der Geschwister auf das familiäre System wirken und Einfluss nehmen auf das Verhalten der einzelnen Mitglieder, um dann wieder auf die Geschwisterbeziehung zurückzuwirken (vgl. Klosinski 2000).

Die Tatsache der Rivalität bzw. Konkurrenz (vgl. Kreuzer 2020) der Geschwister um die Liebe und Anerkennung der Eltern wird in Studien von Klagsbrun (1997) und Sulloway (1997) betont. Sulloway greift auf über 6000 Biographien seit der Zeit der Reformation bis heute zurück und versucht zu beweisen, dass die Ältesten und Erstgeborenen stärker an Traditionen gebunden sind als die Jüngsten, die eher zukunftsorientiert denken. Die Folgen der vermeintlichen Tatsache, dass durch die Geburt eines Geschwisters die Ältesten eine Ungleichbehandlung durch ihre Eltern erfahren sollen, hat ein Forscherteam um Rosa-Maria Stöhr (2000, S. 42) in einer Metastudie herausgearbeitet:

> »Die Ergebnisse zeigen, dass erstgeborene Mädchen von der Geburt eines Geschwisters profitieren: Bei ihnen finden sich weniger Verhaltensauffälligkeiten und eine positivere Beziehung zur Mutter. Für Jungen stehen dagegen negative Veränderungen im Zusammenhang mit der Ankunft eines Geschwisters: Sie schneiden hinsichtlich ihrer kognitiven Leistungen schlechter ab und ihre Beziehung zur Muttergestalt entwickelt sich weniger positiv«.

Reid Claxton (1994, S. 482) hat in einer Untersuchung mit 152 Teilnehmern (19- bis 49-Jährigen) das »process feedback« und »outcome feedback« elterlicher Rückmeldung gegenüber ihren Kindern untersucht. Er kommt zu dem Ergebnis, dass Älteste die häufigsten Rückmeldungen, Jüngste hingegen die wenigsten Rückmeldungen erfahren. An dieser Stelle sei darauf hingewiesen, dass Rückmeldungen auch immer mit Zuwendung verbunden sind. Aus diesem Ergebnis kann geschlossen werden, dass nach dem o. g. Ergebnis Älteste die meiste elterliche Zuwendung erhalten.

Zusammenfassend kann gesagt werden, dass die Anzahl der vorliegenden Studien und Untersuchungen zu dem Themenkreis Geschwister gering ist und noch viele Fragen offen sind. Grundannahmen darüber, wie das Erziehungsverhalten der Eltern, der Altersunterschied, der Geschwisterrangplatz und individuelle Eigenschaften innerhalb der Familien wirken, werden marginal in Untersuchungen zum Themenkreis Familie eingebettet. Da im Verlauf der letzten Jahrzehnte Geschwister in höherer Anzahl immer mehr verloren gegangen sind, ist dies vielleicht mit ein Grund, warum die Geschwisterthematik bisher in der bildungswissenschaftlichen Forschung wenig bis keine Beachtung gefunden hat. »Innerfamiliale Beziehungen wie die Geschwisterbeziehung [...] haben keine Tradition, sie wurden vernachlässigt oder sind relativ neue Forschungsgebiete«, hält Heike Matthias (2009, S. 123) fest.

Erstaunlich ist, dass sich in einer Vielzahl der Narrationen meiner Untersuchung die Be- und Zuschreibungen der beschriebenen Eigenschaften von Adler und Toman wiederfinden. So zeigt sich, dass die beschriebenen charakteristischen Veranlagungen im Zusammenhang mit der Geburtenrangfolge, so wie sie bereits vor knapp einhundert Jahren beschrieben worden sind, immer noch Gültigkeit haben und nicht unbedingt vom sozialen Umfeld so unterschiedlich beeinflusst sind, wie die Kritiker Adlers und Tomans dies behaupten. Allerdings steht heute der Anspruch im Zentrum des Interesses, auf die dynamische Beziehung zwischen den Geschwistern einzugehen. Zukünftig wird sich die Art des Aufwachsens von Kindern heute sowohl auf das Bindungsverhalten und damit auch auf die Geschwisterbeziehung auswirken.

Das Thema »häusliche Verpflichtungen Jugendlicher« und die Geschwisterforschung

Im Vergleich zu vormodernen Gesellschaften sind bei uns heute ältere Geschwister weitgehend entbunden von der Aufgabe, ihre jüngeren Geschwister zu beaufsichtigen und zu betreuen (vgl. Liegle 2000; Teubner 2005). Während früher hohe Betreuungserwartungen an ältere Geschwister gerichtet wurden, ist in der modernen Gesellschaft zunehmend ein Prozess der Pädagogisierung der Kindheit, eine Familiarisierung und Scolarisierung eingetreten.

Das Leben der Kinder und Jugendlichen verändert sich in den letzten Jahrzehnten dahingehend, dass nicht nur die durchschnittliche Anzahl der Geschwister abgenommen und eine verstärkte außerhäusliche Berufstätigkeit von Müttern zugenommen hat (vgl. Tietze/Roßbach 1991) und ihr Leben dadurch außerhalb der Familie expandierte. Dies führt zunehmend auch dazu, dass eine Gleichaltrigenerziehung überwiegend in institutionellen Kontexten außerhalb der Familie stattfindet (vgl. Wilk/Bacher 1994).

In den Narrationen der jungen Erwachsenen ergibt sich jedoch ein anderes Bild in Bezug auf den familialen Rahmen. So wird vielfach berichtet, dass die Ältesten selbstverständlich Betreuungsaufgaben für ihre Geschwister übernehmen müssen – ob sie wollten oder nicht. So berichtet Petra (20 Jahre):

> »Ich bin die Älteste von drei Geschwistern und hatte so oft die Verantwortung zu Hause, wenn meine Eltern fort waren. Die Aufgaben wie Küche machen, Geschirrspülmaschine einräumen teilte ich mit meiner Schwester, die nur ein Jahr jünger ist als ich. Mein kleiner Bruder, das Nesthäkchen, war da außen vor.
>
> Ich war oft als Schlichter zwischen meinen beiden Geschwistern tätig z. B. bei der Filmauswahl, ... und als ›Große‹ hatte ich dann nach dem Film-

schauen die Aufgabe, meinen kleinen Bruder ins Bett zu schicken und darauf zu achten, dass er duscht oder so. Ich war in diesen Situationen die ›Ersatz-Mama‹. Mein kleiner Bruder nahm die Anweisungen von mir auch an. Wenn meine Schwester etwas sagte, kam es oft zu Streit oder langen Diskussionen. Auch für meine Schwester übernahm ich, als wir noch jünger waren, die Verantwortung. Mussten wir nach dem Weg fragen oder fremde Personen ansprechen/telefonieren, so war das meine Aufgabe.«

Weitere Untersuchungen rücken wieder die Position des Kindes und Jugendlichen in der Geschwisterreihe (Sulloway 1997) und die damit verbundenen Aufgabenstellungen, wie bspw. die Betreuungsaufgaben von Ältesten jüngeren Geschwistern gegenüber, ins Zentrum des Interesses.

Ariadne (20 Jahre), jüngere Schwester eines um drei Jahre älteren Bruders, beschreibt dies in ihrer Narration wie folgt:

»Da mein Bruder drei Jahre älter ist, hat er meistens die Verantwortung übernommen, oder besser gesagt, er musste sie übernehmen. [...] Wenn meine Eltern nicht anwesend waren, hatte mein Bruder das Sagen. Er hat, zum Beispiel, oft die Fernbedienung aus meiner Hand genommen, während ich etwas schaute und hat dann einfach umgeschaltet. Ich konnte nichts dagegen tun, weil mein Bruder viel stärker und größer als ich war.

Mein Bruder hatte auch die Verantwortung auf mich aufzupassen, als ich kleiner war. Eines Tages, als wir am Flughafen waren, wollte meine Mutter kurz etwas zum Trinken kaufen. Mein Bruder sollte währenddessen auf mich aufpassen. Jedoch als meine Mutter eine Minute später zurückkam, war ich weg und mein Bruder wusste nicht, wohin ich gegangen war.«

Das Thema »care giving« und »tutoring« durch ältere Geschwister

Der Betreuungsgedanke (»care giving«) fand erst spät Eingang in die Geschwisterforschung. Auffallend ist, dass unterschiedliche Forschungen zum Thema »care giving« Geschwister zwar miteinbeziehen, aber nicht ihren Fokus auf diese legen. So ist dies beispielsweise in der Kinderbetreuungsstudie des DJI (2005) der Fall, in welcher die Betreuungssituation von Geschwistern *durch die Eltern* (N=30.646) erfragt wurde. Es wurde angegeben, dass 6 % der Geschwister Betreuungsaufgaben unter der Woche, bzw. überhaupt übernehmen.

In der 2. JAKO-O Studie (2012, S. 75) wurde explizit nur nach dem ältesten schulpflichtigen Kind gefragt. Die Untersuchungsleiter wollten auf Nachfrage gar keine Auskunft über weitere Geschwister erhalten. Es zeigt sich, dass aber unter den Betreuenden auch die Kategorie »Großeltern/Verwandte« geführt wird. Bei den Elternpaaren, die voll- bzw. teilzeitberufstätig waren, übernahmen 10 % der »Großeltern/Verwandte« die Betreuung der Kinder, bei 21 % »niemand«. Sind beide Eltern voll berufstätig, werden nur 4 % von »Großeltern/Verwandten« und immerhin 16% von »niemand« betreut. Ob die ältesten schulpflichtigen Kinder wiederum jüngere Geschwister haben und betreuen, wurde nicht erfragt.

Auch in der 4. JAKO-O Studie (2017) fanden Geschwister lediglich in Bezug auf die Schulwahl der Eltern Berücksichtigung; hier wenigsten als »wichtiges Kriterium […], dass bereits ein Geschwisterkind die Schule besucht (19 %).« (ebd., S. 4, Pressemitteilung; Folie 19)

Vergleiche ich die Angaben aus der Kinderbetreuungsstudie mit den Aussagen in den Narrationen der Jugendlichen und jungen Erwachsenen, kann angenommen werden, dass die befragten Eltern vermeintlich »sozial erwünschte« Aussagen getroffen haben.

In den von mir erhobenen Narrationen hat sich gezeigt, dass in der Regel sowohl älteste Brüder wie auch älteste Schwestern Verantwortung von den Eltern übertragen bekommen und diese auch übernehmen. Die Beutreuungsaufgaben im Haushalt waren meist alters- und geschlechterentsprechend (Mutter-Tochter, Vater-Sohn) verteilt; jedoch kann festgehalten werden, dass die Aufgaben ungleich verteilt waren und zwar in dem Sinne, dass die Älteste mehr Aufgaben übernehmen musste. Sind die Eltern abwesend, haben die Ältesten das »Sagen«. Älteste Schwestern setzten sich nicht immer gegenüber den jüngeren Geschwistern durch und mussten sich wesentlich häufiger – vor allem gegenüber jüngern Brüdern – in Auseinandersetzungen behaupten. Im dynamischen Prozess kann konstatiert werden, dass die ältesten Brüder ein größeres Durchsetzungsvermögen besitzen als die ältesten Schwestern.

Berücksichtigt man, dass die Betreuungspflichten der ältesten Geschwister gegenüber jüngeren kulturübergreifend weit verbreitet und entwicklungsfördernd sind (Stoneman 2001, S. 138), dann kann davon ausgegangen werden, dass im gemeinsamen Spiel der Geschwister in der Kindheit bereits ein bedeutender Faktor für eine gute Geschwisterbeziehung zu finden ist. »Der Zement der Geschwisterbindung« (Bank/Kahn 1989, S. 25) kann hier gelegt werden. Im Spiel können erste Ausprägungen von Mustern für den weiteren Verlauf der Geschwisterbeziehung herausgelesen werden, wie dies vor allem später bei der Unterstützung bei den Hausaufgaben oder beim Lernen deutlich wird.

Die geschwisterliche Betreuung und Unterstützung, die typische Muster hervorbringt, kann aber auch anhand der »Lehrerrolle« besonders gut verdeutlicht werden (vgl. Cicirelli 1995). So wird diese bevorzugt von den ältesten Geschwistern wahrgenommen und »fördert deren kognitive und soziale Entwicklung« (Hackenberg 2008, S. 23), was die Untersuchungen von Brody (1998, 2004) bestätigt.

So schildert Petra (20 Jahre), älteste Schwester von drei Geschwistern:

> »Ich hatte zu meinem jüngeren Bruder eine übergeordnete Rolle, vor allem wegen dem großen Altersunterschied. Wenn meine Mama arbeitete oder nicht da war, übernahm ich die Verantwortung. Ich war sein Babysitter.«

Sie beschreibt weiter, wie sie bereits als 9-jährige in die Aufgaben der Kinderbetreuung mit eingebunden war:

> »Meine Schwester und ich haben sehr viel Zeit gemeinsam verbracht und wir waren auch im gleichen Freundeskreis. Mein kleiner Bruder spielte bzw. spielt bis heute eine ganz andere Rolle in meinem Leben. Er ist das Nesthäkchen und ich bin die älteste Schwester. ... Schon mit neun Jahren lernte ich, Windel wechseln und mit Vorsicht ein Baby zu tragen und so

3 Geschwisterkonstellationen und ihre Folgen

Verantwortung für kleinere Lebewesen zu übernehmen. ... Ich hatte mehr Wissen und Erfahrung als er und konnte ihm vieles beibringen. Ich lehrte meinem Bruder das Inlinerfahren und auch das Schlittschuhfahren.«

Betrachtet man die ältesten Brüder und Schwestern im dynamischen Prozess mit ihren Geschwistern, so wird deutlich, dass beide generell bereit sind, zu helfen. Nicht immer nimmt der jüngere die Hilfe des älteren Bruders an. Wenn die jüngeren Geschwister an der Hilfe der Älteren interessiert sind, sind sie auch bereit, diese zu geben. Sowohl bei ältesten Brüdern als auch bei ältesten Schwestern zeigt sich, dass sie die Verantwortung nicht alleine tragen müssen, sondern dass die Eltern (Mutter) die Hausaufgaben und das häusliche Lernen begleiten und für Fragen zur Verfügung stehen. Durch das Konfluenzmodell nach Zajonc (2001), das einen Tutoreneffekt annimmt, konnte bestätigt werden, dass älteste Geschwister bei der Übernahme von »lehrender Verhaltensweisen in ihrer sozialen und kognittiven Entwicklung profitieren« (Schmid 2015, S. 591).

4

Mustertypen, Kernthemen und Kernkonflikte von Geschwisterbeziehungen

Im vorausgehenden Kapitel standen vor allem Theorieansätze im Vordergrund, die nach den Einflüssen bestimmter Geschwisterkonstellationen auf die individuelle Persönlichkeitsentwicklung fragten. Nun soll der Blick auf die dyadische Ebene der Geschwisterbeziehung und ihre langjährige Verlaufsgestalt gerichtet werden.

Geschwisterbeziehungen sind vielfältig und eindrücklich. Sie stellen in der Regel die längsten Beziehungen in unserem Leben dar –

von der Wiege bis zur Bahre. Sie formen und wirken auf uns, in positiver wie negativer Art. Die Beziehungen zwischen Brüdern und Schwestern in gleich- und gegengeschlechtlicher Verbindung werden den Entwicklungsphasen von Kindheit, über Adoleszenz bis zum Erwachsenenalter untersucht. Die pluralen Aspekte, Konstellationen und wissenschaftlich fundierten Ansätzen bieten dem zu erforschenden Gegenstand den Zugang, den er verdient. Beziehungen unter Geschwistern sind wie Elternbeziehungen Primärbeziehungen. Somit sind sie nicht frei wählbar, wie bspw. Freunde oder Partner.

Das Kind wird in der Familie durch seine Beziehung zu den Eltern und den Geschwistern geprägt. Ich gehe davon aus, dass Geschwister in ähnlicher Art und Weise prägend aufeinander einwirken und sich dies auch auf die weitere Lebensgestaltung auswirkt. Dies gilt insbesondere deshalb, da die Interaktionsrate unter Geschwistern höher ist als die zwischen den Eltern und dem Kind (Bank/Kahn 1989, S. 57; Dunn/Creps/Brown 1996). Oftmals stehen im Zentrum des Interesses von Psychoanalyse und Pädagogik die Fragen, »ob und wie weit sie [die Geschwister, T.K.] einander nicht lieben, sondern hassen, aufeinander eifersüchtig, neidisch sind, miteinander konkurrieren, sei es in den Leistungen, sei es in der Liebe der Eltern« (Wexberg 1930, S. 156). Wie ein »roter Faden« ziehen sich Rivalität, Neid und Eifersucht aber auch Unterstützung, Liebe und Nähe durch die Geschwisterbeziehungen; Freundschaft, emotionale Unterstützung und konkrete Hilfeleistungen werden erlernt und können als Modelle auch auf andere Lebensbereiche und Beziehungen übertragen werden. Die psychoanalytische Theorie von Stephan Bank und Michael Kahn (1989) geht von dem grundlegenden Bedürfnis eines Menschen aus, in seiner Eigenart wahrgenommen und positiv bestärkt zu werden. Fallen die Eltern für Kinder aus welchen Gründen auch immer aus, treten andere Personen in den Vordergrund, meist die nächsten Verwandten – die Geschwister.

Geschwisterbeziehungstypen nach E.M. Hetherington

Seit 1972 untersucht die Amerikanerin E. Mavis Hetherington Geschwisterbeziehungen. In ihrer Langzeitstudie über 25 Jahre hinweg konnte sie vier Arten von Beziehungen unterscheiden. Exemplarisch beschreibt Sina (20 Jahre), älteste Schwester von vier Geschwistern, ihre Geschwisterbeziehung als eine *verstrickte Beziehung*. Diese zeichnen sich durch symbiotische Nähe, hohe Kommunikationsdichte und sehr niedrige Rivalität oder Aggression aus:

> »Meine Geschwister spielten für mich eine sehr große Rolle. Als ältestes Kind habe ich es mir oft zur Aufgabe gemacht, auf meine Geschwister aufzupassen. [...] Mein kleinster Bruder (sechs Jahre jünger) war mein ›Versuchskaninchen‹: Er wurde von mir gewickelt, umhergetragen, in meine Puppenbetten gelegt und in meinem Puppen-Kinder-Wagen herumgefahren.« Gerade wenn Sinas Geschwister Fragen hatten, »holten [sie] mich aber sehr oft ins Wohnzimmer. Das ist auch heute noch so.«

Eine *freundschaftlich-fürsorgliche Beziehung*, die durch große Nähe und Empathie, offene Kommunikation und ein geringes Ausmaß an Rivalität und Aggression gekennzeichnet sind, wird von den meisten interviewten jungen Erwachsenen beschrieben. Dalia (22 Jahre), beschreibt ihre Beziehung zur älteren Schwester wie folgt:

> »Meine Schwester spielt für mich eine sehr große Rolle. Da sie nur ein Jahr älter als ich ist, hatten wir schon immer ein sehr enges Verhältnis. Klar gab es früher (und auch heute) Streiterei, aber das ist normal, denke ich [...] Wir waren unzertrennlich und ich denke, das hat uns bis heute zusammengeschweißt. Wir sind mehr Freundinnen als Schwester. Es gab viele Situationen, in denen wir uns gegenseitig unterstützt haben. Besonders hervorzuheben und auch prägend für unser Verhältnis war der Tod meines Onkels. Er war der ›Held‹ unserer Kindheit. Wir haben ihn nicht so oft gesehen, da er in Afrika wohnte. Er ist damals mit seiner Frau ausgewandert. Seitdem ist unser Verhältnis noch inniger gewesen wie es davor schon war.«

4 Mustertypen, Kernthemen und Kernkonflikte

Merve (21 Jahre) schildert als Mittlere von drei Schwestern:

»Spontan ist mir in den Kopf gekommen, dass wir ein *Team* waren. [...] Die enge Beziehung bestärkte sich, als meine erste kleine Schwester ein Jahr später geboren wurde. Ich war nun auch eine große Schwester wie eben meine andere große Schwester.«

Friedrich (18 Jahre), Ältester von drei Geschwistern, erzählt in seiner Narration:

»Meine Geschwister sind und waren zu jeder Zeit sehr wichtig für mich und meine Entwicklung. Besonders in sozialen Dingen lernte man schnell dazu, so wurde es selbstverständlich zu teilen, zu helfen und zu unterstützen.[...] Kinder lernen so zu kommunizieren und auf ihre Geschwister einzugehen. Sie lernen schneller als Kinder ohne Geschwister, dass ihre Mitmenschen auch Gefühle haben und diese sehr schnell verletzt werden können.«

Eine eher *ambivalente Beziehung*, die durch hohe Rivalität und Aggression, zugleich aber durch Nähe und Loyalität gekennzeichnet sind, beschreibt Marian (19 Jahre), ältester Bruder von fünf Voll-, Halb und Stiefgeschwistern. Nach der Trennung der Eltern und einem auseinanderreißen der Geschwister schildert er die Situation unter den Geschwistern wie folgt:

»Zu der Zeit als mein leiblicher Bruder wieder zu uns zog, hatten meine Stiefgeschwister und ich kein inniges Geschwisterverhältnis, wie es in anderen Familien durchaus vorkommt, jedoch haben wir uns gut verstanden. Mein Bruder kam also in bestehende Familienstrukturen hinein und musste erst seinen Platz finden.

Eines Tages waren die Anfeindungen gegenüber meinem leiblichen Bruder in der Schule so schlimm, dass er bis zum Bahnhof verfolgt wurde. Wir vier hatten alle an diesem Tag zur selben Zeit aus und fuhren mit der gleichen Bahn nach Hause. Als mein Bruder auf mich zukam, verfolgt von seinen Mitschülern, wollte ich dazwischen gehen, als sich plötzlich mein Stiefbruder vor den Verfolgern aufbaute und sie in die Schranken wies.[...] Ich fand und finde es aber immer noch bemerkenswert, dass trotz des nur ›losen Zusammenhaltes‹ mein Stiefbruder sich damals so für meinen leiblichen Bruder eingesetzt hat.«

Eher selten finden sich hingegen *feindselig-entfremdete Beziehungen*. Diese zeichnen sich durch Distanz, Antipathie und eine geringere

Kommunikation unter den Geschwistern aus. Vielmehr sind sie durch ein hohes Ausmaß von Zwang und Aggression geprägt. Einzig Peter (19 Jahre), älterer Bruder einer drei Jahre jüngeren Schwester, und Ariadne (20 Jahre), jüngere Schwester eines um drei Jahre älteren Bruders, beschreiben solch eine Art der Beziehung in den Narrationen. Peter begründet für sich diese negative Beziehung aufgrund folgender Aspekte:

> »Meine Schwester stand (meiner Meinung nach) immer unter dem Schutz meines Vaters und bekam im Streit sehr oft recht. Begründung war: Ich bin der Ältere, ich müsse es besser wissen. Folge: Meine Schwester nutze dies oft gegen mich aus. Am Ende der Konflikte suchte sie immer Schutz vor mir bei unseren Eltern.«

Anhand eines ihm in Erinnerung gebliebenen Beispiels schildert er dies:

> »Die letzte Limonade.
> Ich hatte mir aus dem Kühlschrank die letzte Limonade genommen und keine aus dem Keller zurückgestellt, was bedeutet, dass es keine kalte Limonade für meine Schwester mehr gab. Meine Schwester geht sofort zu unserem Vater, um die Situation zu klären und mir die ›Zurechtweisung‹ reinzudrücken (das war vor einem Jahr). Sie schafft es nicht, das Problem direkt mit mir zu lösen!«

Eine ähnliche Beziehung schildert Ariadne:

> »Als ich zum Beispiel sieben Jahre alt war und er zehn, saßen wir als Familie beim Abendessen und mein Bruder begann, mir Fragen über Quadratwurzeln zu stellen, zu denen ich die Antwort nicht wusste, da ich noch nie von so etwas in dem Alter gehört hatte. Meine Eltern behaupteten jedoch, dass die Lösungen zu seinen Fragen sehr einfach wären und kritisierten mich, weil ich sie nicht wusste. Obwohl unsere Zimmer sich jahrelang nebeneinander befanden, sprach ich fast nie mit meinem Bruder während meiner Kindheits- und Jugendzeit!«

Geschwisterbeziehungstypen nach D.T. Gold

Eine andere Typologie wurde von D. T. Gold (1989) entwickelt: Sie unterscheidet fünf verschiedene Geschwisterbeziehungstypen:

- intime,
- kongeniale,
- loyale,
- apathische und
- feindselige Beziehungen.

Allerdings weist die entworfene Typisierung nach Gold Schwächen auf, die in der Entwicklung des Einzelnen begründet sind. So verändern sich Menschen und mit ihnen auch ihre Geschwisterbeziehungen im Verlauf des Lebens. So können aus anfangs intimen oder kongenialen Beziehungen im Erwachsenenalter auch feindselige Beziehung werden. Das Forscherteam um Stewart et al. (2001) hat seine Typologie an Gold angelehnt und weiterentwickelt. Sie unterscheiden

- den unterstützenden,
- den sehnsüchtigen,
- den apathischen,
- den feindseligen und
- den konkurrenzorientierten Typ.

Lisa (20 Jahre), Älteste von drei Schwestern, schildert ihre *intime Beziehung*, die getragen ist von der Tatsache, dass die Geschwister sich als Vertrauenspersonen gegenseitig anerkennen. Die Beziehung wird dominiert vom Verständnis füreinander, von Nähe, Wärme, Zuneigung und Verantwortung in ihrem Interview:

> »Wir sind drei Mädels, ich bin die Älteste. Meine Schwestern sind drei und fünf Jahre jünger als ich. In unserer Kindheit haben wir sehr oft zusammen gespielt. Wir haben uns immer abgesprochen wer z. B. im Rollenspiel

einzukaufen hatte und wer welche Rolle, Personen übernahm und gespielt hat. [...] In der Jugendzeit ist/war es oft so, dass ich meinen Geschwistern viel erklärte und z. B. bei Schulaufgaben half, ihnen vieles beibrachte. Ich weiß, dass auf meine Geschwister Verlass ist und Vieles auch zurückkommt. [...] Auch heute sprechen wir uns noch gemeinsam ab, wer welche Aufgabe erledigt, dennoch übernimmt jeder selbst die Verantwortung für die Aufgabe, was wahrscheinlich daran liegt, dass wir älter geworden sind.«

Von *kongenialen Beziehungen* spricht Gold (1989), wenn die Beziehungen geprägt sind von der gleichen Einstellung und Vorlieben sowie gemeinsame Aktivitäten und die Geschwister füreinander in einem offenen und annehmenden Verhältnis zueinanderstehen.

Lars (19) erzählt:

»Ich bin der älteste von drei Brüdern. Meine Brüder sind jeweils eineinhalb und dreieinhalb Jahre jünger als ich. [...] Wir drei spielten auch oft miteinander. Entweder Brettspiele oder auch selbst erfundene Spiele. Mit meinem mittleren Bruder habe ich viel zusammen gemacht. Wir sind zu zweit ins Fußballtraining gegangen und haben später in der gleichen Mannschaft Tennis gespielt. [...] Wir haben uns die meiste Zeit gut verstanden und verstehen uns auch immer noch super. Meine Brüder waren und sind mir immer noch sehr wichtig, weil ich mit ihnen alles machen und über alles reden kann.«

Unter *loyalen Beziehungen* versteht Gold (1989), dass die Geschwisterbeziehungen zwar von einem gemeinsamen familialen Zusammenhalt geprägt sind. Trotzdem sind die Geschwister der Überzeugung, auch ohne Geschwister gut auskommen zu können.

Franziska (19 Jahre) berichtet über ihr Verhältnis zum zwei Jahre jüngeren Bruder:

»Er war vor allem in meiner frühen Kindheit mein Spielpartner. [...] Allerdings würde ich auch sagen, dass er keine besondere Rolle in meiner weiteren Entwicklung gespielt hat. Wäre ich ohne Geschwister aufgewachsen, hätte ich mich eventuell etwas anders entwickelt.[...] Für meine sonstige Entwicklung würde ich meinem Bruder ebenfalls keine besondere Rolle zuschreiben.«

Peter (19 Jahre) schildert seine Beziehung zur zwei Jahre jüngeren Schwester als eine *apathische Beziehung*. Hier wachsen die Geschwister zwar in einer Familie miteinander auf, haben aber kaum Kontakt untereinander. Dafür können verschiedene Faktoren ausschlaggebend sein, wie beispielsweise unterschiedliche Interessen, ein zu großer Altersabstand, so dass auch keine gemeinsamen Freundeskreise entstehen können:

> »Meine Schwester und ich standen, soweit ich denken, kann immer in einem Konkurrenzkampf. Wer wann was darf, wer macht wie viel wie gut. Wer muss helfen und wer nicht. Noten und Leistungen wurden verglichen und derjenige, der besser abschnitt, profilierte sich damit. [...] Da mein Verhältnis zu meiner Schwester nie wirklich gut war, waren meine Freunde schon immer wichtiger für mich. Ich teilte und teile sehr wenige Interessen mit meiner Schwester. So war der Schnittpunkt von Hobbies oder Freizeitaktivitäten sehr klein.«

Ariadne (20 Jahre) beschreibt ihre *feindselige Beziehung* zum drei Jahre älteren Bruder eindrucksvoll:

> »Während meiner Kindheit war mein Bruder immer im Mittelpunkt der Familie. Seit Geburt war er intelligent und musste sich nie anstrengen, um gute Noten zu bekommen. Er besaß immer die Aufmerksamkeit meiner Eltern und nutzte jede Gelegenheit zu beweisen, dass ich nicht klug genug sei. [...] Mein Bruder hat hauptsächlich zu meiner kognitiven Entwicklung beigetragen, in dem er ständig bewiesen hat, wie klug er ist. Während der Grundschule und dem Gymnasium hat er nie eine schlechtere Note als eine 1 gehabt, während ich oft mit Zweiern und Dreiern nach Hause kam. Deshalb musste ich mich umso mehr anstrengen, um eine 1 zu bekommen, während mein Bruder fast nie gelernt hat. Er musste nur etwas einmal lesen, um es zu verstehen.«

Ariadne wirkt neidisch auf ihren Bruder und schildert ein ablehnendes Verhalten ihm gegenüber. Sie ist davon überzeugt, dass er von den Eltern bevorzugt wird und dies zu Ungleichbehandlungen führt. Dies ist symptomatisch für solch eine feindselige Geschwisterbeziehung – einerlei ob gleich- oder gegengeschlechtlich.

Loyaliltät und Rivalität als Kernthemen von Geschwisterbeziehungen

Die Anzahl der Geschwister in direkter Linie scheint sich gegenwärtig bei circa zwei Geschwistern einzupendeln. Somit wachsen Kinder mit deutlich wenigeren Geschwistern auf, wie dies noch vor 50, 75 oder gar 100 Jahren der Fall gewesen ist. Zur weiterhin am weitverbreitetsten Familienform, der Kernfamilie, mit Vater, Mutter und zwei Kindern – soziologisch betrachtet: Sohn und Tochter –, treten neue Konstellationen durch Kleinst-, Scheidungs- und Patchworkfamilien hinzu. Dadurch entstehen neue Beziehungen und Beziehungsformen zwischen Halb-, Stief- und Adoptivgeschwistern. Solche Kontextbedingungen müssen in ihren Auswirkungen, sowohl auf die Dynamik wie auch auf die Qualität der Geschwisterbeziehungen Berücksichtigung finden. Die Räume, in denen Kinder aufwachsen, sind einem steten Wandel unterzogen. Unsere gegenwärtige Kultur(en) verändert sich durch plurale Einflüsse auf die Strukturmerkmale der Gesellschaft und bedingen auch politische und religiöse Einstellungen. Somit verändern sich die Rahmenbedingungen und wirken auf Geschwisterbeziehungen ein.

In den zugrunde liegenden Narrationen werden Momente der Geschwisterrivalität und des Geschwisterkampfes durchaus auch deutlich dargestellt. Dieses Verhalten unter Geschwistern ist oft die Grundlage für weiterführende Untersuchungen (Abramovitch/Corter/Pepler/Stanhope 1986; Sohni 2004; Schneewind 2008). Alfred Adler führt das Entthronungstrauma des Ältesten als mögliche Ursache an, während die empirisch orientierte Psychologie den von ihr u. a. angestellten Vergleich der Leistungen, der von den Eltern häufig initiiert wird und in unserer Leistungsgesellschaft allgegenwärtig ist, ins Zentrum stellt.

Wesentlich häufiger hingegen finden sich in den Narrationen Beschreibungen von Geschwisterliebe und -hilfe. Die enorme Kraft der Geschwisterloyalität schildert Sarah (18 Jahre) als ältere Schwester. Um der an Magersucht erkrankten jüngeren Schwester zu helfen, isst sie mehr als sie eigentlich möchte. Trotz des Gefühls der Ungleichbehandlung durch die Eltern, hält Sarah (18 Jahre) zu ihrer jüngeren Schwester. Freunde sind für sie während dieser Zeit eine wichtige Stütze, aber ihre Schwester bleibt bedeutsamer. Dies wird in ihrer Narration deutlich, als sie sich an diese schwere Zeit erinnert:

> »Ich kann mich nur an einen Zeitraum erinnern, wo Freunde für mich zum Teil besonders wichtig, aber nicht generell wichtiger waren, zur Zeit der Magersucht meiner Schwester, die ihren Höhepunkt um ihren 13. Geburtstag herum hatte. [...] Es gab nur noch meine Schwester und ihre Krankheit. Meine Mutter war damit beschäftigt, meine Schwester und ihr Essverhalten zu kontrollieren, mit ihr zum Psychologen zu gehen, zum Hausarzt, usw. Mein Vater war mit der Situation relativ überfordert, er wusste nicht, wie er meiner Schwester helfen konnte. Es gab viel Zoff daheim, weil meine Schwester immer einen Tobsuchtanfall bekam, wenn sie das abgewogene Essen fertig essen musste, usw. Da blieb keine Zeit für mich. [...]. Meine Schwester und ich haben ein supergutes und inniges Geschwisterverhältnis, auch wenn Zickereien/ Zoff/Streitigkeiten nicht ausbleiben, schnell aber geschlichtet werden.
>
> Mein Motto ist: ›Freunde kommen und gehen – meine Schwester ist und bleibt meine Schwester‹.«

In vielen Narrationen kommen positive Ressourcen zur Sprache. Oftmals ist dies der Fall, wenn Mutter und Vater nicht im gewünschten Maß zur Verfügung stehen können. In solchen Situationen des Sich-Selbst-Überlassenseins können die Geschwister dann einen intensiven Zugang zueinander finden. Dadurch kann eine tiefe Verbundenheit entwickelt werden, wie dies Martina (21 Jahre), jüngere Schwester von zwei Schwestern, in ihrer Narration beschreibt. Gerade wenn Eltern mit sich selbst beschäftigt sind, kommt eine gute Geschwisterbeziehung zum Tragen. Sie berichtet:

> »Während der Scheidungszeit meiner Eltern, als diese sich nicht mehr um uns gekümmert haben, war sie Halt für mich. Wir haben uns gemeinsam gestärkt und gestützt. Damit hat sie mich auf einen ›guten‹ Weg gebracht. Sie hat mich motiviert und mitgezogen. Sie hat mir Dinge erklärt und gezeigt. Sie hat mich getröstet und aufgemuntert, wenn ich traurig war. Zusammen als Team waren wir stärker.«

Besonders in solchen Situationen können Geschwister sich gegenseitig Kraft und Halt geben und es entsteht eine Loyalität untereinander. Diese beinhaltet die Fähigkeit zur Solidarität als Grundlage für eine gelingende Geschwisterbeziehung (vgl. Bank/Kahn 1989).

Die These, dass für das Verhalten der Geschwister ihre Position innerhalb der Geschwisterreihe bestimmender sei als unsere Gene, vertritt Frank Sulloway in seinem Werk »Born to Rebel« (1997). Er teilt die Auffassung der intensiv diskutierten darwinistischen These, wonach Geschwister bereits als Rivalen geboren werden. Im Überlebenskampf sei daher die Rangfolge entscheidend.

Dies beschreibt auch Maja (17 Jahre), mittlere Schwester von zwei Brüdern: Mein älterer Bruder war »beim Spielen mit meinen Geschwistern eine Art Vorbild und ›Anführer‹.« Ähnlich beschreibt dies Hannah (20 Jahre) als älteste Schwester in ihren Erinnerungen an ihre jüngere Zwillingsschwester:

> »Ich denke, dass sich Geschwisterbeziehungen einerseits fördernd auf die Leistung auswirken (voneinander lernen, erklären und erklären lassen), andererseits aber auch zu Rivalitäten zwischen den Geschwistern führen können, vor allem wenn die Altersunterschiede zwischen den Geschwistern gering sind. Im Grundschulalter haben meine Schwestern und ich sehr häufig ›Schule‹ gespielt. Einer von uns war die Lehrerin, die anderen beiden die Schüler. Ich kann mich noch gut daran erinnern, dass ich meinen Schwestern einerseits gerne Dinge erklärt habe, und stolz war, wenn sie Neues verstanden hatten und anwenden konnten. Im Gymnasium hatte ich dann Angst, sie könnten mich einholen und besser werden als ich. Ähnlich war unser Verhältnis auch im Sport.«

Die Bedeutung der Geschlechterkonstellation in Geschwisterbeziehungen

Auf die Effekte der Geschlechterkonstellationen bzw. die Zusammensetzung der Geschwisterreihe wurde bereits von Alfred Adler, Sigmund Freud, Walter Toman, Frank Salloway u. a. eingegangen.

4 Mustertypen, Kernthemen und Kernkonflikte

Den Einfluss auf eine Reihe von Persönlichkeitsmerkmalen wie Kreativität, Geschlechtsrollenverhalten, Lernverhalten Intelligenz und Leistungsmotivation konnte von Toman (1965/2020) in seinen Studien bewiesen werden.

Nach Hartmut Kasten (1993a, S. 39) zeigen Brüder, die in einer rein männlichen Geschwisterreihe aufwachsen, besonders ausgeprägte Eigenschaften des männlichen Rollenklischees; entsprechend gilt dies auch für Schwestern. Sollte der Altersabstand in solch einer Konstellation zudem noch gering sein, kann sich das rollenkonforme Verhalten verstärken. Schwestern hingegen, die mit Brüdern aufwachsen, zeigen weniger geschlechtsrollenkonformes Verhalten; entsprechend gilt dies auch für Brüder.

So beschreibt Ramona (18 Jahre) wie sehr sie ihrer großen Schwester nacheiferte:

»In meiner Kindheit war meine große Schwester ein Vorbild für mich. Ich wollte ihr alles nachmachen, dieselbe Kleidung tragen und ich wollte vor allem ihr gefallen.

Wenn sie nicht daheim war, bin ich oft in ihr Zimmer geschlichen und habe ihren Schrank und Schreibtisch durchsucht. Ich probierte T-Shirts an und benutzte ihr Make-up. Ich wollte ihr möglichst ähnlich sein. Ich wollte wissen, mit wem sie Zeit verbringt und was sie gerne in ihrer Freizeit macht.«

Für Robin (21 Jahre) war der große Bruder Vorbild:

»Mir gefielen Musikstücke, die er hörte. Ich wollte mich manchmal seinem Kleidungsstil anpassen. Ich empfand ihn als sehr erwachsen und hörte oft genau zu, wenn er seine Meinung Preis gab. […] Ich hatte zu damaliger Zeit meinen Bruder, der knapp fünf Jahre älter als ich war, als eine viel reifere Person wahrgenommen. Auch träumte ich von dem Erreichen des Alters meines Bruders, denn es schien immer ein Stück mehr Freiheit in dessen Jahren ›plus 5‹ sich zu befinden. Dies war besonders stark zu empfinden, als mein Bruder diverse ›magische Grenzen‹ erreichte, 16, (17, ein Jahr vor 18), 18 und 21 Jahre. Seltsamerweise empfand ich in meiner bisherigen Geburtstagskarriere nicht eine dieser fühlbar magischen Veränderungen.«

Wachsen jüngere Geschwister mit gegengeschlechtlich älteren Geschwistern auf, können sie eher typische Interessen des anderen

Geschlechts übernehmen und die große Schwester bzw. der große Bruder gelten als Vorbild.

Bei Grete (18 Jahre), jüngere Schwester eines vier Jahre älteren Bruders, ist dies anhand des gemeinsamen Spielverhaltens in der Kindheit nachzuvollziehen:

> »Ich sehe meinen älteren Bruder stets als treuen Freund und Partner bzw. Spielgefährten [an]. Jeden Nachmittag spielten wir nach dem gemeinsamen Mittagessen zusammen [...] Brettspiele wie Stratego, Risiko oder [...] Legotechnik.«

Sie formuliert selbst, dass sie »neben dem gemeinsamen Spieldrang, der wahrscheinlich durch mein Interesse an Jungsspielzeug zu begründen war, zusammenhielten«. Ob dies nun ihrem wahren Interesse entspringt, oder dem Interesse des Bruders und seiner »Führungsrolle« geschuldet ist, kann nicht überprüft werden. Im Jugendalter »kam es dann auch zu gemeinsamen Sportaktionen oder Partyabenden«.

Wächst ein jüngerer Bruder mit einer älteren Schwester auf, so soll dies nach Kasten (1998) für die Ausbildung seiner Kreativität und seiner Problemlösefähigkeit vorteilhafter sein. Weiter werden jüngere Geschwister in sprachlicher Hinsicht gefördert, während sie von älteren Brüdern in mathematisch-naturwissenschaftlicher Hinsicht profitieren. Grundsätzlich aber gilt, dass jüngere Schwestern eher nicht davon profitieren mit einem älteren Bruder aufzuwachsen.

Dies lässt sich auch durch die Narrationen jüngerer Schwestern bestätigen, die vor allem in Geschwisterpaarbeziehungen aufgewachsen sind. Petra (20 Jahre), jüngste Schwester von zwei Brüdern und einer Schwester, beschreibt wie hilfreich ältere Geschwister bei den Hausaufgaben sind: »Falls ich aber Fragen hatte, war meine Mutter hilfsbereit zu Stelle, aber meistens hat sie mich an meine Geschwister verwiesen, die mir dann in Mathe oder Physik geholfen haben.«

Jasmin (21 Jahre), ein mittleres Geschwisterkind, beschreibt den Einfluss ihrer älteren Schwester beeindruckend:

4 Mustertypen, Kernthemen und Kernkonflikte

»Meine Schwester interessiert sich sehr für Naturwissenschaften, vor allem für Biologie. […] In der Realschule habe ich ihr schon immer beim Hausaufgaben machen oder beim Lernen über die Schulter geschaut und vor allem, wenn sie was für Bio oder Chemie gemacht hat, ist sie richtig aufgeblüht und hat es mir bis ins kleinste Detail erklärt. Das hat mich sehr geprägt, weil von Zeit zu Zeit haben mich diese Fächer auch immer mehr interessiert.
  Meine Schwester ist dann nach dem Realschulabschluss auf das Biotechnische Gymnasium gegangen. Als ich dann meinen Realabschluss hatte, bin ich auch dort hingegangen. Ich bin erst durch meine Schwester dazu gekommen, dass ich mich für die Biologie so interessiere, sie hat mich in diese Richtung gelenkt und darüber bin ich sehr froh. Jetzt im Studium ist mein Hauptfach Biologie und das macht mir richtig Spaß.«

Die Beschreibungen machen deutlich, inwiefern sich das sogenannte »Scaffolding« bemerkbar macht: Ältere Geschwister sind in der Lage, »ihre Hilfestellungen in optimaler Weise an das soziale und kognititve Niveau ihrer jüngeren Geschwister anzupassen und auf diese Weise deren ›Zone der nächsten Entwicklung‹ (Vygotsky 1978) zu stimulieren« (Schmid 2015, S. 593).

Gravierende Konflikte können sich, wie bereits erwähnt, vor allem in monosexuellen Geschwisterreihen zum Vorschein kommen. Ist die Geschwisterreihe hingegen gemischtgeschlechtlich, so werden Geschwister schon im Elternhaus mit den Aspekten des anderen Geschlechts vertraut. Generalisierend können diese Ergebnisse ebenso wenig wie die Auswirkungen des Geburtenrangplatzes auf das flexible Gefüge von Geschwisterbeziehungen übertragen werden. Trotzdem ist der Einfluss des gleichen oder anderen Geschlechts unter Geschwistern für die Entwicklung der Geschlechtsidentität bemerkenswert.

Subjektiv wahrgenommene Bevorzugung und Benachteiligung im familiären oder extrafamilialen Rahmen können traumatische Erfahrungen in sich wiederholenden Schleifen entstehen lassen, die aufgrund von Alter, Begabungen, Charakter, Geschlecht und Intelligenz sowie Geburtenrangplatz zu begründen sind.

Henriette (22 Jahre) berichtet von solch erfahrenen Umweltfaktoren:

> »Als Jüngste der ganzen Familie von drei Kindern habe ich mich öfters benachteiligt gefühlt. Ich musste ständig die alten Klamotten von meinen Schwestern anziehen, was mich sehr gestört hat (vor allem im Jugendalter).«

Auch der Faktor Geschlecht kann bspw. durch die Bevorzugung des Sohnes als »Stammhalter« oder der Tochter als »Nesthäkchen« (Brody 2004) Auswirkungen auf die Qualität der Beziehung unter den Geschwistern haben. Maria (20 Jahre), älteste Schwester von drei Geschwistern, reflektiert solche Gefühle, als sie von der Geburt ihres zehn Jahre jüngeren Bruders berichtet:

> »Als mein jüngster Bruder geboren wurde, stand dieser damals total im Mittelpunkt. Ich war bereits 10 Jahre alt, als er auf die Welt kam, er war ein Nachzügler. Auf einmal rückten mein anderer Bruder und ich eher in den Hintergrund. Was im Nachhinein klar ist, da ein Baby einfach viel Aufmerksamkeit benötigt. Ich fühlte mich aber damals oft alleine gelassen und auf mich alleine gestellt. Natürlich reagierte ich in solchen Situationen, wenn mein Bruder z. B. ›wichtiger‹ war, weil er lauthals weinte, oft trotzig und brachte meinen Eltern manchmal sogar Ärger. Ich fühlte mich allein gelassen und im Stich gelassen, da die Aufmerksamkeit der Eltern dem Bruder galt. Ich war es einfach anders gewöhnt, als Erstgeborene und als Mädchen stand ich davor einfach oft im Mittelpunkt.«

Schicksalsschläge wie Krankheiten, umweltbedingte Momente wie abweichende biographische Lebensverläufe und besondere Lebensereignisse wie der Verlust eines nahen Angehörigen, können zu einem getrübten Verhältnis führen oder Ursache für Zerwürfnisse sein. Reichtum oder Armut, Erfolg oder Misserfolg, Ansehen oder Nichtbeachtung spielen dabei eine große Rolle (vgl. Petri 2001, S. 115ff.). Nicht zu unterschätzen sind Faktoren wie Neid und Eifersucht (vgl. Kreuzer 2011), welche die geschwisterlichen Beziehungen belasten und zu einer Isolierung unter den Geschwistern führen können.

Aber auch Älteste können sich aufgrund ihres Geschlechts, bzw. ihres Geburtenrangplatzes benachteiligt behandelt fühlen. Franziska (19 Jahre, ältere Schwester) schildert solche eine (subjektiv) erlebte Benachteiligung aus dem Familienurlaub eindrucksvoll:

»Am stärksten ist mir eine Urlaubssituation in Erinnerung. Im Hotelzimmer befanden sich ein großes Bett und ein kleineres. Mein Bruder durfte während unseres Aufenthalts im Bett meiner Eltern schlafen und ich bekam das Einzelbett. An sich eine logische Zuteilung, da ich ja älter bin und zu dem Zeitpunkt ungefähr acht war und mein Bruder sechs. In der Situation hatte ich aber ein sehr starkes Gefühl der Benachteiligung. Ich konnte nicht verstehen, was meinem Bruder das Recht gab, im großen Bett zu schlafen. Meine Eltern hatten mir das natürlich erklärt und dabei auch das Argument des Alters benutzt. Aber ich empfand es damals schlicht weg als eine Abneigung mir gegenüber und eine Art Herabwürdigung. Ich beklagte mich bei meinen Eltern und forderte mehrmals, wenigstens ein paar Nächte mit meinem Bruder tauschen zu dürfen. Ich war sicherlich nicht den ganzen Urlaub hindurch sauer auf meine Eltern, aber ich sprach das Problem mehrmals an, obwohl ich eigentlich wusste, dass sich an der Ausgangssituation nichts geändert hatte. Gegenüber meinem Bruder war ich eifersüchtig, verhielt mich aber nicht besonders ablehnend oder aggressiv gegenüber ihm. Wahrscheinlich zeigte sich in dieser Problematik für mich auch einfach die allgemeine Situation, dass mein kleiner Bruder meist mehr Aufmerksamkeit von meinen Eltern bekam, und ich nutzte den Anlass, um meinen Frust darüber zu zeigen.«

5

Entwicklungsaufgaben und Probleme des Jugendalters

In diesem Kapitel wird die Dynamik der Jugend beleuchtet sowie der Frage nachgegangen, inwiefern diese Lebensphase sich von der vorhergehenden Kindheit und dem nachfolgenden Erwachsenenalter abgrenzen lässt. Dazu wird intensiv auf die Entwicklung der Jugendforschung eingegangen, die in gewissem Sinn als Wegbereiter für die Geschwisterforschung gelten kann. Interessant erscheinen hier die Ergebnisse der vorliegenden Shell Jugendstudien und die von ihnen aufgenommenen Fragen und deren Ergebnisse in Bezug auf die Bedeutung von Geschwistern. Weiterhin werden die Phasen der Jugend in der psychoanalyti-

> schen Entwicklungspsychologie nach Peter Blos vorgestellt, um ein möglichst differenziertes Bild der inneren Konfliktdynamik dieses Entwicklungsabschnittes zu gewinnen. Vor dieser inneren Entwicklungs- und Konfliktdynamik gestalten und verändern sich dann die Geschwisterbeziehungen in diesem Lebensabschnitt.

Zur seelischen Dynamik des Jugendalters

Während der Adoleszenz stellt sich jedem Einzelnen individuell die Aufgabe, seine Identität entscheidend zu entwickeln und im weiteren Lebensverlauf entsprechend auszugestalten. Jugendliche stehen in dieser Zeit vor einschneidenden Veränderungen.

Seit jeher hat die Jugend eine faszinierende Ausstrahlung auf Kinder wie Erwachsene: Kinder sehnen sich danach, erwachsen zu werden, Erwachsene halten es für erstrebenswert, jugendlich zu sein oder zu bleiben. Die Zeit zwischen Kindsein und Erwachsensein scheint nicht nur begehrt zu sein, sie ist es auch – auch wenn die Herausforderungen an das Jugendalter sich in den letzten Dekaden grundlegend geändert haben. So konstatiert Wilfried Ferchhoff (2013, S. 53), dass »westliche Gesellschaften [ein Verschwinden] traditioneller Initiationsriten, alte Rituale, Wertvorstellungen und Normengefüge« verzeichnen. Jugend kann nicht länger mehr als »bildungs-bürgerliches oder psychologisches Moratorium« gesehen werden – wozu auch?

Mit Beginn der Adoleszenz rückt die Identitätssuche und die Vergewisserung nach seinem eigenen Selbst in den Mittelpunkt der Aufmerksamkeit. So stellen sich die Fragen »Wer bin ich?«, »Was will ich?« und »Wie will ich das erreichen?«, die sich im weiteren Verlauf des Lebens wandeln in »Woher komme ich?« und »Wohin gehe ich?« Diese Suche, die eng mit und der Identitätsbildung verknüpft ist, gewint nach Erik H. Erikson (1968/1998) im Jugendalter eine besondere Intensität. Mario Erdheim (1984) und Peter Blos (1973) verweisen auf die zweite Chance während der Jugendzeit zur Ablösung und Individuation, die weichenstellende Bedeutung hat. Der Einfluss von Geschwistern lässt sich während dieser Phase deutlich beschreiben, wie die meisten Protagonisten in ihren Narrationen zu Protokoll gegeben haben, wie beispielsweise die 19-jährige Cassandra. Sie berichtet rückblickend über ihre Entwicklung mit ihrer drei Jahre älteren Schwester:

> »Ich denke schon, dass Geschwister für die Entwicklung wichtig sind. Ich hatte immer das Gefühl, sehr reflektiert aufzuwachsen. Das eigene Handeln wurde stets an der Reaktion meiner Schwester überprüft und andersherum ebenso. Meine Schwester ist somit ein Teil meiner eigenen Entwicklung geworden. Später habe ich dann aber auch ein Nachteil daran erkannt: Wenn man stets versucht, von der Großen zu lernen, vom Vorbild etwas anzunehmen, fragt man sich in der Pubertät: ›Wer bin ich eigentlich? Will ich das?‹ Es ist schwieriger als kleine Schwester seine Identität zu finden, da sie von einer anderen Person so stark geprägt wird. Auf der anderen Seite kann dies auch ein Vorteil sein, es fällt einem leichter, eine Persönlichkeit zu entwickeln, da immer jemand da ist, der einem hilft. Insgesamt könnte ich mir sowieso niemals vorstellen, ohne Schwester aufgewachsen zu sein. Außerdem sind Streitereien und Ärger auch gut für die persönliche Entwicklung. Grenzen und Chancen von der eigenen Person kennen zu lernen sind sehr wichtig.«

Diese zweite Chance bietet die Möglichkeit der Nachreifung, um Fehlentwicklungen, die in der frühen Kindheit entstanden sind, zu bearbeiten und im günstigsten Fall aufheben zu können. So hängt es vielfach von den Erfahrungen und Identifizierungen mit den Primärobjekten des Kleinkindes ab, wie später die Zeit der Adoleszenz bewältigt werden kann. Bei jüngeren Geschwistern zählen neben den Eltern und oftmals auch Großeltern entscheidend auch die Geschwister mit. Wie in der Kindheit finden in der Adoleszenz körperliche und physiologische Veränderungen statt, neue physische und psychische Räume sowie Inszenierungen entstehen, in denen sich Früheres und Aktuelles vermischen. Dadurch kann vielschichtig etwas Neues entstehen: U. a. die Fähigkeit sich selbst aus der Sicht der Anderen wahrzunehmen, die Fähigkeit zur Perspektivenübernahme (vgl. Kohlberg 1974) und die Fähigkeit dies in die eigene Gefühls- und Gedankenwelt zu integrieren, sowie die Fähigkeit, dem Handeln des Gegenübers Sinn und Intention zuzuschreiben, also zur differnzierten Mentalisierung in der Lage zu sein (vgl. Fonagy et al. 2004).

Die sich beschleunigende und fortschreitende Modernisierung und Individualisierung unserer Gesellschaft führt dazu, dass neue Formen von Unsicherheit und Ungewissheit zu Hemmungen der Identitätsbildung während der Adoleszenz führen können (vgl. Bohleber 2009). Heute bestimmen Jugendliche mit ihrer Selbstwahrnehmung immer stärker den Punkt, an dem sie sich als Erwachsene bezeichnen. Dieser Entscheidung liegen drei Kriterien zu Grunde, »eigenverantwortliches Handeln, unabhängiges Entscheiden und ökonomische Selbstständigkeit« (King/Gerisch 2015, S. 8). In der sich in diesem Zeitraum abspielenden Entwicklung wird vom »emerging adulthood« gesprochen. In dieser sich an die Jugend anschließende, bzw. ineinander übergreifende Phase werden die daraus resultierenden Fragen weiterhin thematisiert – auch wenn der Jugendliche, bzw. junge Erwachsene bereits im Erwachsenen-Dasein lebt.

Für die Jugendlichen wird der entstehende Ablösungs- und Umgestaltungsprozess im innerfamiliären Rahmen oftmals mit den (Groß-)Eltern und Geschwister geführt, im Außen setzen sich die Heranwachsenden mit bedeutsamen Dritten, wie Freunden, Erziehern und Idolen, auseinander. Die Modifizierung des neuen Lebensentwurfs ist verbunden mit Ängsten, die hemmen können, und Trauer, die durch Trennung entstehen kann. Die Neuschöpfung erfolgt nach Auseinandersetzungen mit den inneren und äußeren Eltern, um nun selbst erwachsen diese Position einnehmen zu können. In der Regel entflammen daran Rivalitätskonflikte, insbesondere unter Geschwistern. Diese Rivalität, oftmals verbunden mit Aggressivität, hat bei Edith Jacobson (1964/1998) zur Gewinnung von Eigenständigkeit und Identitätsentwicklung eine hohe Bedeutung. Die Entwicklng der Identität sieht sie bereits als einen

Prozess, in dem die Adoleszenz als solche ihre herausragende Stellung einbüßt: »Ich selbst würde vorziehen, unter Identitätsbildung einen Prozeß zu verstehen, in dem sich die Fähigkeit bildet, die gesamte psychische Organisation – trotz ihrer wachsenden Strukturierung, Differenzierung und Komplexität – als eine hochindividualisierte, aber kohärente Einheit zu erhalten, die auf jeder Stufe der menschlichen Entwicklung Gerichtetheit und Kontinuität besitzt« (ebd., S. 38).

Sigmund Freud (1909a/2000, S. 227) schreibt dazu:

> »Die Ablösung der Jugendlichen von der Autorität der Eltern ist eine der notwendigsten, aber auch schmerzlichsten Leistungen der Entwicklung. Es ist durchaus notwendig, dass sie sich vollziehe, und man darf annehmen, jeder normal gewordene Mensch habe sie in einem gewissen Maß zustande gebracht. Ja, der Fortschritt der Gesellschaft beruht überhaupt auf dieser Gegensätzlichkeit der beiden Generationen.«

So wie das Kleinkind sich von der Mutter lösen muss, löst sich der Adoleszente von den Eltern. Diese Ablösung gelingt leichter, wenn Geschwister – besonders ältere – vorhanden sind.

Modell (1968/1975) entwickelte unter objektbeziehungspsychologischen Ansatz eine im Vergleich zu Erikson oder Jacobson wesentlich breitere Perspektive. »Modell stellt die Theorie der Objektbeziehungen in den breiteren Kontext der Beziehungen des Ichs zur Welt. Ihn beschäftigt vor allem die Frage, wie das Ich in der Lage ist, eine schmerzhafte äußere Realität und die Getrenntheit und Andersartigkeit der Objekte zu akzeptieren« (Bohleber 1996, S. 275).

Das Identiätsgefühl, welches für Modell (1968, S. 59) ausschlaggebend für die Entwicklung ist, ist beim Kind tief verankert und erlaubt ihm die Getrenntheit von Dritten und deren Grenzen zu akzeptieren. Für ihn stellen dies die Beziehungserfahrungen zu Primärobjekten dar, welche i. d. R. in Mutter, Vater und meines Erachtens ergänzend auch in den Geschwistern zu sehen sind.

So beschreiben die jüngeren oftmals, dass sie von älteren Geschwistern profitieren konnten. Die Älteren benennen ihre Vorreiterrolle in ihren Narrationen bewusst und sind sich über ihre »Leistung« im Klaren, auch wenn sie nicht immer glücklich über diese sind.

Die Studienteilnehmerinnen und Studienteilnehmer stimmen größtenteils überein, mit dem, was Freud zu Beginn des 20. Jahrhunderts formuliert hatte: Andreas (18 Jahre), jüngster Bruder von drei Geschwistern, schreibt über seine beiden älteren Geschwister:

> »Meine Geschwister spielten für mich eine große Rolle, sie [...] hatten die Aufgabe, mich zu behüten, nahmen mich jedoch auch mit, wenn sie etwas mit ihren Kollegen unternahmen. Im Nachhinein betrachtet übernahmen sie eine Vorbildrolle für mich und ich eiferte ihnen nach und wollte auch wie sie werden. Da ich als Jüngster in der Familie eigentlich alles machen durfte, für das meine Geschwister Jahre lang kämpfen mussten. Vor allem als ich später nur noch allein zu Hause war, hatte ich große Freiräume.«

Daniel (21 Jahre) berichtet über seine behütende und beschützende Beziehung zur jüngeren Schwester:

> »Für mich war meine Schwester immer eine wichtige Bezugsperson. Ich bin der Ältere, deswegen habe ich immer versucht, ihr etwas beizubringen oder auf sie aufzupassen. Wenn sie z. B. in der Schule Probleme mit Mathe hatte, habe ich mich verpflichtet gefühlt, ihr dabei zu helfen, auch wenn mich dies teilweise viele Nerven gekostet hat. Aber am Schluss hat es dann immer einigermaßen geklappt.«

Auch über seine Vorreiterrolle in Bezug auf abendliches Ausgehen und das damit verbundene elterliche Erziehungsverhalten, ist sich Daniel rückblickend klar:

> »Es ging darum, wie lange ich mit 16 Jahren wegdurfte und wie lang meine Schwester 3 Jahre später mit 16 wegdurfte. Ich musste immer punkt 12 Uhr daheim sein, wenn ich weg war, aber meine Schwester durfte auch öfters länger. Die Ausrede meiner Eltern war, dass meine Schwester ja mit Älteren weg geht und diese sie ja heimbringen und auf sie aufpassen.«

Auch diese Narration zeigt, dass die subjektiv empfundene Ungleichbehandlung durch Eltern ein immer wieder auftretender Aspekt von Jugendlichen und ihren Geschwistern ist.

Marian (19 Jahre), ältester Bruder von vier Geschwistern, beschreibt aus seiner Perspektive seine Rolle sich etwas zu erkämpfen, welches für seine jüngeren Geschwister oftmals zu mehr Freiräumen geführt hat:

> »Als Ältester unter uns Geschwistern hatte ich das unangenehme ›Privileg‹, mir meine Rechte erkämpfen zu müssen. Wie lange darf ich abends wegbleiben? Wann darf ich wo übernachten?, etc.
> Zu sehen, wie meine Stiefschwester dies, im Verhältnis gesehen, viel früher durfte (zum Beispiel durfte ich mit 16 wirklich nur bis 24 Uhr raus, sie durfte mit 15 auch schon länger draußen bleiben), hat mich dann schon etwas verärgert. Schließlich durfte ich es im gleichen Alter nicht und musste viele Diskussionen mit meinen Eltern führen, bis ich die Rechte bekam, die meine Schwester jetzt wie selbstverständlich bekommt. Ich habe meine Eltern darauf angesprochen; diese meinten jedoch nur: ›Es ist halt so‹ und außerdem hätte ich ja jetzt kein Problem mehr mit dem Rausgehen, weil ich ja schon volljährig wäre.«

In den Beispielen von Daniel und Marian kann das elterliche Erziehungsverhalten so interpretiert werden, wie ein Ungerechtigkeitsgefühl bei Jugendlichen entstehen kann und wie Eltern im Grunde Geschwister nicht erziehen sollten. In der Folge kann es sein, dass sich die älteren gegenüber den jüngeren Geschwistern zurückziehen, was zu einer Entfremdung untereinander führen kann. Wie dies bei Cosima (18 Jahre), mittlere Schwester bei vier Geschwistern, der Fall ist:

> »Es gab eine Zeit, in der meine große Schwester und ich eine enge Beziehung hatten. ... Diese Zeit war wirklich sehr schön, da meine Schwester und ich so mehr Zeit miteinander verbrachten. ... Situationen, in denen Freunde für mich wichtiger wurden, überwiegen in den letzten Jahren sehr. Meine Schwestern verstehen mich in vielen Dingen einfach nicht, da sie ein völlig anderes Leben führen als ich. Für sie ist Familie das Wichtigste, weggehen und etwas mit Freunden unternehmen ist für sie nicht von großer Bedeutung. Sie kritisieren mich für mein Leben, da ich ihrer Meinung nach zu selten zuhause bin. Somit haben sie für mich inzwischen leider eine weniger wichtige Rolle im Vergleich zu meinen Freunden. Bei meinen Freunden fühle ich mich verstanden und akzeptiert. Mit Freunden kann ich über alles sprechen, z. B. über meine Beziehung. Meine Schwestern würden mich in dieser Hinsicht nicht verstehen, da sie noch nie eine Beziehung hatten und die Familie sowieso wichtiger ist als alles andere.«

In der Adoleszenz, in der es um die Entwicklung neuer innerseelischer Strukturen geht, benötigen Jugendliche immer wieder einen Übergangsraum und eine Übergangszeit. Darin findet ein anachronistisches Ringen um zentrale biographische Themen, ein Ausbalancieren von Lust und Unlust, die Wechselwirkung zwischen Individuum und Gruppe, die Ambivalenz von Freiheit und Abhängigkeit, ein wahrnehmbares und sich veränderndes Selbst- und Weltbild statt. Ein sich verändernder Körper, das Begehren des Fremden, die Infragestellung der Familienzugehörigkeit, bis hin zum Radikalsten, der Aufgabe der Zugehörigkeit, spielen eine wesentliche Rolle. Werner Bohleber (1996) beschreibt dies in der Wechselseitigkeit von seelischem Funktionsniveau und realer, sozialer Funktion. Geschwister können dabei eine *Brückenfunktion* einnehmen und eine neue Fähigkeit zur Resonanz und Empathie erzeugen.

Andererseits können Geschwisterbeziehungen auch konfliktreich verlaufen, wenn ein Geschwister sich stärker anpasst, weniger rebellisch ist und sich den Erwartungen der Eltern stärker unterordnet als das andere. Dabei spielt der Unterschied zwischen der weiblichen und der männlichen Entwicklung eine große Rolle vor allem dann, wenn aufgrund einer unzureichenden Mentalisierung destruktive Impulse (in der Geschwistergruppe) nicht gebunden werden können (vgl. Fonagy et al. 2004). Dabei entsteht ein Möglichkeitsraum, in welchem es Platz für neue Erfahrungen gibt, indem das Zugehörigkeitsgefühl zur Primärfamilie erhalten werden kann. So ist es Geschwistern möglich im Sinne eines Containments (Bion 1962) für den Einzelnen eine Ich-stützende Funktion einzunehmen und das Selbstgefühl zu stabilisieren.

Selbstfindung und Selbstwerdung in der Jugend

»Ich mache mir nichts daraus, nur langweilt es mich manchmal, wenn man mir sagt, ich solle mich meinem Alter entsprechend benehmen. Manchmal benehme ich mich viel erwachsener als ich bin – wirklich –, aber das merken die Leute nie. Sie merken überhaupt nie etwas.«

Jerome D. Salinger

Die Jugendzeit ist eine Zeit der Selbstfindung, der Auseinandersetzung mit sich und anderen. Es ist eine Zeit, in der es vermehrt Interessen und Anliegen zu verhandeln gilt. Es ist eine Zeit der Selbstfindung, der Selbstwerdung und somit der Selbstverwirklichung, die oftmals anstrengend und erschöpfend – in beider Sinn – für alle Beteiligten sein kann. In der Regel erleben Familienangehörige, Freunde, die Peergroup sowie das schulische Umfeld diese Phase intensiv mit.

Jugendliche möchten ihre Individualität spüren, unverwechselbar und außergewöhnlich sein. Sie sind anerkennungsbedürftig, müssen Widersprüche aushalten können und durchleben ihre eigene Welt der Emotionen. Sie sind oftmals ambivalent in neuen Beziehungen, welche in ihrer individuellen Eigendynamik wie ein Sturm über sie hinwegfegen. Es ist die Lebensphase, in der sich eine Grundspannung zur Identitäts- und Autonomieentwicklung entwickelt, und Phasen der Minderwertigkeit, beziehungsweise Unzulänglichkeitsgefühle mit Phasen von Allmachtsgefühlen abwechseln. Es bestehen einerseits bei Jugendlichen Tendenzen zur Geheimhaltung, andererseits benötigen sie ein Gegenüber, das sie zum Austausch ihrer Gedanken, ihrer Gefühle sowie ihrer Themen bewegen kann. Eltern stellen in dieser Zeit oftmals nicht die richtigen Ansprechpartner für Jugendliche aufgrund des Abnabelungsprozesses dar. Freunde und Freundinnen sind vielleicht noch keine Vertrauten geworden, und der Stolz hindert die Jugendlichen, über ein Problem zu sprechen. So sind vertraute Geschwister trotz aller Auseinandersetzungen und Zweifel als Gesprächspartner willkommen – gerade bei Schwestern ist dies immer wieder in den Narrationen zu lesen – und können somit wichtiger als Freunde sein.

Versagensängste und Schuldgefühle beschäftigen Jugendliche, verbunden mit dem Affekt der Scham, da sie in der Entwicklung ihres Identitätsgefühls bzw. in ihrer Selbstfindung noch nicht so gefestigt sind, wie sie es sich wünschten. Manches Mal können Erwartungen an sich und andere nicht erfüllt werden und eventuelle Möglichkeiten der gegenseitigen Zuneigung erfüllen sich nicht. Die Scham darüber kann sich in narzisstische Wut wandeln und das Selbsterleben schwankt zwischen Macht und Ohnmacht (vgl. Kohut 1979; Wurmser 1990), zwischen heftiger Wut- und Verzweiflungsgefühlen. Seiffge-Krenke (2002, S. 52) sprach von »emotionaler Kompetenz«, welche sich durch die Ambivalenz von »emotionalen Analphabeten« bis hin zu »hohe[r] emotionaler Kompetenz« auszeichne. Göppel (2019, S. 165) benutzt in diesem Sinne die Metapher des »Sparringpartners« in Bezug auf die Eltern (!) und schreibt : »Krach zu Hause ist ›Sparring‹, Krach mit den Freunden ist ›Ernstfall‹.«

In diesem Zusammenspiel ist von einem sozialen Vorgang zu sprechen, von einem sich verbergen, sich zeigen und sich enthüllen, der unter Geschwistern – also im »Sparring« – regelmäßig wiederholt und eingeübt wird. Es erscheint naheliegend, dass Geschwister hier im bestehenden geschwisterlichen Raum eine gemeinsame Sprache, manchmal auch nonverbal, sprechen, die im Wesentlichen näher an der der Peers ist, als wenn sie mit Eltern in die Auseinandersetzung gehen. Zusätzlich besteht ein Übergangsraum unter den Geschwistern, der ihre Beziehungfähigkeit zu sich und zu anderen vorbereitet. Die Spiegelungen der früheren Bezugspersonen (vgl. Fonagy/Target, 2002) gewinnen im Beziehungsgeflecht der Jugendlichen meines Erachtens an Bedeutung und beeinflussen die Entwicklung des Selbst in bedeutsamer Weise.

Der Spiegel der Geschwister kann vor sozialer Demütigung bewahren und Aggressionsauslöser verhindern, indem in einer vertrauensvollen Umgebung eine »Vorab«-Auseinandersetzung stattfindet – ein »Sparring«. In einer eifersüchtigen und neidvollen

Geschwisterbeziehung aber können auch Stigmatisierungen, Beschuldigungen und Beschämungen unter Geschwistern stattfinden, wie in einigen Narrationen zu lesen ist. Wenn eine der jungen Erwachsenen sich in ihrer Erzählung etwa daran erinnert, wie sehr es sie genervt hat, dass ihr jüngerer Bruder heimlich ihr Freundschaftstagebuch gelesen hat, so verwundert es nicht, dass dieser Vorgang des Vertrauensmissbrauchs als schamvoll und belastend erlebt wurde. Eine Kombination von negativen Gefühlen entsteht und keiner kann den anderen mehr verstehen, und die Interaktionsfähigkeit in der Dyade der Geschwister verschlechtert sich.

Jugendliche, die als einzige Kinder in einem Haushalt aufgewachsen sind, steht solch ein Übungsfeld, in dem sie mit ihren Geschwistern interagieren könnten, nicht zur Verfügung. Geschwister hingegen erfahren sich selbst in einem relativ geschützten Raum und dienen gleichzeitig ihren Geschwistern als Brückenobjekte in die Welt. Insbesondere jüngere Geschwister erfahren Unterstützung in einer neu zu erwerbenden Sicherheit und können dadurch flexibel *und* robust zugleich sein. Dies kann dann eintreten, wenn sie auf ein von den Eltern in der Kindheit gelegtes Beziehungsgefüge zurückgreifen können, das auf Liebe, Anerkennung und wohlwollender Grundhaltung – auch zwischen den Eltern und deren Geschwistern – beruht.

Jugend als eine abgrenzbare Entwicklungs- oder Lebensphase?

Die Lebensphase Jugend wird oftmals als »Sturm und Drang«- Zeit bezeichnet. Ebenso kann auch der »Sturm der Gefühle« und die damit einhergehenden Krisen als eine typische Metapher für diese Zeit gesehen werden. Sie ist eine Zeit von vielfach ambivalent geprägten Entdeckungen, Erprobungen und Entwicklungen.

Für Geschwister und ihre Beziehungen untereinander bedeutet sie eine kritische Phase, da sie sich meist voneinander distanzieren. An die Stelle der Geschwister treten Freunde, die zu Vertrauten werden, und Momente der Vertrautheit und Intimität nehmen zwischen Geschwistern ab und in der Beziehung zu Freudnen zu. Im Allgemeinen gilt die Jugendphase als eine Lebensphase, in welcher der junge Mensch die ersten Schritte in die psychosoziale Unabhängigkeit wagt und seine Identität in einem dynamischen Prozess sucht: Zwischen der Beendigung von Kindheit und dem Beginn des Erwachsenenalters wird das bestehende Normensystem hinterfragt und ein eigenes Wertesystem aufgebaut. Neue Liebesobjekte werden gesucht und neue Präferenzen gesetzt (vgl. Fend 2000, S. 289). Es treten tiefgreifende körperliche Veränderungen ein und müssen bewältigt werden. In dieser Phase fühlen sich Jugendliche zum größten Teil aufgrund körperlicher Veränderungen nicht wohl mit und in ihrem eigenen Körper. Peinlichkeits- und Schamgefühle erschweren ihnen das Leben. Sie erröten leicht, es fällt ihnen schwer, sich auf andere Menschen einzulassen, und Intimität neu zu erleben, stellt sie vor enorme Herausforderungen (vgl. Göppel 2019, S. 171). Darüberhinaus muss während dieser Zeit des Zweifelns und Experimentierens zudem noch ein Sinnkonzept für zukünftige Lebensgestaltung entwickelt werden (vgl. Adler 1931/2006; Frankl 1977).

In den 1950er-Jahren wird die Phase der Jugend von Helmut Schelsky (1957, S. 18) noch zum Durchgangsstadium degradiert. Eine eigenständige Bedeutung wird ihr abgesprochen, sie stelle den »Übergang von der Rolle des Kindes zur sozialen Rolle [des] Erwachsenen« dar. Dies wird mit der »sozial-strukturellen Antiquiertheit« (ebd.) und der bis hierhin geltenden Orientierung an den Jugendlichen aus dem Bildungsbürgertum fixiert (vgl. dazu Abels/Honig/Saake/Weymann 2008, S.87).

Im Zuge einer zunehmenden Individualisierung seit den 1980er-Jahren werden die Lebenssituationen der Jugendlichen immer intensiver durch eine zunehmende Vielfalt der jugendkulturellen Szenen und Stile geprägt. Unter dem Begriff der Postadoleszenz verschwimmen bisherige klare Altersgrenzen und Orientierungsmarken. Ausbildungsangebote bieten Jugendlichen zwar vielfältige Möglichkeiten rufen aber auch Entscheidungszwänge hervor.

Jugendliche, die auf der Suche nach Identität sind, setzen sich noch einmal mit den Phasen früherer Jahre auseinander, bilden immer stärker eine eigene Persönlichkeit aus und erweitern ihren Aktionsradius, indem sie verstärkt Kontakte außerhalb ihrer Herkunftsfamilie aufbauen, um damit eine autonome Identität entwickeln zu können. Sie beginnen in Konfliktsituationen konträre Stellungen zu beziehen, setzen sich mit Eltern und Geschwistern stärker und differenzierter auseinander, betonen ihre Autonomie und testen provokativ bestehende Grenzen aus. Bei kritischen Lebensereignissen wird dabei aber andererseits die familiäre Hilfe wie selbstverständlich in Anspruch genommen.

Jugendliche suchen während der Adoleszenz Unterstützung bei Freunden und bei den Peers, die sie in ihrer moralischen Entwicklung und Ablösung von der Familie unterstützen. Dies wird in der Narration von Janina (19 Jahre), älteste von zwei Schwestern, deutlich:

»Wir haben einen gemeinsamen Freundeskreis. Ursprünglich waren es alles meine Freunde, aber da meine Schwester immer dabei war, gehörte sie irgendwann mit dazu. Auch als wir ganz klein waren, spielten wir immer gemeinsam mit den Nachbarskindern. Dies waren unsere ersten gemeinsamen Freunde. Es gehört jetzt für mich dazu, dass wir unsere Freunde ›teilen‹ und meist kommen wir damit auch gut klar.

Jedoch habe ich neben unseren gemeinsamen Freunden auch noch ›eigene‹, mit denen meine Schwester nicht befreundet ist. Das ist auch gut so!«

Geschwister fordern sich gerade in dieser Phase wechselseitig dazu heraus, eine eigene Meinung zu äußern, sie zu reflektieren und zu begründen und diese in der Diskussion untereinander zu vertreten. Geschwister, auch wenn die gemeinsam verbrachte Zeit nun weniger wird, tragen erheblich zur Identitätsentwicklung bei, erkennen die Unterschiede zwischen sich und wollen, dass ihre Einzigartigkeit wahrgenommen und akzeptiert wird. Dies kann dazu führen, dass Konfliktsituationen und Rivalität zunehmen, andererseits können solche Reibungen aufgrund eines zunehmend distanzierteren Verhältnisses aber auch abnehmen kann. Bei passendem Alter und in der richtigen Geschlechtszusammensetzung können Geschwister auch weiter als verlässliche Partner zur Verfügung stehen, während Eltern in den Hintergrund treten (Hofer/ Pikowsky 1992).

Dies beschreibt Juliane (19 Jahre) über ihre Beziehung zu ihrer um 18 Monate älteren Schwester treffend:

> »Meine Schwester und ich sind nur eineinhalb Jahre auseinander. Wir sind aufgewachsen wie Freundinnen und in vielen Dingen auch wie Zwillinge. ... In der Pubertät war sie dann Ansprechpartner für alle möglichen Probleme und unser Geschwisterverhältnis ist auch zu einer engen Freundschaft geworden. ... Mit 14 war ich dann in einer Clique mit lauter älteren Jungs, zu der ich meine Schwester dann auch einmal mitgenommen habe. Sie war eher eine ›graue Maus‹ und hatte wenige Freunde, fühlte sich aber in meiner Clique dann sehr wohl, was mir wiederum sehr missfiel. Ich war dann auch froh, als sie, nachdem sie mit einem der Jungen zusammen gewesen war und das dann nach kurzer Zeit wieder beendet hatte, nicht mehr mitkam und ich ›meine‹ Clique wieder für mich alleine hatte.«

Während dieser Zeit ändert sich die familiäre Beziehungsdynamik. Die Distanz zu den Eltern, die in der Vergangenheit die zentrale Verantwortung für die Bindungsqualität innerhalb der Familie getragen haben, wird größer, Beziehungen zu Personen außerhalb der Famillie gewinnen an emotionaler Bedeutung und autonomes, eigenverantwortliches Handeln nimmt zu.

Obwohl oder gerade weil Jugendliche heute viel größere Bewegungsspielräume haben als je zuvor, erleben sie dies oft als Belastung, denn gleichzeitig werden sie mit den hohen Herausforderungen einer multimedial geprägten, digitalen Lebensumgebung, hohen Leistungserwartungen, einer krisenhaft belasteten Umwelt und einer unsicheren und ungewissen Zukunft konfrontiert, die zunehmend Ängste und Verunsicherung hervorrufen. Veränderung der Empfindungen und Interessen, Vielfalt der Optionen, Gleichzeitigkeit unterschiedlicher Herausforderungen, Erprobung der Möglichkeiten, Vergleich des Aussehens, der Kräfte und Leistungen sind bestimmende Merkmale ihres Lebens, in dem sie permanent auch von Risiken umstellt sind. Dies kann zu Identitätskrisen im Jugendalter führen, wenn kein roter Faden, keine Richtschnur existiert, der dem Heranwachsenden als Orientierung tauglich erscheint.

Erwartet wird, dass Jugendliche im Moment der intensivsten Auseinandersetzung mit sich selbst und ihrer Umwelt die höchsten Leistungsanforderungen erfüllen und sich in die bestehende Gesellschaft mit allen ihren Werten und Normen der früheren Generation integrieren. Klaus Hurrelmann formuliert, dass

»Jugendliche [...] eine hohe Virtuosität des Verhaltens und eine große Kompetenz der Problemverarbeitung [brauchen]. Sie müssen früh einen eigenen Lebensstil entwickeln und einen Lebensplan definieren [...] Jugendliche benötigen einen ›inneren Kompass‹, um die vielfältigen Handlungsanforderungen und Widersprüche bei der Einräumung von persönlicher Autonomie flexibel und sinnvoll zu bewältigen und ein Bild von der eigenen Persönlichkeit zu entwerfen. Können sie den Kompass installieren, dann haben sie große Spielräume für eine Selbstorganisation ihrer Persönlichkeit« (Hurrelmann 2007, S. 42).

Jugendliche, ihre Geschwister und ihre Eltern müssen diese schwierige Lebensphase, in welcher sich junge Menschen einerseits ablösen, andererseits aber trotzdem weiter mit ihrer Familie verbunden bleiben, meistern und psychische Widerstandsfähigkeit entwickeln (vgl. Wustmann 2004, S. 18). Die Resilienzforschung (vgl. Welter-Enderlin/Hildenbrand 2006, S. 13) benennt dabei die Wichtigkeit für Jugendliche, Erfahrungen zu machen, damit sie Strategien entwickeln können, um Aufgaben, Anforderungen und belastende Situationen erfolgreich zu bewältigen. Krisenhafte Erfahrungen können dann besser bewältigt werden, wenn stabile emotionale Beziehungen zu Eltern, Geschwistern, Großeltern oder anderen bedeutsamen Dritten bestehen und ein warmes, aber klar strukturiertes Erziehungsverhalten gegeben ist (vgl. Petermann 2004).

Die die Geschwisterbeziehungen prägenden Erfahrungen der vielfachen Trennung und Wiederannäherung führen dazu, dass sich der Prozess des Herauslösens aus der Herkunftsfamilie, weniger schwierig gestaltet:

5 Entwicklungsaufgaben und Probleme des Jugendalters

»Das Verlassen der familiären Hülle, das Alleinsein-Können in fremder Umwelt, ist die erste Bewährungsprobe für die soziale Reife und erworbene Autonomie, bei der der Schock des Erwachens rückblickend das Gefühl der Dankbarkeit bewusst macht« (Petri 2006, S. 479).

Fragestellungen, Themen und Thesen der Jugendforschung

Die Jugendforschung wird von einem hohen Grad an Komplexität geprägt, sodass sich das Feld schwer systematisch erschließen lässt und hier deshalb nur ein kursorischer Überblick gegeben werden kann. Um die Komplexität des Feldes zu verdeutlichen, müssen noch weitere Disziplinen genannt werden, die eine Rolle in ihrer Erforschung spielen (Zinnecker 2000, S. 203): Erziehung- und Literaturwissenschaft, Entwicklungspsychologie, Pädagogische Psychologie, Sozial- und Kulturgeschichte, Volkskunde und Ethnologie müssen zweifelsohne noch um die Psychoanalyse und die Psychoanalytische Pädagogik ergänzt werden.

Sicherlich gehört Siegfried Bernfeld zur ersten Generation der psychoanalytischen Pädagogen, der sich bereits früh mit der Jugend auseinandergesetzt und sich um ihre wissenschaftliche Erforschung gekümmert hat. So ordnet Rolf Göppel (2019) Bernfeld den »Klassischen Positionen der Jugendtheorie« und nicht den »Psychoanalytischen Positionen« (S. 6) zu. Dies mag mit der Entwicklung Bernfelds selbst zusammenhängen, der bereits 1915 »Über den Begriff der Jugend« promovierte und sich erst später der Psychoanalyse zuwandte. In seiner Dissertation fasst er den Begriff der Jungend folgendermaßen:

> »Die Jugend ist von den anderen Lebensaltern wesentlich verschieden, sie ist nicht etwa ein defektes Erwachsenensein, sondern ein Zustand eigener Art für sich. Er ist charakteristisch dadurch, daß ihm die völlig begeisterte Hingabe an das Ideale, dieses werde nun gefunden in der unergründlichen

Schönheit der Natur oder in Kunst und Wahrheit, gemäß und notwendig ist« (Bernfeld 1915, S. 59).

Dabei ging Bernfeld von einer tiefen Kluft des Nichtverstehens zwischen den Generationen aus:

»So sehr auch verschiedene Persönlichkeiten oder Gruppen von ihren verschiedenen Ansichten über das Wesen der Jugend haben, in einem scheinen sie völlig gleicher Meinung zu sein: daß Jugend von besonderer Art ist und von den Erwachsenen im einzelnen oder im allgemeinen wesentlich mißverstanden wird« (Bernfeld 1915, S. 51).

In der Jugendforschung wird gegenwärtig vorrangig das Verhältnis von Familie und Gleichaltrigen analysiert. Anzunehmen ist, dass darunter auch die Erforschung der Geschwisterbeziehung fallen müsste, was meist jedoch nicht der Fall ist (vgl. Deppe 2016, S. 276). In der Entwicklung der Geschwisterforschung sind hingegen Forschungen vorherrschend, die verbunden sind mit dem Aspekt des Geburtenrangplatzes.

Heute stehen die pluralen und heterogenen Familienformen im Fokus des Interesses (vgl. Honig/Ostner 2001). Jugendforschung steht primär unter dem Einfluss von handlungsorientierten Konzepten und fragebogenbasierten sowie biographischen Untersuchungsmethoden, die ein breites Spektrum präsentieren. Sie stellt immer wieder die Frage, wie sich Jugend entwickelt, verändert und welche sozialen, politischen und kulturellen Vorstellungen vom und von Jugendlichen in unserer Gesellschaft existieren. Sie untersucht die gesellschaftlichen Vorstellungen über die Jugend, die Vorstellungen und Einstellungen der Jugendlichen selbst sowie die Wandlungen des Generationenverhältnis.

Jugendliche werden heute als Akteure verstanden, welche die sie umgebenden Ordnungen aktiv mit erzeugen und gestalten, sei es bspw. im Hinblick auf Lernprozesse (vgl. Kraus 2007) oder auf das Einteilen von Zeit, die Organisation von Freizeit oder ihr Umgang mit Medien (vgl. JIM-Studien seit 1998).

Die psychoanalytischen Jugendforschung untersucht schwerpunktmäßig die unbewusste Dimension im Zusammenhang mit den

Entwicklungen und Konflikten des Jugendalters. Unbewusst bedeutet: Alles, was dem Individuum nicht bewusst werden darf und aus dem sich »die Verflochtenheit des Individuums« (Erdheim 2002, S. 65) mit Familie, Schule und Peergruppe ergibt. Gemäß der von Sigmund Freud betonten Zweizeitigkeit der sexuellen Entwicklung (Freud 1905/1999, S. 100) findet eine unbewusste Verknüpfung der Erlebnisse der ersten Jahre mit denjenigen der Pubertät statt. Da sich das Individuum nicht kontinuierlich und linear entwickelt, sondern Brüche und Krisen erlebt, die ihm die Neuorientierung gestatten, wird bei solchen Transformationsprozessen immer die Vergangenheit mit einbezogen, also die Erlebnisse der frühen Jahre, die nur im Unbewussten wirksam sind. Unter dieser theoretischen Perspektive wird es der Jugendforschung ermöglicht, den Sozialisationsprozess des Jugendlichen in der Familie und den Anpassungsprozess der Familie an den sich verändernden Jugendlichen, tiefergehend zu erforschen

Die Bindungstheorie von John Bowlby und Mary Ainsworth (Bretherton 1995), welche die Bindung zwischen Säugling und Mutter in den Mittelpunkt ihrer Forschung stellt, ist ebenfalls von Relevanz für die das Verständnis der Entwicklungsprozesse im Jugendalter. Daraus ergibt sich für die Betrachtung der Adoleszenz eine doppelte Perspektive, bei der auf der einen Seite das Bild eines konflikthaften, von Trieben gelenkten Prozesses kindlichen Bemühens um Individuation und Loslösung aus der Symbiose steht, welcher dann in der Adoleszenz wieder belebt wird. Auf der anderen Seite steht die Bindungshypothese mit ihrer Sicht einer eher kontinuierlich sich stabilisierenden Bindungsentwicklung:

> »Das Jugendalter wird auf Grund einer Vielzahl empirischer Untersuchungen nicht mehr als eine Zeit betrachtet, die sowohl intra-psychisch, als auch in den sozialen Interaktionen von heftigen Konflikten geprägt ist, wie frühere aus klinischer Erfahrung stammende Konzepte annahmen (A. Freud 1958; Blos 1962). Dementsprechend beschreiben aktuelle Ansätze die Veränderung der Kind-Eltern-Beziehung im Jugendalter weniger als Ablösung oder Streben nach Unabhängigkeit, sondern als die wachsende Fähigkeit, für sich selbst zu sorgen und selbständig zu handeln [...] oder als den Auf-

bau symmetrischer, eher reziproker Beziehungen zu den Eltern« (Zimmermann 1995, S. 207).

Hier zeigt sich, dass sich nicht nur das Kind, sondern auch der Jugendliche nach wie vor in der Abhängigkeit des familialen Systems befindet, das wiederum in das kulturelle System einer Gesellschaft eingebettet ist. Unter das familiale System können weiter die Subsysteme der Geschwister, der Eltern und Geschwister sowie die Systeme, welche in Verbindung mit den Großeltern stehen, gerechnet werden.

Rolf Göppel (2013), der seit vielen Jahren zum Thema der verschiedenen Facetten des Aufwachsens von Kindern und Jugendlichen publiziert, stellt die Frage: »Haben Kinder und Jugendliche heute größere emotionale Defizite und psychosoziale Störungen als früher?« Die von ihm zitierten Autoren Barkmann und Schulte-Markwort (2004) kommen zu dem Ergebnis: »Eine Zu- oder Abnahme psychischer Auffälligkeiten bei Kindern und Jugendlichen in Deutschland über die letzten 50 Jahre ist also aus den bislang vorliegenden Untersuchungen nicht ableitbar« (ebd., S. 73).

So will Göppel selbst keineswegs »pauschal beschwichtigen«, wenn er das positive Moment aufgreift und darauf hinweist, dass es Jugendlichen in Deutschland noch nie so gut ging wie heute. Andererseits konstatiert er am Ende seines Beitrages:

»[E]s spricht tatsächlich einiges dafür, dass die familiären Erziehungsaufgaben angesichts der Pluralität der Lebensverhältnisse, angesichts der zunehmenden Instabilität von Beziehungen, angesichts der Aufdringlichkeit und Unkontrollierbarkeit der Medienwelt, angesichts auch der mit der modernen Arbeitswelt verbunden ökonomischen Unsicherheiten, Flexibilitäts- und Mobilitätsanforderungen tatsächlich komplexer und komplizierter geworden sind [...] dass es eine beträchtliche Problemgruppe [gibt] – auch dann, wenn man auf dramatisierende Steigerungsthesen verzichtet!« (ebd., S.79).

Ein erstaunliches Modernisierungsparadox sieht Göppel wie Rosa darin, dass es historisch betrachtet noch nie

»hierzulande eine so große Aufmerksamkeit auf die Bedürfnisse, Interessen von Kindern [und Jugendlichen] gegeben [hat ...] und dennoch: noch nie waren die öffentlichen Debatten über Kindheit und Jugend und Erziehung so voll von Klagen« (ebd.).

In der Shell Jugendstudie 2002 ging Thomas Gensicke unter der Frage »Individualität und Sicherheit in neuer Synthese?« den Wertorientierungen und den gesellschaftlichen Aktivitäten der Jugendlichen nach. Klaus Hurrelmann und Gudrun Quenzel führten 2012 dazu aus:

> »Werte fungieren als grundlegende Maßnahme menschlichen Urteilens und Handelns. Die Sozialisationsbedingungen in Familie, Schule, Freizeit und Medien prägen die Wertorientierung von Jugendlichen. Parallel zu den Veränderungen in diesen Bereichen wandelt sich daher auch die Wertorientierung der jeweiligen Generation« (Hurrelmann/Quenzel 2012, S. 202).

Prinzipiell lässt sich in den letzten Jahrzehnten ein Wertewandel hin zur Selbstbestimmung und zum Genuss am Leben feststellen (Gensicke 2002, S. 139). Diese neuen Werte stehen im Gegensatz zu Werten wie Respekt vor Autoritäten, Anpassung und Leistung (vgl. Klages 1975). Dieser Wandel führte dazu, dass es zu einer »stärkeren Betonung eigenverantwortlicher Lebensführung« kam, welche im »Leitbild der individuellen Entfaltung und Entscheidungsfreiheit« (Gensicke 2002, S. 140) heute einen zentralen Stellenwert hat. Das entscheidungsautonome Individuum wurde nach Beck in Anlehnung an Luhmann mit dem »Risiko von Fehleinschätzungen allein gelassen« (ebd.). So ist es wenig verwunderlich, dass in den letzten Dekaden für Jugendliche Werte wie Familie, Freunde, Gesundheit und Liebe/Partnerschaft zu den wichtigsten Werten an sich geworden sind und auf einem hohen Niveau weiter wichtig bleiben. Die Shell Jugendstudie 2019 untermauert mit ihren Ergebnissen diesen jahrelang untersuchten Wert, den auch die Jugendstudie in Baden-Württemberg 2020 bestätigt.

In den Shell Jugendstudien der letzten Jahre sind übergreifende Wertorientierungen der »Grundwerte der Jugend« festzustellen: Was zählt, sind Freundschaft (2010, 2015 und 2019: 97 %), Partnerschaft (2010: 95 %, 2015: 93 % und 2019: 94 %) und Familienleben (2010: 92 %, 2015: 90 % und 2019: 90 %). Diese sozialen Grundwerte beziehen sich auf die private Harmonie, welche hier zum Ausdruck kommen und denen »Normcharakter« zugesprochen werden. Daran lässt sich ablesen, dass das befürchtete Negativszenario eines Wertewandels nicht eingetreten ist. Zudem sind »Familie« und »soziale Beziehungen« die mit Abstand wichtigsten Wertorientierungen, die für die meisten Jugendlichen gelten und die sie für sich gewährleistet sehen wollen. Sie sind ihnen »sogar« wichtiger als Eigenverantwortlichkeit (89 %) oder Unabhängigkeit (83 %). (vgl. Shell Jugendstudie 2019)

Im Vergleich der Shell Jugendstudien von 1987/88, 2010, 2015 und 2019 lässt sich feststellen, dass die oben genannten sozialen Grundwerte kaum einer Veränderung unterworfen sind. Es fand zwar ein Prioritätenwechsel hin zur Leistungsorientierung statt, wobei dieser Effekt lediglich in der Jugend zu verzeichnen ist, nicht jedoch in der Gesamtbevölkerung.

Die Herkunftsfamilie bleibt weiterhin zentraler Bezugspunkt der Lebenswelt Jugendlicher (BMFSFJ 2013, S. 146). Die Transitionsaufgabe des Heranwachsenden kann als Aufgabe für die gesamte Familie angesehen werden (vgl. Fthenakis 2005). Hier ist der Ablösungsprozess vom Elternhaus verbunden mit einer neuen Bindungsorientierung, in welcher »zunehmend die Familiengründung in Sichtweite gerät« (Gensicke 2002, S. 150f.). Dies geschieht jedoch erst in der abschließenden Jugendphase, im Übergang vom Postadoleszenten zum jungen Erwachsenen (BMFSFJ 2013, S. 215ff.) oder in der emerging adulthood, in der die noch nicht bewältigten Schritte zur Identitätsentwicklung abschließend bearbeitet werden. Die Liste der Entwicklungsaufgaben von Robert Havighurst (1948/1963), die bis ins dritte Lebensjahrzehnt reicht, kann heute noch als aktuell angesehen werden.

Das Moratoriums-Konzept des Jugendalters geht aus von der Sinnhaftigkeit eines temporären Befreitseins von familiären und gesellschaftlichen Verpflichtungen, um sich selbst in unterschiedlichen Kontexten und Herausforderungen und Experimenten zu erproben. Autonomie ist für dieses Konzept unabdingbar, sie

»wird zu[r] entwicklungspsychologischen Notwendigkeit und zur gesellschaftlich erzeugten bzw. von den Heranwachsenden erlangten Eigenheiten der Jugendphase. Aus dieser Autonomie und der damit einhergehenden tendenziellen Differenz zum Erwachsenen entwickelt sich ein Schonraum, ein Aufschub des Erwachsenwerdens, in dem Heranwachsende sich von den Erwartungen der älteren Generation segregieren können.« (Reinders 2003, S. 38f.)

Die Transitionen, die im Sinne von Entwicklungsaufgaben verstanden werden, werden auf dem Hintergrund der Familie und somit auch auf den Geschwisterbeziehungen individuell mehr oder weniger gelingend angegangen. Zwar lösen sich die Jugendlichen von ihrer Familie, trotzdem – oder gerade deswegen – bietet die Familie fast immer einen Rückzugsort, einen Raum, in dem Schutz geboten wird, um sich im Aushandlungsprozess mit der Außenwelt bilden zu können. Zum einen in Bezug auf seine Individualität, des Weiteren in Bezug auf die individuellen Chancen auf Teilhabe am gesellschaftlichen Leben und der damit verbundenen Bildung kulturellen Kapitals im Allgemeinen. Jürgen Zinnecker (1991, S. 10) verweist hier auf das Leistungsprinzip, dass für die weiteren Lebensabschnitte von zentraler Bedeutung ist.

Bereits in diesem kurz gefassten Überblick, der einige zentrale Fragen, Themen und Thesen der Jugendforschung aufgreift, wird deutlich, in welch vielfältiger und vielschichtiger Art und Weise sich das Interesse der verschiedenen Wissenschaften an der Jugend entwickelt hat.

Phasen und innerseelische Konflikte der Jugendlichen in der psychoanalytischen Entwicklungspsychologie

Das Gefühl vieler Jugendlicher, sie könnten die Welt aus den Angeln heben, dient zur Bewältigung der anstehenden Aufgaben (vgl.

Jung 1929/1991 GW 16, S. 53). So verwundert es nicht, dass die befragten Studierenden sich bei meiner Nachfrage mehrheitlich (ca. 80 %) dafür entschieden, sich eher als Jugendliche und nicht als Erwachsene zu fühlen.

Für das gelingende Einfügen in die Gesellschaft sind die Phasen der Adoleszenz entscheidend, in denen sich das Individuum behaupten und die Verknüpfung von psychosexueller und psychosozialer Entwicklung meistern kann. Erik H. Erikson beschreibt die Jugendphase mit den Worten:

>»Wie der Trapezkünstler muss der junge Mensch in der Mitte heftiger Bewegung seinen sicheren Griff an der Kindheit aufgeben und nach einem festen Halt am Erwachsenen suchen. Ein atemloses Intervall lang hängt er von einem Zusammenhang zwischen Vergangenheit und Zukunft und von der Verlässlichkeit derer ab, die er loslassen muss, und derer, die ihn aufnehmen werden« (Erikson 1959/1971, S. 77).

In der psychoanalytischen Entwicklungspsychologie werden die Reifungsphasen der Jugend in unterschiedliche Sub-Phasen unterteilt. Peter Blos (1973) beschreibt vier solcher Subphasen. Diese Einteilung ist noch immer diskussionswürdig und die einzelnen Phasen sollen hier jeweils mit Bezug auf weiterführende aktuelle Diskurse deshalb kurz vorgestellt werden:

Die *Präadoleszenz* charakterisiert die Übergangszeit vom Kind zum Jugendlichen. Sie ist geprägt von ambivalenten Beziehungsangeboten, und es kommt zu einer Wiederbelebung prägenitaler Bedürfnisse, die sich besonders in einem Spielverhalten ausdrücken, das gekennzeichnet ist bei den Jungen durch erhöhtes Risikoverhalten, Mutproben und Kletterspielen, bei Mädchen durch Geheimnistuerei und Flüsterspiele in der Gruppe der Gleichaltrigen. Dieses Verhalten dient der Abwehr sexueller Regungen, die sich auch in der Sammelleidenschaft unterschiedlichster Gegenstände zeigt. »Ganz allgemein kann man sagen, dass eine quantitative Triebzunahme die Präadoleszenz charakterisiert und dass dies zu einem mehr oder weniger starken Wiederaufleben der Prägenitalität führt. Diese Innovation bringt die Latenzperiode zum Abschluss« (Blos 1973, S. 72). Dieser »zweite Individuationsprozess«, den Bittner

(1984) als eine »zweiten Geburt« bezeichnet, ist der einzige, dem eine Regression zur Reifung dient und durch diese dann auch abgewehrt werden kann. Göppel (2010) stellt fest, dass Bittner (1996) später der eigentlich positiven Entwicklung ein negatives Szenario folgen lässt, und fragt sich »Was mag diesen Wechsel im Urteil bewirkt haben?« (ebd., S. 9). Er beantwortet dies mit der Annahme Bittners auf einen »Ich-Verzicht«, den dieser im Vergleich zwischen den beiden Jugendzeitaltern – der Bittners zum Ende der 1940er-Jahre und dem heutigen Zeitalter – gegenüberstellt. Die gegenwärtige Jugend muss dem Erziehungsziel der Selbständigkeit (vgl. Winterhager-Schmidt 2002, S. 15ff.) oftmals überfordert entsagen.

In der Phase der *Frühadoleszenz* beginnt das Ablösen von den inneren Elternbildern der Kindheit, und auf der Ebene der Objektwahl finden Veränderungen statt. Narzisstisch geprägte Beziehungsformen bilden sich in der Regel zurück und die Ausformung des Ich-Ideals gewinnt an Stabilität. In dieser Phase wird die Vorbildfunktion, die bisher die Eltern innehatten, auf Idole übertragen (vgl. Schenk-Danzinger 1977, S. 318), zu denen auch Geschwister gehören.

Für Carlotta (21.5 Jahre), jüngste von vier Geschwistern, scheint dies zuzutreffen:

»Vor allem meine Schwester hat die eine große Rolle gespielt. Sie war Spielkameradin, Erzieherin, Vorbild und Gesprächspartner.
    Da sie viel ordentlicher war als ich, versuchte sie mich immer etwas zur Ordnung zu erziehen, was zwar nicht immer gelang, aber bestimmt mit dazu beigetragen hat, dass es kein reines Schlachtfeld in unserem Zimmer gab. Ich habe viel von ihr gelernt, mir bei ihr abgeschaut, und als wir jeder ein einzelnes Zimmer in einem anderen Stockwerk als unsere Eltern hatten, war sie diejenige, zu der ich ins Bett gekrabbelt kam, wenn ich Angst hatte. Ich glaube auch das Lesen habe ich schneller gelernt, weil meine Geschwister ein Vorbild bei der täglichen Bibelleserunde nach dem Frühstück für mich waren.«
    »Während der Phase der eigentlichen Adoleszenz«, so Peter Blos (1973, S. 104), »nimmt die Suche nach Objektbeziehungen neue Aspekte an. Andere als die, die in der Präadoleszenz und in der Frühadoleszenz bestanden haben. Heterosexuelle Objektbeziehungen, die durch das Aufgeben der nar-

zisstischen und bisexuellen Einstellung ermöglicht werden, charakterisiert die psychologische Entwicklung der eigentlichen Adoleszenz.«

In dieser Phase löst sich der Jugendliche von seinen infantilen Liebesobjekten, den Eltern sowie den Geschwistern als primäre Liebesobjekte, und wendet sich außerfamiliären Objekten zu, die für ihn einerseits neue Horizonte, andererseits auch tiefe Angstgefühle offenbaren.

Cassandra (19 Jahre), jüngste Schwester von zwei Schwestern, berichtet davon, dass die Meinung der Peer für sie wichtig war, aber sie sich nicht von ihrer Schwester in der Pubertät abgegrenzt hatte:

»Meine große Schwester war für mich schon immer sehr wichtig. Nicht unbedingt als perfektes Vorbild, aber als Orientierung. ... Vor allem in meiner Jugendzeit orientierte ich mich auch stark an ihr. Wir gingen zusammen aus, unternahmen viel. ... Doch bei Fragen der ersten Liebe oder Aussehen in der Pubertät waren mir Freunde wichtiger als meine Schwester. Ich wollte ja einen Rat von Menschen, denen es ähnlich ging.«

Ähnliches berichtet Tessa (19 Jahre), ältere Schwester eines 16-jährigen Bruders:

»Da ich älter bin als mein Bruder, waren meine Freunde in der Pubertät wichtiger als mein Bruder. Mit meinen Freundinnen habe ich über persönliche Geheimnisse geredet, z.B. über den Stress mit meinen Eltern oder über Jungs. Darüber wollte ich mit meinem Bruder natürlich nicht reden, weil er ja viel jünger war und noch keinen Erfahrungen mit solchen Problemen hatte. Außerdem empfand ich ihn damals als »uncool«.«

Marcel (20 Jahre), jüngerer Bruder einer älteren Schwester, sieht dies in seiner Narration ähnlich wie Tessa:

»Für mich waren Freunde als Ansprechpartner für bestimmte Situationen wichtiger als meine Schwester. Z.B. bei Streitigkeiten in der Familie war es mir wichtiger, mit einer »neutralen« Person zu reden. Ebenso bei Gesprächen über die Liebe war es mir wichtiger, mit Freunden zu reden. Vermutlich lag dies am Geschlechterunterschied, und dass meine Freunde im gleichen Alter waren und die gleichen ›Probleme‹ hatten.«

Arthur Katan (1951) benennt dies als Ablösung (disengagement) und Objekt-Abzug (object removal). Es kommt zu Kompromisslösungen, da noch keine reifen Entscheidungen getroffen werden können, denn der/die Adoleszente flüchtet sich in eine narzisstische Selbstbesetzung und die Überhöhung des Selbst zeigt ihre Wirkung. Dies kommt meist in großspurigem Verhalten gegenüber Autoritäten zum Ausdruck. Eltern verlieren hier ihre Funktion als Autoritätsfiguren (Tyson/Tyson 2009, S. 122), worunter die Entidealisierung der elterlichen Objektrepräsentanzen zu verstehen ist, die der Jugendliche in der frühen Kindheit ausgebildet hatte.

Als weitere zentrale Aspekte stellen für Blos die Zustände von Trauer und Verliebtsein dar. Anna Freud (1968) erkannte in der Trauerarbeit der Jugendlichen eine besondere Bedeutung. Sie wies darauf hin, dass Trauer in Bezug auf den Verlust frühkindlicher Elternimagines eine zentrale Bedeutung für die zukünftige seelische Gesundheit der Jugendlichen hat. In der Verarbeitung des Verlustes der Elternimagines und die dadurch entstehende innere Leere wird das Bedürfnis nach Beziehungen genährt, wodurch die Hinwendung zur gemischtgeschlechtlichen Peergroup gefördert wird und die Jugendlichen ihren Trieb und ihre Autonomieentwicklung befriedigen können.

Otto Kernberg (1980, S.33) beschreibt in Bezug auf das Verliebtsein eine mögliche Veränderung zur Peergroup, wenn aus dieser zwei Mitglieder ein Paar werden und somit sich die Beziehungen zu dieser verändern. Durch die gemeinsame Beziehung, also die Verliebtheit des Paares, können mögliche Aggressionen auf die Gruppe verschoben werden, um die eigene Beziehung aufrecht zu erhalten. Oder die Peergroup wird nach einer Beendigung der Beziehung der Jugendlichen von mindestens einer/einem Jugendlichen gemieden, wie dies Juliane nach dem Rückzug der Schwester aus der Peer beschrieben hat.

In der *Spätadoleszenz* erfährt der Jugendliche einen Zuwachs an Kompetenz, Selbständigkeit und er erlangt die Fähigkeit, Triebaufschub zu leisten. Es bedeutet jedoch nicht, dass aufgetretene Krisen auch zu einem Abschluss gebracht worden sind. Blos kommentiert diesen Vorgang: »Wir kommen also zum Schluss, dass infantile Konflikte beim Abschluss der Adoleszenz nicht beseitigt, sondern spezifisch gemacht worden sind. Sie werden ich-syntonisch, d. h., sie werden als Lebensaufgabe in den Bereich des Ich integriert« (Blos 1973, S. 156). An anderer Stelle formuliert Blos (1973, S. 486) den Prozess folgendermaßen: »Ich möchte behaupten, dass der Prozess der Entidealisierung von Objekt und Selbst den quälendsten und schmerzlichsten Einzelaspekt des Erwachsenwerdens darstellt.«

Die Aufgaben der *Postadoleszenz* bestehen darin, die in der Spätadoleszenz gefassten Ziele umzusetzen. Dauerhafte Bindungen werden übernommen und durch die Reintegration des Ich in das Selbstbild des nun mehr Erwachsenen wird ein Zustand von Stabilität erreicht. Dieser ermöglicht es ihm auch, eine für Eltern und den nun jungenn Erwachsenen eine befriedigende Beziehung aufzunehmen. Das Ende der Adoleszenz bringt Blos (1973) in Verbindung mit der Fähigkeit der Jugendlichen, wie er sich mit seinen »Konflikten, Inkompatibilitäten und Bindungen, mit den Ansprüchen der Realität versöhnen« (Tyson/Tyson 2009, S. 124) kann und es schafft diese in die Realität zu integrieren.

Das Zusammenleben mit Geschwistern stellt eine multiple Beziehungsbereicherung dar und der bereits in der frühen Kindheit beginnende geschwisterliche Einfluss, der sowohl den Prozess der Loslösung wie auch die in den verschiedenen Lebensphasen stattfindenden Individuationsschritte erleichtert, bleibt auch in der Jugendzeit erhalten. Nun gilt es, gerade für älteste Geschwister, die vielleicht fixierten Rollenmuster abzulegen und aus der bisherigen Machtposition herauszutreten, um auf einer gleichberechtigten Ebene weiter miteinander zu interagieren. Geschwister sind bedeutsame Bindungsobjekte und lindern eintretende schwierige Differenzierungsprozesse. Geschwister bilden ein »Bollwerk gegen Einsamkeit und Konkurrenten« (Petri 2009, S. 87), sind zuverlässig, solidarisch und teilen das Leid miteinander, wenn familiäre Belastungen auftreten. Auch wenn während der Jugendzeit die kognitiven, emotionalen und körperlichen Unterschiede zwischen den Geschwistern kleiner werden, können ältere Geschwister Sicherheit spenden, auf dem Weg in die Selbständigkeit stützen und gegebenenfalls eine Pufferfunktion zwischen Eltern und Adoleszentem einnehmen, Ängste vor Liebesverlust mildern und so ein Sicherheitsnetz spannen, das die Entdeckungsreise in eine neue Welt absichert.

Maria (20 Jahre), älteste Schwester von zwei Brüdern, beschreibt ihre erzieherische Funktion für die jüngeren Brüder. Besonders betont sie, dass sie die Fähigkeit erlernt hat zu vermitteln und Streitigkeiten zu vermeiden – auch zwischen den Brüdern und den Eltern:

> »Mein mittlerer Bruder ist vier Jahre, mein kleiner Bruder 10 Jahre jünger als ich. Ich übernahm oft die Mutterrolle, sorgte für meine Brüder, wenn meine Eltern außer Haus waren. Meinen jüngeren Bruder erzog ich schon mit. Ich war 10 Jahre alt, als er zu Welt kam. Meine Mutter konnte ich somit sehr stark in allem unterstützen. Ich lernte schnell und früh selbstständig zu werden, Dinge alleine zu regeln und zu managen und vor allem für andere Personen zu sorgen. Auch lernte ich durch meine Geschwister, wie man klare Anweisungen erteilt. Dies führte dazu, dass ich früh meine eigene Wohnung und meinen eigenen Haushalt hatte und erfolgreich führen konnte. Ich war dies alles ja schon von meiner eigenen Kindheit gewöhnt. Auch lernte ich durch meine Geschwister früh, Konflikte gerade zwischen ihnen und unseren Eltern zu schlichten und Streit zu vermeiden. Auch entwickelte ich einen »Beschützerinstinkt« für meine Geschwister. Ich war immer für sie da, wenn es ihnen schlechte ging oder sie Hilfe benötigten.«

6

Jugendliche, ihre Eltern und ihre Geschwister im Jugendalter – neue Herausforderungen, neue Konflikte, veränderte Beziehungen

Im nachfolgenden Kapitel werden verschiedene Leitfragen zum Verhältnis der Geschwister mit- und zueinander sowie zum Verhältnis mit ihren Eltern und Freunden diskutiert. Dabei werden Fragen der Familienerziehung sowie der damit verbundenen Übergabe von Verantwortung an die Ältesten thematisiert. Wird dies von den Geschwistern als Bürde erlebt? Haben es Älteste immer schwerer als jüngste Geschwister? Können Geschwister gegenüber Eltern eine Einheit bilden? Entsteht daraus eine tiefwurzelnde, lebenslange Verbundenheit und bietet diese überhaupt erst die Möglichkeit, dass Geschwister füreinander einstehen können? Wie bedeutsam werden Geschwister, wenn die elterliche Paarbeziehung zerbricht und die familiale Welt ins Wanken gerät?

Immer wieder wird dabei auch das Thema Neid oder Eifersucht unter Geschwistern eine Rolle spielen. Welchen Anteil haben Eltern daran? Wie erleben Geschwister es, wenn ihre nächsten Angehörigen erkranken, versterben oder eine Behinderung erfahren? Erleben ältere Geschwister das Hinzutreten jüngerer tatsächlich heute noch als eine Entthronung?

Familienerziehung: Können Eltern die Erziehung an Geschwister übergeben?

Obwohl Erziehung weiterhin »das« Thema für Eltern darstellt und darüber immer wieder diskutiert und debattiert wird, fanden sich in den letzten 50 Jahren lediglich drei große Werke zum Thema Familienerziehung: 1975 »Die Familienerziehung« von Klaus Mollenhauer, Micha Brumlik und Hubert Wudtke, 1989 von Paetzold und Fried »Einführung in die Familienpädagogik« sowie 1997 von Macha und Mauermann »Brennpunkte der Familienerziehung«. Lediglich das älteste Werk von Mollenhauer, Brumlik und Wudtke thematisiert die Erziehung von Geschwistern durch Geschwister. Sie beschreiben die Geschwistergruppe als Subsystem, als Eigenwelt der Fantasie und als Gegenwelt zur Macht der Eltern.

Geschwisterliche Erziehungsprozesse innerhalb der Familie sind bisher weitgehend unberücksichtigt geblieben (Macha 2011; Mollenhauer 2006, S. 609). Das weite Feld der Familienerziehung mit allen Begleiterscheinungen und Nebenfolgen rückt erst seit den 1990er-Jahren auf dem Hintergrund der Sozialgeschichte langsam in den Fokus des Interesses. Die sich wandelnden gesellschaftlichen Bedingungen sowie Individualisierungsprozesse, die eine Pluralisierung der Wirkfaktoren auf Familie darstellen, weisen ein höheres wissenschaftliches Interesse auf. Ebenso die Familiengründung und -stärkung, berücksichtigen Geschwister jedoch weiterhin nicht.

Die Phase der Familiengründung ist durch die seit einigen Jahren propagierte und geförderte Elternzeit, das erhöhte Kindergeld etc. leichter geworden. Es bleibt jedoch weiter für viele (Ehe-)Partner der Spagat zwischen Familie, Kindern und deren Erziehung sowie der Absicherung des Lebensunterhalts und der Altersversorgung zu bewältigen (vgl. Winkler 2012). Zudem tritt die Versorgung der eigenen Eltern hinzu, die sich aufgrund der zeitlich nach hinten verschobenen Familiengründung sich auszuwirken beginnt. Andererseits werden Eltern und Kinder auch oft noch von »rüstigen« Großeltern unterstützt, die Betreuungsaufgaben übernehmen, wenn Eltern arbeiten.

Wie wird die Übergabe von Verantwortung von den Jugendlichen erlebt? Inwiefern stellt sie sich als Bürde dar?

Durch den Aspekt des emanzipatorischen Wandels der Gesellschaft, der liberalen und offenen Grundhaltung in vielen Bereichen, setzen sich veränderte Erziehungsleitbilder verbunden mit einem veränderten Erziehungsverhalten durch. Die hohen Leistungserwartungen und Anforderungen an Eltern bedingen auch Erziehungsziele wie Selbständigkeit, die Förderung des freien Willens und das Streben nach Autonomie. Durch die aufgrund eines wachsenden Anspruchs vermehrt notwendig gewordene außerhäusliche Erwerbstätigkeit der Eltern werden ältere Geschwister dadurch wieder zu wichtigen Miterziehern für jüngere Geschwister. So ergaben Untersuchungen im vertikalen Familiensystem, dass sich die autoritäre Befehls- und Gehorsamserziehung mehrheitlich zur Verhandlungserziehung hin geändert hat (vgl. Fuß 2006; Göppel 2007).

»Die Haupttendenz der Veränderung der Erziehungsmentalität kann darin gesehen werden, dass heutige Eltern der pädagogischen Zielkategorie ›Selbständigkeit‹ eine immer größere Bedeutung zumessen« (Göppel 2010, S. 35). Demgegenüber stehen die sogenannten »Helikoptereltern« bzw. die »Curling-Eltern«, welche diese Zielkategorie der Selbständigkeit durch Überbehütung und emotionale Abhängigkeit konterkarrieren.

Das sogenannte Ressourcenverdünnungsmodell nach Downey (2001) unterstützt die Hypothese der Zielvorstellungen von Selbständigkeit – auf ganz eigene Art. Sie geht nämlich davon aus, dass »elterliche Ressourcen bei steigender Zahl der Kinder auf mehrere Köpfe verteilt werden« (Schmid 2015, S. 595) und somit jüngere Kinder weniger elterliche Aufmerksamkeit erhalten als ältere. Neben der elterlichen Aufmerksamkeit werden weitere Ressourcen wie finanzielle, zeitliche und affektive, genannt. Diese relative »Mangelversorgung« sollte sich, so die Annahme von Downey (2001, S. 501), negativ auf die intellektuellen Fähigkeiten der jüngeren Geschwister auswirken. Gleichzeitig wird davon ausgegangen, dass sich ältere Geschwister in solchen Konstellationen verstärkt ihren jüngeren Geschwistern zuwenden. Davon wird in den Erzählungen häufig berichtet:

Einen hohen Grad an Selbständigkeit musste Janina (19 Jahre), älteste von zwei Schwestern, bereits in ihrer Kindheit übernehmen. Sie erinnert sich:

> »Als meine Schwester und ich in der Grundschule waren, bin ich immer früher aufgestanden, um für sie und mich das Pausenbrot zu richten. Da meine Mutter lange arbeiten war, mussten wir schnell selbständig werden.«

Die früh eingeforderte Selbständig von Janina steht mit der Fragilität ihrer Familiensituation und der Trennung der Eltern in Zusammenhang. Die Folgen bei ihr werden im »normalen« Verlauf einer geschwisterlichen Beziehung deutlich:

> »Mit ca. vierzehn Jahren, als ich dann auch mal mit meinen Freunden ins Kino durfte, musste ich sie immer mitnehmen, was mich tierisch genervt hat, und bei jedem Geburtstag, den ich gefeiert habe, war sie automatisch dabei.
> Heute ist dies anders! Was mir früher noch lästig war, ist jetzt normal. Wir teilen den selben Freundeskreis und sie bezeichnet mich als ihre beste Freundin. Wir haben ein sehr gutes Verhältnis zueinander, auch wenn wir uns noch häufig streiten. Die konkrete Situation: Kino mit meinen Freunden: Asterix und Kleopatra, in diesen Film musste meine Schwester unbedingt mit und sie hat geweint, dadurch wurde meine Mutter weich, und ich war mega genervt.«

Die eingeforderte Selbständigkeit der Kinder und Jugendlichen wird in der familialen Entscheidungsfindung heutiger Eltern deutlich, die ihre Kinder zu 80 % miteinbeziehen (vgl. Fatke/Schneider 2005, S. 61ff). Hierin kann ein Merkmal eines positiven Generationenverhältnisses erkannt werden. Junge Eltern sehen heute ihre eigenen Eltern als Vorbilder an, sind mit deren Erziehungsstil zufrieden und übernehmen diesen in vielen Teilen (vgl. Oswald/Boll 1992; Zinnecker 2002; Leven/Quenzel/Hurrelmann 2017, S. 53).

Viele Eltern sehen heute die primären Erziehungsziele im Aufbau und der Entwicklung des Selbstvertrauens und der Stärkung der Persönlichkeit ihrer Kinder. Freilich bleiben dabei häufig beträchtliche Unsicherheiten hinsichtlich der Frage, durch welches Erziehungsverhalten in konkreten Erziehungssituationen diese Ziele am besten zu fördern sind(vgl. BMFSFJ 2010, S. 37).

Allerdings ist auch der traditionelle »Befehlshaushalt« noch anzutreffen, so dass konstatiert werden kann: Familienerziehung ist vom sozialen Umfeld abhängig (Du Bois-Reymond 2007, S. 130).

Wie wirkt sich Ungleichbehandlung durch die Eltern auf die Geschwisterbeziehung aus?

Geschwister vergleichen sich untereinander permanent in dem, was den einzelnen in welchem Alter und in welcher Situation von den Eltern an Rechten eingeräumt und an Pflichten abverlangt wurde und wird. Die »Ungleichbehandlung« (Boll/Ferring/Filipp 2005), die Geschwister erfahren, bleibt dabei oftmals als irritierendes und protestauslösendes Moment lange im Gedächtnis der Betroffenen erhalten. Das Gefühl, der Schwester oder dem Bruder ein höheres Maß an Elternliebe neidvoll zugestehen zu müssen, unterliegt bekanntlich der *subjektiven* Wahrnehmung der Geschwister (ebd.). Zum einen projiziert das Kind seine durch den Neid entstandenen Schuldgefühle auf die Eltern. Zum anderen gilt es, eine subjektive und eine objektive Realität zu unterscheiden, die sich aus dem Beziehungsschicksal zwischen den Geschwistern ergibt. Es ist diese subjektive »Wahrheit«, die den explosiven Kern bildet, der häufig für die Entladung der destruktiven Geschwistergefühle verantwortlich ist. Die Eskalation destruktiver Gefühle wie Neid, Hass und Eifersucht unter den Geschwistern wird gleichwohl verschärft, wenn Eltern zwischen ihren Kindern eine Differenzierung in polaren Gegensätzen vornehmen. Solch eine Rollenzuschreibung kann dazu führen, dass sich Geschwister mit ihren Eltern identifizieren, die ihnen zugedachte Rolle übernehmen und dann tatsächlich davon ausgehen, dass das Geschwister begabter, klüger, schöner usw. sei als es selbst. Entsprechend wirkt sich dies auf die Beziehungs- und Konfliktgestaltung zu den Eltern und zum Geschwister sowie auf die eigene Lebensgestaltung aus (Sohni 2011, S. 56f.).

Cosima (17 Jahre) ist mittlere von vier Schwestern und erinnert sich an erzieherische Momente seitens der Eltern, welche Gefühle der Benachteiligung zur Folge hatten:

> »Ich kann mich an viele Situationen erinnern, in welchen ich mich benachteiligt gefühlt habe ... Meine Schwester ist älter als ich, d. h. sie durfte län-

ger raus/abends weggehen. Ich empfand dies als völlig ungerecht und kam mir brutal benachteiligt vor. Ich konnte auch das Argument meiner Eltern, dass meine Schwester älter wäre, nicht verstehen. ...

Auf der anderen Seite fühlte ich mich oftmals weniger ›wichtig‹/weniger wert als meine kleine Schwester. Sie wurde in meinen Augen immer sehr viel gelobt und unterstützt. Natürlich bekam ich von meinen Eltern diese Bestätigung und Hilfe auch, ich empfand dies alles nur bei meiner Schwester viel intensiver. Sie ist jünger als ich und brauchte demnach diese Hilfe noch. ... Ich empfand das Verhalten meiner Eltern ungerecht.«

Eltern ermöglichen ihren Kindern in der Regel eine fördernde und stimulierende Umgebung. Sie sind die ersten Interaktionspartner, bieten ein Wechselspiel von Anleitung und Unterstützung im Erlernen von Fertigkeiten und Fähigkeiten an, die von den ältesten später an die jüngeren Geschwister weitergegeben werden. Älteste übernehmen und vermitteln meist die Werte und tradierten Erziehungsziele der Eltern, die diese selbst aus ihrer Herkunftsfamilie übernommen haben (vgl. Fuhrer 2005a; Oerter 2002a). Diese transgenerationelle Weitergabe wurde in den Narrationen deutlich. Während Älteste stärker in Konfrontation zu den Eltern gehen, versuchen die Jüngeren ihre Bedürfnisse eher auszuhandeln (vgl. Forer/Still 1984, S.34).

Janina (19 Jahre), älteste von zwei Schwestern, berichtet über die Folgen des selbst ausgehandelten »Erfolgs« und von ihrer Reaktion auf das Verhalten der Eltern:

»Mir fällt ... ein, dass meine Schwester immer etwas ›früher‹ durfte als ich. Ich musste lange kämpfen, bevor ich das erste Mal mit meinen Freunden ausgehen durfte. Als ich mir dies dann erkämpft hatte, durfte ich aber nur bis um ein Uhr tanzen gehen (meine Freunde hätten alle bis halb zwei/zwei gedurft), weil meine Schwester (die ja ein Jahr jünger ist) nicht so lange ausbleiben durfte. Das machte mich sauer und ich hatte Angst ›etwas zu verpassen‹. Ich habe dann versucht durch Diskussionen mein Ziel, länger ausbleiben zu dürfen, zu erreichen, jedoch meist ohne Erfolg. Ich fand das ungerecht, jedoch wenn ich darüber nachdenke, gab ich die Schuld nicht meiner Schwester, sondern meiner Mutter.«

Andererseits berichten die jüngeren Geschwister reflektiert darüber, dass sie als »Nesthäkchen« deutlich bevorzugt worden sind –

was in der einen Familie ohne Streit akzeptiert wird, hingegen in einer anderen Familie zu heftigen Auseinandersetzungen und Kränkungen geführt hat.

Franco (19 Jahre), jüngerer Bruder eines Bruders, berichtet:

»Zwischen mir und meinem Bruder liegen nur etwa eineinhalb Jahre. Dies führte dazu, dass ich viele Privilegien in etwa zur selben Zeit zugestanden bekam. Ich denke grundsätzlich, natürlich wird es dadurch Ausnahmen geben, werden eher die jüngeren Geschwister bevorzugt. Ich bekam zum Beispiel mein erstes Handy zur gleichen Zeit wie mein Bruder, obwohl er bereits älter war. Ich durfte trotz des Altersunterschiedes eigentlich immer genauso lange wegbleiben abends wie er.«

Der von den Jugendlichen initiierte Verhandlungsstil gegenüber den Eltern kann im täglichen Verlauf der niemals enden wollenden Prozesse des Forderns, Protestierends, Verhandelns, Bestätigens oder Widerrufen eine Überforderung für die Eltern darstellen, so dass sie in eine Art Erziehungsnotstand geraten und sich entweder mit einem autoritären »Basta« oder mit einem resignativen »Laufenlassen« behelfen. Solche Notstände und Notlösungen werden meist von den Ältesten als Ungleichbehandlungen wahrgenommen und führen zu teilweise erbitterten Auseinandersetzungen bzw. zur Infragestellung der Erziehungskompetenz der Eltern.

Solch eine Situation wird von Peter (19 Jahre), älterer Bruder einer drei Jahre jüngeren Schwester, anschaulich geschildert:

»Ich weiß nur, dass ich mich sehr oft benachteiligt gefühlt habe, da mein Vater immer meine Schwester in Schutz genommen hat. Das konnte ich nie verstehen, da ich dachte, ich bin im Recht.

Als mögliches Beispiel wäre eine lange Autofahrt zu nennen. Meine Schwester provozierte mich mit Sticheleien, zum Beispiel in dem sie mich stupste oder leise vor sich her sang. Sie wusste genau, dass mich das sehr stört. Wenn ich mich verbal wehrte, beispielsweise sie bat, es zu unterlassen, stellte sie es ein während der Präsenz unserer Eltern ab. Waren sie wieder in ihre Konversation vertieft, ging es weiter. Irgendwann war es mir zu viel und ich packte ihren Finger und kniff sie hart in den Arm. Dann ging der Teufelskreis los: Sie fing an zu heulen und schrie, ich würde sie ohne Grund ärgern. Ich versuchte mich natürlich zu verteidigen, indem ich schilderte, dass sie mich eigentlich schon die ganze Zeit ärgerte. Aber da ich ja der Größere bin, musste ich darüber hinwegsehen. Dass ich handgreiflich wurde, machte es auch nicht besser, das wurde dann meist unter dem Grinsen meiner Schwester sanktioniert. Weil der Große ein Vorbild sein und sich anständig benehmen muss. Meine Reaktion war oft so, dass ich versuchte die Situation klar zu stellen und aufzuklären. Mein Vater war aber stets auf der Seite meiner Schwester, egal wie logisch ich argumentierte. Das machte mir lange schwer zu schaffen. Ich fühlte mich sehr oft ungerecht behandelt und von meiner Schwester ausgetrickst. Reaktionen waren sehr oft Frust und Ärger.

Ich erinnere mich an eine Situation, in der ich so wütend war, dass ich die Türen von meinem Schrank eingetreten habe. Ich kann mich nur soweit erinnern, dass sich meine Schwester und ich uns wieder gestritten hatten und mein Vater wieder dazwischen ging. Das Ende vom Lied war, dass ich eine Woche TV-Verbot bekam. Das fuchste mich so, dass ich in einen riesigen Tobsuchtsanfall geraten bin.«

Vera King (2010a) steht den sich neu etablierten Erziehungszielen verhalten gegenüber. Sie stellt Offenheit und Risiken einander gegenüber, misstraut der Annahme, dass der tiefgreifende Wandel in Gesellschaft und Erziehung vom Befehls- zum Verhandlungshaushalt auch mit einem entsprechenden Wandel wertschätzender und anerkennender Erziehung verbunden sei, denn sowohl der autoritäre wie der autoritative Erziehungsstil unterliegen Ambivalenzen. Diese Ambivalenzen liegen zwischen euphorischen Beschreibungen der Freiheit der Kinder und Jugendlichen und der tiefgreifenden Verunsicherung von Eltern, ob ihr Erziehungsverhalten tatsächlich den Anforderungen von Umwelt und Gesellschaft für ihre adoleszenten Töchter und Söhne gerecht wird. Bereits Ulrich Beck und Elisabeth Beck-Gernsheim haben dieses in ihrem Buch »Riskante Freiheiten« (1994) formuliert und von der Unlebbarkeit der Moderne bzw. der Tyrannei der Möglichkeiten gesprochen, eine Tendenz, die sich heute bisweilen zu einem regelrechten Individualisierungs- und Optimierungswahn gesteigert hat.

Welche Rolle spielen Geschwister beim Zerbrechen der Ursprungsfamilie füreinander?

Kommt es zu Trennungen der Eltern und neuen partnerschaftlichen Verbindungen, werden Geschwister in die schwierige Lage versetzt, sich flexibel auf die sich ergebenden Veränderungen und damit auch auf ein verändertes Erziehungsverhalten zu reagieren. Sie müssen oftmals mit zwei Arten von Elternteilen leben: Mit den »alten« Elternteilen, die eventuell autoritativ erzogen haben, und den »neuen« Elternteilen, die einen anderen Erziehungsstil anwenden, mit der Stiefmutter oder dem Stiefvater, die eventuell auch nicht mit ihrem Erziehungsstil anerkannt werden, in einer neuen Gemeinschaft und den sich dadurch ergebenden Schwierigkeiten in der Beziehung zu Stief- und Halbgeschwistern. Dadurch wird die Dynamik der Beziehungen aus der ersten Lebensgemeinschaft verändert, da jedes Mitglied seinen neuen Stellenwert in einer neuen Gruppe entdecken muss. Dies kann zu einem Verlust von genealogischen Anhaltspunkten und zu Unklarheiten der eigenen Identität führen (Le Camus 2001, S. 34f.), andererseits können die Geschwister an solchen Veränderungen auch reifen.

Im primären Umfeld lernen die Geschwister bereits das von der Gesellschaft geforderte flexible Umgehen mit neuen Lebenssituationen. Geschwister, Halb- und Stiefgeschwister erfüllen dabei ein wichtiges Sozialisationsmoment: Sie sind für die emotionale, soziale und kognitive Entwicklung kaum entbehrlich und stehen als verlässliche Partner im gemeinsamen Alltag, beim Lernen und zum Spielen größtenteils zur Verfügung, dienen als Modell und bieten Hilfe bei der Identitätsentwicklung und der Ablösung von den Eltern.

Susanna (19 Jahre), älteste Zwillingsschwester von sechs Voll-, Halb- und Stiefgeschwistern, kann diese Feststellung stützen:

> »Also im Allgemeinen kennt man es ja so: die/der Größere hilft der/dem Kleineren. Und so war es auch bei mir. Bei meinen kleineren Halb- und Stiefgeschwistern läuft es heut noch so, ... Immer wieder musste ich meiner

Zwillingsschwester helfen, obwohl weder ich noch meine Schwester dazu große Lust hatte. Sie war der Meinung, ich hab ihr nichts zu sagen und ich wollte ihr nicht helfen. Als wir älter wurden, legte sich das teilweise, aber ihre Sätze brachte meine Zwillingsschwester immer wieder: ›Woher willst du das wissen‹, ›ich hab das aber anders gelernt‹, und vieles mehr. Gegen Ende der Hauptschule meiner Zwillingsschwester, kam sie auf einmal selbst zu mir und fragte mich, ob ich ihr denn nicht helfen könne. Anfangs ging alles gut, was mich sehr gewundert hat, und ich war froh, aber ich hätte nicht den Tag vor dem Abend loben sollen.«

Marian (19 Jahre) ist ältester Bruder von fünf Voll-, Halb und Stiefgeschwistern. Er beschreibt seine Rolle nachvollziehbar:

»Als Ältester unter uns Geschwistern oblag mir in unserer Familie automatisch eine gewisse Vorbildfunktion, weil ich dies von meinen Eltern (meinem Vater und meiner Stiefmutter, wenn ich über sie rede, erzähle ich jedoch von meiner Mutter) so gelernt hatte. Als ich 16 war, fuhren meine Eltern das erste Mal alleine zu zweit in den Urlaub (verlängertes Wochenende). Meine Geschwister, zum damaligen Zeitpunkt entsprechend jünger als ich, und ich bleiben zum ersten Mal für eine längere Zeit alleine zu Hause. Ich hatte mehr oder weniger die Verantwortung über das Haus bekommen, zu schauen, dass der Garten genug Wasser bekommt, dass genug zu essen da ist und dass das Haus ›stehen bleibt‹. Es ging dabei jedoch nicht darum, über alles zu wachen und meine Geschwister zu bevormunden, sondern insgesamt dafür zu sorgen, dass alles in etwa seinen geregelten Ablauf hatte und ich zum Beispiel wusste, wer ungefähr wann wo ist. Meine Stiefschwester war fast das gesamte Wochenende bei einer Freundin im Nachbarort, wo sie auch übernachtete. Mein Bruder war meist bei Freunden, verbrachte die Nächte jedoch zu Hause. Also hatte ich im Endeffekt den Überblick und mein Stiefbruder, mein Bruder und ich »›schmissen‹ mehr oder weniger für drei Tage den Haushalt.«

Geschwister – lebenslang Vertraute und Verbündete oder eher Konkurrenten und Rivalen?

Geschwisterliche Zuneigung

Friedrich (18 Jahre), ältester von drei Geschwistern, beschreibt in seinen Erinnerungen die Geburt seines jüngeren Bruders:

> »Ich habe eine Schwester, die 14 Jahre alt ist, und einen Bruder, der 17 Jahre alt ist. Ich habe schon immer eine sehr enge Bindung zu meinen Geschwistern. Da ich der Erstgeborene bin, war es für mich sehr schön mitzuerleben, wie unsere Familie größer wurde. Aus Erzählungen meiner Eltern weiß ich, dass es anfangs etwas befremdlich für mich war, als mein Bruder zur Welt kam. Ich konnte nicht so recht verstehen, was passierte. Plötzlich war ich nicht mehr der alleinige Mittelpunkt in der Familie.«

Seine aktuelle Einschätzung zu seinem Verhältnis mit seinem Bruder sieht er in seiner Jugendzeit als gut an:

> »Ich begann mich als großer Bruder zu fühlen und kümmerte mich um meinen Bruder. [...] Mein Bruder ist fast so alt wie ich. Deshalb überschneidet sich unser Freundeskreis sehr. Trotzdem hat jeder von uns seine eigene Clique, in der man sich wohlfühlt. Ich finde es sehr angenehm, die gleichen Freunde zu haben wie mein Bruder. Mein Bruder ist außerdem ein sehr guter Freund von mir.«

Der Anblick eines Säuglings löst in der Regel die spontane Regung von Zärtlichkeit aus. Dieses Verhalten ist jedoch nicht von Kontinuität geprägt, sondern kann auch in Ablehnung umschlagen. So kann es zu Aggressionsverschiebungen bei den Älteren von den Eltern auf das neugeborene Geschwister kommen, wenn das ältere Geschwisterkind nicht ausreichend gut auf die Geburt des Geschwisters und somit auf die Erweiterung der Familie vorbereitet wird.

Nach dem Konzept der »primären Liebe« von Michael Balint (1957, S. 321) erwirbt das Kind früh sein soziales Urvertrauen, das als Grundlage für die spätere Beziehung unter jugendlichen Geschwistern dient. Dieses Gefühl kann in der Eltern-Kind-Beziehung erweckt werden und hat auf die Geschwisterbeziehung große Auswirkungen. Im Konflikt zwischen Urvertrauen und Urmisstrauen liegt eine Aufgabe, die den Menschen in seiner Auseinandersetzung mit der Umwelt und den Geschwistern lebenslang beschäftigt (Erikson 1953, S. 21).

Seine Objektbeziehungen können nur dann konstant sein, wenn die Jugendlichen in diesem Widerstreit auf ein gesundes Urvertrauen zurückgreifen können, das ihnen Sicherheit bietet.

Entthronungstrauma – Wut, Traurigkeit und Resignation

In der Entthronungssituation und in der Position des Erstgeborenen sieht Alfred Adler den lebenslangen Rivalitätskampf begründet, der Brüder und Schwestern dazu treibt, um Geltung und Machtpositionen zu kämpfen. Das Kind lernt durch diesen Rivalitätskampf, seine Über- oder Unterlegenheit gegenüber den anderen einzuschätzen und seine eigene Position zu relativieren. Naturgemäß kann es seine Stellung hierbei nicht frei wählen und muss seinen Lebensstil gezwungenermaßen den Gegebenheiten anpassen.

Rivalisieren Geschwister unter- oder miteinander, sollten Eltern sich abwartend verhalten, damit Kinder lernen, selbstständig mit Konflikten umzugehen, was sich später im Jugendalter positiv auswirken kann. Sollte jedoch ein deutliches Ungleichgewicht durch aggressive Handlungen entstehen und die Wechselseitigkeit zur Einseitigkeit werden, so können massive Probleme in der Persönlichkeitsentwicklung des Einzelnen die Folge sein. Greifen Eltern dann nicht ein, können einzelne Geschwisterkinder Zeichen einer erlernten Hilflosigkeit entwickeln (Weimann 1994, S. 79). Es gelingt ihnen dann auch nicht mehr, sich in Situationen, in denen es durchaus möglich wäre, sich tatsächlich aktiv zur Wehr zu setzen.

Heute bereiten Eltern sich und das Erstgeborene in der Regel auf die Geburt des zweiten Kindes vor, was Jana (19 Jahre) überaus gefühlvoll über die Geburt ihres jüngeren Bruders berichtet:

> »An die Schwangerschaft meiner Mutter mit meinem Bruder kann ich mich nur vage erinnern – an den Tag der Geburt jedoch schon – das hat mich verändert und in meiner Kindheit sehr geprägt, da ich ab da eine Art Fürsorge entwickelt habe und eine tiefe Geschwisterverbundenheit und Vernarrtheit, die ich so noch nicht davor hatte. Zum einen erinnere ich mich selbst daran, zum anderen durch Erzählungen.«

Die älteren Geschwister haben im Jugendalter oftmals die Funktion, Vorbild für ihre jüngeren Geschwister zu sein. Von ihnen wird mehr Leistung erwartet (vgl. Forer/Still 1984, S. 24), was dazu führen kann, dass sie sich den anderen Geschwistern gegenüber überlegen fühlen und sie in ein neues Abhängigkeitsverhältnis drängen. Dieses Machtgefüge kann bis in das Erwachsenenalter erhalten bleiben. Andererseits müssen Älteste ihren Ärger über ihre Verpflichtungen oftmals unterdrücken. Gelingt dies nicht, entlädt er sich in emotionalen Ausbrüchen, die geprägt sind von ihrem Neid und ihrer Eifersucht gegenüber den Jüngeren.

Lisa (20 Jahre), älteste von drei Schwestern, schildert Situationen aus der Jugendzeit, wenn es um die Übernahme von Aufgaben im Haushalt ging:

> »Oft war es so, dass meine Schwestern zu Freundinnen gingen und keine Aufgaben erledigen mussten. Ich dagegen musste im Haushalt helfen und hatte dann einiges zu tun. In diesen Situationen empfand ich mich sehr ungerecht behandelt. Wut und Traurigkeit spielten eine Rolle, weil ich das Gefühl hatte, nicht richtig gegenüber meinen Schwestern behandelt zu werden. Meine Aufgaben habe ich dann erledigt, war aber nicht nett zu meinen Eltern.«

Susanne (19 Jahre), jüngere Schwester von zwei Geschwistern, schildert aus der Perspektive der Jüngeren ihre Erfahrungen mit dem älteren Bruder:

> »Da mein Bruder sieben Jahre älter ist, gingen unsere Interessen in der Kindheit stark auseinander. Er musste öfter auf mich aufpassen, wobei wir uns dabei oft stritten. Mir kommt es so vor, wie wenn er manchmal einfach eifersüchtig auf mich war. Oder eher war ich diejenige, an der er seinen Frust rauslassen konnte. [...] Vor allem in den Augen meiner Großeltern hatte ich mich ihm zu fügen, was mir aber nicht immer einsichtig

erschien. Aus diesem Grund hatte mein Bruder aber auch die volle Verantwortung zu tragen und musste sich bei Streitigkeiten, bei denen meine Eltern nicht anwesend waren, rechtfertigen.«

In der Jugendzeit hingegen konnte sich das Verhältnis der Geschwister normalisieren, und Susanne äußert später in ihrer Narration:

»Mein Bruder wird mir immer wichtig sein, da ›Blut dicker als Wasser ist‹. In Situationen, in denen Freunde meine Hilfe brauchen, bin ich für sie natürlich da, jedoch würde ich zuerst meinem Bruder helfen.«

Häufig fallen solche Ereignisse in die Zeit der Ablösung, in der sich die Jugendlichen auf dem Weg in die Selbständigkeit gegen ihre Eltern auflehnen und sich von ihnen lösen wollen. Jugendliche suchen dann oft Kontakt zu Gruppen, die durch übermäßigen Alkoholkonsum oder durch weltanschulichen Radikalismus auffallen, um von diesen Anerkennung zu erhalten.

Jedes weitere Geschwisterkind ist im Gegensatz zum Erstgeborenen von Anfang an damit vertraut, dass es die Aufmerksamkeit seiner Eltern teilen muss. Es ist nachgiebiger und fühlt seine Sicherheit weniger gefährdet, obwohl es ständig das ältere Geschwisterkind um sich hat. Die Situation der vermeindlichen Ungleichbehandlung kann bei jedem der Geschwister innerhalb der Geschwisterreihe, Neid und Eifersucht hervorrufen, was ein verändertes Interaktions- und Kommunikationsverhalten unter den Jugendlichen zur Folge hat.

Welche Rolle spielt Neid, Eifersucht und Missgunst unter Geschwistern?

Den Ursprung allen Neides, aller Eifersucht und allen Hasses sieht Sigmund Freud im Trauma der Geburt, wenn das Kind seine Trennung von der Mutter nicht bewältigen kann. Die Individualpsychologie nach Alfred Adler hingegen betrachtet das Entthronungstrauma als zentrale Quelle jener feindseligen Gefühle. Unter Trauma ist dabei eine tiefgehende, seelische Verletzung, die das innere Gleichgewicht akut oder dauerhaft erschüttert, zu verstehen.

Der Rivalität unter Geschwistern liegen bestimmte Regeln zu Grunde, die vorhersehbare Gegenreaktionen haben. Beispielsweise zeigen sich bei Bruder-Schwester-Paaren Neid und Eifersucht gerade bei geringem Altersabstand oft in verbal aggressiven und entwertenden Verhaltensweisen (vgl. Kreuzer 2020). Je größer der Altersabstand hingegen ist, desto geringer fallen Neid und Eifersucht in der Regel aus. Im Verlauf des Lebens werden Geschwisterbeziehungen, auch wenn sie zeitweise von Neid und Eifersucht geprägt waren, eher harmonischer und partnerschaftlicher. Dieses geschwisterliche Kräftemessen ändert sich nur dann, wenn ein Geschwisterkind krank wird oder beeinträchtigt ist (vgl. Seiffge-Krenke 1996).

Kein Kind, das durch die Geburt eines neuen Geschwisterkindes entthront wird und dem dann auf Grund einer Überlastungssituation innerhalb der Familie nicht genügend Zuwendung zuteil wird, kann diese Situation bewältigen. In der Folge kann sich Eifersucht, Neid und Hass dem Neugeborenen gegenüber entwickeln, verbunden mit dem Wunsch, dieses neue Geschwisterkind zu beseitigen. Freud formuliert diese Intension zuerst als »Todeswünsche«, welche er später in »Verschwindewünsche« relativiert, da das Kleinkind noch keine konkrete Vorstellung über den Tod hat (Hug-Hellmuth 1912, S. 286). So kann nach psychoanalytischer Auffassung der Tötungsimpuls zum Uranfang einer Geschwisterbeziehung werden. Dieser Impuls, der durch die Verlustangst und das Getrenntsein von der mütterlichen Zuwendung entsteht, kann zu den genannten negativen Gefühlen führen. Solche feindseligen kindlichen Gefühle gegenüber einem Geschwister beschreibt Freud häufiger – eine von Anfang an positive Geschwisterbeziehung konnte er sich offenbar kaum vorstellen:

> »Seine Geschwister liebt das kleine Kind nicht notwendigerweise, oft offenkundig nicht. Es ist unzweifelhaft, dass es in ihnen seine Konkurrenten hasst und es ist bekannt, wie häufig diese Einstellung durch lange Jahre bis

zur Zeit der Reife, ja noch später ohne Unterbrechung anhält« (Freud 2000 StA I, S. 208).

Ohne Nähe sind Neid und Rivalität, die in der Beziehung unter jugendlichen Geschwistern auftreten, nicht denkbar. Die Jugendlichen kennen sich und wissen um die Grenzen und Belastbarkeit ihrer Beziehung. Auf dieser Grundlage werden auch aggressive Impulse ausgelebt, ohne die eine positive Individuation undenkbar ist. Aus dem Neid heraus entsteht der Impuls, genauso gut zu sein wie das Geschwister oder es sogar zu übertreffen. Rivalität wird dann als produktiver Neid gebunden. Geschwister wollen sich *vergleichen*. Anders als bei Freud behauptet wird, sind Neid und Wut dann nicht Zeichen dafür, den Anderen »weghaben« zu wollen. Erst wenn gesellschaftlich bedingte Einflüsse, wie zum Beispiel Arbeitslosigkeit und Armut, das Leben beeinträchtigen, kann produktiver Neid in Destruktion umschlagen und Jugendliche aus der Bahn werfen:

> »Es gibt wahrscheinliche keine Kinderstube ohne heftige Konflikte zwischen deren Einwohnern. Motive sind die Konkurrenz um die Liebe der Eltern, um den gemeinsamen Besitz, um den Wohnraum. Die feindseligen Regungen richten sich gegen ältere wie jüngere Geschwister. Ich glaube, es war Bernhard Shaw, der das Wort ausgesprochen hat: Wenn es jemanden gibt, den eine junge englische Dame mehr hasst als ihre Mutter, so ist es ihre ältere Schwester. In diesem Ausspruch ist aber etwas, was befremdet. Geschwisterhass und Konkurrenz fänden wir zur Not begreiflich, aber wie sollen sich Hassempfindungen in das Verhältnis zwischen Tochter und Mutter, Eltern und Kinder, eindrängen können?« (Freud 2000 StA I, S. 209)

Ariadne (20 Jahre), jüngere Schwester eines um drei Jahre älteren Bruders, berichtet wie sehr sie unter einer negativen Zuschreibung, die sie von ihrem Bruder übernommen hat, leidet und wie stark sich diese in ihr Selbstbild eingegraben hat:

> »Mein Bruder ›hat oft Gelegenheiten genutzt‹, um mir zu beweisen, dass ich dumm sei, in dem er mich oft eine ›Dumme Nuss‹ nannte. Da er nicht an mich geglaubt hat, wollte ich ihm und meiner Familie umso mehr beweisen, dass ich es auch schaffe, zumindest an eine Hochschule zu kommen.

> Als ich auf dem Gymnasium Schwierigkeiten in Mathe hatte, baten ihn meine Eltern mir zu helfen. Ab und zu hat er mir etwas gut erklärt, jedoch hat er mir die meiste Zeit nur die Antworten gegeben und gefragt, warum ich so dumm sei. Da ich diesen Ruf als ›Dumme Nuss‹ von meinem Bruder bekam, dachten meine Eltern, ich würde es nicht an eine Hochschule schaffen und waren dann umso mehr erstaunt, als ich von mehreren akzeptiert wurde. Heutzutage denke ich immer noch, dass ich etwas nicht schaffen kann, wenn es sich um eine Prüfung oder eine Klausur handelt.«

Obwohl die jüngere Schwester sich gegen die negativen und beschämenden Zuschreibungen »dumme Nuss« seitens des älteren Bruders scheinbar zur Wehr setzen konnte und heute ebenfalls an einer universitär gleichgestellten Hochschule studiert, sind Selbstzweifel geblieben, auch da die Eltern in ihrer Erinnerung dieser entwertenden Konnotierung nicht widersprochen haben. Diese Selbstzweifel könnten sich lähmend auswirken und zum Auslöser für Misserfolg werden.

Für die Entwicklung von Neid und Eifersucht ist die Reihenfolge der Geschwisterpositionen meines Erachtens nicht entscheidend. Entscheidender ist die *Beziehungsqualität* der Eltern zu ihren Kindern. Gestörte Beziehungsmuster unter den Geschwistern entstehen meist durch die Unterschiede in der Erziehung und den unterschiedlichen Erwartungshaltungen, welche die Eltern gegenüber den Jugendlichen formulieren. Lucille K. Forer und Henry Still (1984, S. 55) haben in ihren Untersuchungen festgestellt, dass Älteste zwar viele Vorteile genießen, aber nicht beneidet werden, wenn sie einer größeren Geschwisterreihe voranstehen. Es ist eine Illusion anzunehmen, dass alle Eltern ihre Kinder gleich erziehen und behandeln. Somit sollte die Individualität des Einzelnen im Blick der Eltern bleiben und jedes von den Eltern gleichermaßen wertgeschätzt werden.

Es ist erstaunlich, dass in den Narrationen der Jugendlichen und jungen Erwachsenen im Vergleich zur pathologisierenden Literatur relativ wenig durchweg negative Geschwisterbeziehungen beschrieben worden sind. Dies mag vielleicht damit zusammenhängen, dass solch eine Sichtweise eher tabuisiert wird, vielleicht auch damit, dass eher sozial erwartete Antworten formuliert worden sind – vielleicht hängt es aber auch schlichtweg damit zusammen, dass die Beziehungen unter den Geschwistern tatsächlich so positiv sind.

Welche Besonderheiten ergeben sich beim Aufwachsen mit chronisch kranken oder behinderten Geschwistern im Jugendalter?

Wenn ein Kind mit Beinträchtigungen oder Behinderungen geboren wird, kann dies eine narzisstische Kränkung der Eltern darstellen, da es alle Erwartungen enttäuscht. Behinderung wird im Sinne von Jörg Zirfas (2012, S. 83) als »Abweichen von der Norm« verstanden. »Problematisch scheint hier, dass die Norm der Gesundheit und des Normalen, des Optimums, keine genauen Angaben darüber macht, wann sie nicht erfüllt ist.« Geschwister können dann die Einstellung der Eltern übernehmen und das behinderte Geschwister ebenfalls ablehnen; nehmen sie im Gegensatz dazu das Geschwister an, kann es zu einem Loyalitätskonflikt mit den Eltern kommen (Achilles 1995; Hackenberg 1987).

Ein beeinträchtigtes Geschwisterkind nimmt immer eine besondere Stellung unter den Geschwisterkindern ein, sehr häufig müssen ihm die Eltern deutlich mehr Zeit, Aufmerksamkeit und Fürsorge zukommen lassen als den anderen Kindern, was von diesen als Entzug von Privilegien wahrgenommen werden kann. Gesunde Geschwister können dann versuchen, die Aufmerksamkeit auf sich zu lenken, indem sie häufiger über Krankheitssymptome klagen als Geschwister ohne krankes Geschwisterkind. Sie können in jüngeren Jahren die Krankheitssymptome chronischer Erkrankungen nachahmen, jedoch nicht die Auffälligkeiten bei körperlichen Behinderungen. Die Geschwister müssen in der Regel mehr häusliche Pflichten wahrnehmen und versuchen, den Mangel des behinderten Kindes auszugleichen, um die Erwartungen der Eltern überproportional zu erfüllen (vgl. Achilles 2002; Möckel 2007). Dies führt dazu, dass Jugendliche von beeinträchtigten Geschwistern in der Regel sozial reifer sind als die nicht betroffenen Gleichaltrigen (vgl. Hackenberg 2008). Sie entwickeln ein stärkeres Selbstwertgefühl, ein hohes Verantwortungsbewusstsein und ein hohes Vertrauen in die eigene Kompetenz (vgl. Gath 1992).

Nathalie (19 Jahre), eine um vier Jahre jüngere Schwester, kann von solch einer Erfahrung berichten. Sie schildert ihre Entwicklung hin zu einer selbständigen Persönlichkeit, die sich von der an Diabetes I erkrankten Schwester abgrenzt:

»In meiner Jugend war alles anders. Wir wurden immer unterschiedlicher und ich wollte immer noch mehr an mir ändern, damit wir uns noch unähnlicher werden. Ich wollte mich abgrenzen. [...] Am Wochenende wurde bei uns immer die ganze Wohnung geputzt. Meine Mutter bat uns beide unsere Zimmer aufzuräumen und wenn wir fertig waren, sollten wir sie unterstützen. Da meine Schwester schon immer eine gemütliche und faule Person war, dauerte bei ihr das Zimmeraufräumen den ganzen Samstag. Ich war immer ziemlich schnell und bekam weitere Aufgaben zugeteilt. [...] Mich ärgerte zum Beispiel ihre Faulheit und ihre Bequemlichkeit. Ich war schon immer sehr ehrgeizig und perfektionistisch veranlagt und konnte für ihr Verhalten kein Verständnis aufbringen.

Und doch musste ich immer Verständnis für sie aufbringen, da sie krank ist, sagten zumindest meine Eltern. Meine Schwester hat Diabetes Typ I. Ich musste mich an bestimmte Regeln halten, über ihr manchmal aggressives Verhalten hinwegsehen und sie unterstützen. Es war aber nicht immer leicht für mich mit ihren Launen.«

Aus der Perspektive von Svenja (21 Jahre), die als ältere Schwester von einer chronischen Krankheit betroffen war, klingt es hingegen anders:

»Meine Schwester und ich hatten eigentlich immer gleich viele Aufgaben zu erledigen. Durch meine chronische Erkrankung konnten wir natürlich nicht dieselben Aufgaben übernehmen, jedoch haben wie es gut aufgeteilt. Meine Schwester hat die Aufgaben übernommen, bei denen man sich mehr anstrengen musste, wie z. B. Müll rausbringen, Rasen mähen, mit dem Hund gehen. Ich dagegen habe Aufgaben übernommen, die nicht ganz so anstrengend sind, z. B. Spülmaschine ausräumen, Waschen oder Bügeln.«

Geschwister von beeinträchtigten Kindern, die sozial stigmatisiert wurden, waren besonders auffällig in den erhobenen Untersuchungen nach Lackney und Gates (2001), wobei die Schwere der Erkrankung keine Rolle gespielt hat. Ein Drittel der Geschwister von Krebserkrankten verschwiegen die Erkrankung nach außen, was auf eine sehr hohe innerpsychische Belastung schließen lässt. In diesem schwierigen und belasteten Familienumfeld steigt die Eltern- und Geschwisterkonfliktrate, denn die Gesunden bekommen oft Angst vor dem Zerbrechen der Ehe der Eltern aufgrund der Belastung, welche die Behinderung des Geschwisters mit sich bringt. Natürlich ergeben sich jeweils spezielle Problemlagen, je nach dem, ob es sich bei der Beeinträchtigung des Geschwisters um eine psychische Erkrankung, wie beispielsweise eine Essstörung, eine Depression oder eine Zwangsstörung, eine geistige oder körperliche Behinderung handelt. Einfluss auf die Geschwisterbeziehungen haben neben der Art und Schwere der Behinderung oder Erkrankungen auch der Altersabstand sowie das Geschlecht der Geschwister.

Im klinischen Bereich wird seit Beginn des 21. Jahrhunderts zunehmend die *Qualität* der Geschwisterbeziehung, vor allem bei jungen Menschen mit Essstörungen, erforscht (Lackner-Seifert 2005). Bei anorektischen jungen Menschen wurde eine höhere emotionale Nähe zu Geschwistern als bei Bulimipatientinnen ermittelt (Kilius 2002; Zimmermann 2002). Lewis (1988) stellt fest, dass Bulimiepatientinnen ihren Geschwistern je nach Qualität der Geschwisterbeziehung eine oder mehrere unterschiedliche Botschaften übermitteln wollen.

1. Verknüpfungsbotschaft: Ich will uns durch meine Krankheit näher zusammenbringen.
2. Gleichmachungsbotschaft: Wir sind gar nicht so verschieden.
3. Ablenkungsbotschaft: Ich will von dir ablenken und dich dadurch schützen.
4. Friedensschlussbotschaft: Ich will dir Bedeutung und eine Position innerhalb der Familie verschaffen.
5. Schmutziger-Kampf-Botschaft: Ich will mit dir konkurrieren.

Sarah (18 Jahre), deren zwei Jahre jüngere Schwester betroffen war, schildert die Problematik der Magersucht-Erkrankung ihrer jüngeren Schwester. Mehrere der oben genannten Botschaften lassen sich auch in ihrer Narration wiederfinden:

> »Ich habe eine zwei Jahre jüngere Schwester. Aufgrund unseres geringen Altersunterschieds haben wir früher sehr viel zusammen unternommen und dadurch eine enge Verbindung/Beziehung aufgebaut, die bis heute anhält. [...] Meine Schwester hat so manches verschlampt. Dann hat sie z.B. mein Buch genommen und meinen Namen durch ihren Namen ersetzt. Es gab auch öfters Neidsituationen, wer hat den schöneren Puppenwagen, den neueren MP3-Player, bessere/ mehr Begabungen musikalischerseits, aber auch körperlich. Dies ging bei meiner Schwester so weit, dass sie magersüchtig wurde. Mir gegenüber sagte sie, dass ich der Grund war, weil ich schon immer naturbedingt dünner war als sie. In dieser Zeit habe ich meine Schwester unterstützt, wo es ging. Ich habe sogar mehr als gewohnt gegessen, da meine Schwester ihre Ernährung mit meiner verglich und immer weniger essen wollte als ich.
>
> Doch all diese zum Teil schwierigen Situationen haben unsere Beziehung nur verstärkt. [...] Meine Schwester orientierte sich beim Essen, Sportmachen usw. immer an mir und wollte immer mehr Sport machen als ich und weniger essen als ich. Das ging mir deutlich auf die Nerven, da ich generell gesund esse und viel Sport treibe. Aber aus Angst vor dem Schlimmerwerden der Magersucht meiner Schwester aß ich mehr und trieb weniger Sport. Dies ging sogar so weit, dass ich bei meiner besten Freundin Sportzeug lagerte und dann »geheim« mit ihr Sport trieb. [...] Ich nahm auch sehr Rücksicht auf meine Schwester und opferte mich in vielen Bereichen für sie auf. Ich bemühte mich, meinen Eltern keinen weiteren Stress zuzufügen, in dem ich mich in der Schule anstrengte, im Haushalt entlastete, usw.«

Die kognitive und soziale Reife der älteren Schwester kann ausschlaggebend dafür gewesen sein, genügend Verständnis für ihre jüngere Schwester und die Eltern aufbringen zu können. Stehen Geschwistern bei Ungleichbehandlungen keine positiven Ressourcen zur Verfügung und fehlt das Gemeinschaftsgefühl weitgehend, könnte das Verständnis in Unverständnis umschlagen.

Dahingehend verändert sich aktuell die Forschung: Weg von der Frage nach dem Grund der Erkrankung, hin zur Frage der Resilienz und somit hin zu den möglichen Gründen, eine Belastung auszuhalten und zu bewältigen. Marianne Leuzinger-Bohleber (2009, S. 31) schreibt dazu, dass emotional intensive, zuverlässige und mentalisierende Beziehungserfahrungen Grundlage dafür sein können. Geschwisterbeziehungen auf der horizontalen Beziehungsebene innerhalb einer Familie erhalten somit mehr Bedeutung. »Das Aufwachsen mit Geschwistern kann *die* ›gute‹ Beziehungserfahrung sein, die für den Aufbau von Resilienz entscheidend ist« (Sohni 2011, S. 34).

Im oben aufgeführten Beispiel scheinen die grundlegenden emotionalen Bedürfnisse der Schwester von Seiten der Eltern aber doch erfüllt worden zu sein. Auch das positiv beschriebene Schwesternverhältnis der ersten Jahre scheint als tragendes Element gewirkt zu haben (Petri 1994, S. 15f).

Während umfangreichere Forschungen zur Geschwisterbeziehung mit körperlich und geistig beeinträchtigten Kindern durchgeführt wurden, wurden Geschwisterbeziehungen in Familien mit chronisch kranken Kindern und Jugendlichen seltener untersucht. So wurden im Zeitraum zwischen 1977 und 1998 lediglich 189 Studien zu Geschwistern, bei einer Gesamtzahl von 17399 Publikationen, die über Kinder und Jugendliche insgesamt erschienen sind. Auffällig ist, dass Geschwister behinderter Kinder und Jugendlicher im Vordergrund stehen und nicht das behinderte oder chronisch kranke Kind selbst (Hackenberg 2008, S. 72).

Inge Seiffge-Krenke untersucht seit 1996 in einer Längsschnittstudie (2001, S. 542) die Krankheitserfahrungen chronisch kranker Jugendlicher und die damit verbundenen Kindheitserfahrungen der Geschwister, die Fokussierung der Eltern auf das Gesundheitsproblem des kranken Kindes und die damit verbundene potentielle Vernachlässigung der gesunden Kinder sowie die stärkere Bindung der Erkrankten an ihre Geschwister (ebd., 536).

Metzing (2007, S. 87f.) erklärt in der Studie »Kinder und Jugendliche als pflegende Angehörige« zum Status des Kindes in der Familie und zu der Situation des ältesten Geschwisterkindes:

»Ältere Kinder übernehmen von sich aus mehr Verantwortung als ihre jüngeren Geschwister, sie bekommen diese jedoch von den Erwachsenen auch aufgetragen. Selbst wenn nur ein Jahr Unterschied zwischen den Geschwistern liegt, fühlen sich die Älteren verantwortlich. [...] Das Geschlecht scheint bei der Übernahme der Tätigkeiten eine untergeordnete Rolle zu spielen. Ältere Brüder von jüngeren Schwestern übernehmen ebenso selbstverständlich mehr Aufgaben, wie ältere Schwestern von jüngeren Brüdern es tun. [...] Es kann jedoch vermutet werden, dass das Geschlechterthema mit zunehmendem Alter zum Tragen kommt und Mädchen dann mehr Aufgaben übernehmen wie Jungen«.

7

Inwiefern fungieren ältere Geschwister für ihre jüngeren Geschwister als »Erzieher«?

Das nachfolgende Kapitel widmet sich explizit der Frage nach dem erzieherischen Moment in der Geschwisterbeziehung. Anhand theoretischer Positionen werden als basale Elemente des »Erzieherischen« das Zeigen, das Vorleben und das Vormachen als Anleitung von älteren für jüngere Geschwister thematisiert. Dadurch wird ersichtlich, dass ältere Geschwister keinen expliziten Auftrag zur Vermittlung von Normen und Werten haben, sondern ausschließlich durch die gemeinsam geteilte Lebensumwelt erziehen. Ein funktionales und wechselseitiges Erzie-

> hen steht im Vordergrund – denn auch die jüngeren Geschwister haben ihren Einfluss.

Ältere Geschwister erziehen durch zeigen und vormachen, jüngere Geschwister lernen durch nachahmen

Geschwister haben, wie in den bisherigen Ausführungen deutlich wurde, einen beträchtlichen Einfluss auf ihre Mitgeschwister. Durch die Pluralität und Intensität der täglichen Interaktionen tragen sie erheblich zur Sozialisation und zu einer individuellen Fähigkeitsentwicklung bei, ohne dass sie bei ihrem Wirken in der Regel explizite erzieherische Absichten und Ziele verfolgen. Ihr Handeln und Wirken ist meist funktional; die Vermittlung von Normen und Werte des familiären Erziehungskosmos erfolgt unbewusst.

Nach der grundlegenden Erziehungsvorstellung von Klaus Prange (2011) haben Geschwister durchaus Geltung für die Erziehung in der Familie: Prange geht von einem weit gefassten Erziehungsbegriff aus, der u. a. auf einer spezifischen kommunikativen Praxis beruht. Diese ist von individuellen und charakteristischen erzieherischen Situationen geprägt, wie sie auch in Geschwisterbeziehungen entstehen.

Ältere *zeigen* jüngeren Geschwistern im Spiel oder bei den Hausaufgaben, wie Anforderungen bewältigt werden können. Beide lernen daraus im aktuellen Lebenszusammenhang den Herausforderungen zu begegnen, um zukünftige Lebensanforderungen bewältigen zu können. Demzufolge nehmen Geschwister eine gewisse Erziehungsfunktion wahr, die in der Institution Familie verankert ist. Mit berücksichtigt werden sollte zudem, dass Geschwister dauerhaft Einfluss aufeinander nehmen und sie zumindest in den ersten zehn Jahren der Kindheit oftmals mehr Zeit miteinander verbringen als mit ihren Eltern. Eine weitere Institutionalisierung und höhere Arbeitszeitbelastung der Eltern wird durch eine ganztägige Berufstätigkeit von Mutter und Vater die Zukunft der Kindheit bestimmen. Dies wird auch Auswirkungen auf die gemeinsame Zeit, die Geschwister miteinander verbringen haben.

Die Erziehung unter Geschwistern ist natürlich keine professionelle Erzieheung, sie ist eine Lebenswelterziehung, die sich nicht an übergeordneten Zielen wie Mündigkeit und Autonomie, Selbsttätigkeit und Selbstständigkeit oder gelingender Sozialisation orientiert, aber durchaus bisweilen implizite Vorstellungen dieser Art beinhaltet. Die ältesten Geschwister orientieren sich meist am (groß-)elterlichen Vorbild, je nachdem wie die familiären Situationen beschaffen sind. Eine dynamische Erziehungssituation entsteht schon dadurch zwischen den Geschwistern, dass sie sich untereinander etwas *zeigen* und dabei auch *zeigen*, dass das Eine über eine besondere Kompetenz verfügt und das Andere etwas lernen kann. In den Narrationen wurde deutlich, dass Geschwister in der Regel immer dazu bereit sind: Sei es auf

- *ostensive* Art durch Unterstützen und Begleiten beim gemeinsamen Spielen und Lernen,
- durch *repräsentatives* Zeigen, indem der Ältere dem Jüngeren zeigt, wie beispielsweise eine Mathematikaufgabe zu lösen ist, oder
- die Ältere der Jüngeren im *direktiven* Zeigen als Vertraute und Ansprechpartnerin, als Beraterin bei Problemen, zur Verfügung steht.
- Natürlich kommt auch ein *reaktives* Zeigen in Geschwisterbeziehungen vor, da diese Beziehung ja nicht nur harmonisch verläuft und Rückmeldungen oft eher taktlos, wenig vorsichtig, erfolgen. Dies findet sich in einem normalen Maß in den meisten Beziehungen, wenn vom sogenannten »Streiten« berichtet wird.

7 Inwiefern fungieren ältere Geschwister als »Erzieher«?

So lassen sich in den Narrationen der Jugendlichen und jungen Erwachsenen einige Beispiele finden, in denen sie auf die unterschiedlichen Arten aktiv werden:

Petra (20 Jahre) und ihre jüngere Schwester unterstützten und begleiteten sich beim Spielen und Lernen gegenseitig:

> »Vor allem durch meine Schwester, die nur ein Jahr jünger ist, lernte ich den Umgang mit Konflikten. Wann es einfacher ist nachzugeben oder Kompromisse einzugehen und wann es sich lohnt, für eine Sache zu streiten. Durch meine Geschwister lernte ich auch mal Dinge zu tun, auf die ich keine Lust hatte und merkte, dass ich später froh war, z. B. doch auf den Spielplatz gegangen zu sein. Geschwister können motivieren.«

Auch unterstützen sie sich durch repräsentatives Zeigen bei den Hausaufgaben:

> »Meine Schwester und ich sitzen am Esstisch und jeder macht seine Hausaufgaben. Immer mal wieder fragen wir uns gegenseitig etwas oder erklären dem anderen den Sachverhalt. Mein kleiner Bruder ist zu klein für Hausaufgaben. Aber er setzt sich trotzdem dazu und malt seine ›Hausaufgaben‹.«

Ähnliches kann auch in den Narrationen von Lisa (20 Jahre), einer ältesten Schwester gelesen werden. Hier kann eine Mischform des repräsentativen und direktiven Zeigens erkannt werden:

> »Meine Schwester ist jetzt in der 8. Klasse und hat oft ›wichtigere‹ Dinge im Kopf, als Hausaufgaben zu machen.
>
> Oft schiebt sie die Aufgaben vor sich her und erledigt sie sehr spät. Ermahnungen unserer Eltern gibt es auch ab und zu. Dennoch, wenn sie etwas nicht versteht, kommt sie oft zu mir, fragt um Rat oder bittet mich ihr zu helfen. Es liegt wahrscheinlich daran, dass ich denselben Weg gegangen bin, die Sachen schon kann und ich es ihr so leichter erklären kann.
>
> Für ihre Mathearbeiten lernen wir oft zusammen, denn sie kann gut mit meinen Erklärungen umgehen. So nimmt sie meine Hilfe gerne und oft in Anspruch.«

Besonders ältere Geschwister profitieren selbst durch ihre Bereitschaft, jüngeren durch repräsentatives, bzw. direktives Zeigen zu helfen und sie in der Entwicklung ihrer sozialen und kognitiven

Fähigkeiten zu unterstützen. Dies geschieht dadurch, dass sie soziale Fähigkeiten üben und »Wissen tiefer verarbeite[n] und besser strukturier[en]« (Schmid 2015, S. 593).

Svenja (19 Jahre) hat eine um fünf Jahre jüngere Schwester. Sie beschreibt, dass es bei Situationen des repräsentativen Zeigens eher Differenzen gab und die jüngere Schwester ihre Hilfe nicht sehr gern annahm:

> »Es fing schon damit an, dass ich vom Grundprinzip sehr ordentlich und strukturiert bin. Meine Schwester dagegen eher nicht. ... In den sprachlichen Fächern gab es oft Vokabeln und Definitionen zu lernen. Wenn ich meine Schwester abfragen musste, war ich in ihren Augen bei den Übersetzungen sehr pingelig.«

Die unterschiedliche Arbeitshaltung und Sichtweise der älteren Schwestern führen zu Differenzen zwischen den Schwesterpaaren, womit die Unterstützungsangebote weniger hilfreich erscheinen. Interessant ist auch die Umkehrung der Situation bei Svenja. Sie konnte nur sehr schwer die Hilfe der Jüngeren annehmen:

> »An eine Situation kann ich mich auch noch besonders gut erinnern. Meine Schwester hat mit mir für Erdkunde die Bundesländer mit ihren Hauptstädten gelernt. Sie konnte alle in- und auswendig und ich brauchte sie für einen Test. Meine Schwester fragte mich also ab und ich fand es gar nicht gut, dass in dieser Situation meine Schwester die Überlegene war. Eigentlich bin ich die große Schwester, gehe in eine höhere Jahrgangsstufe und konnte meiner Schwester helfen. Das war ein komisches Gefühl und ich weiß noch genau, dass es mir nicht passte.«

Carlotta (21 Jahre) als Jüngste berichtet, wie die ältere Schwester als Vertraute wirkt:

> »Meine Schwester blieb meine engste Vertraute, wenn auch viele Streitereien und ebenso viele Versöhnungen unseren Alltag prägten. Da wir eine Verbindungstür zwischen unseren Zimmern hatten, führte dies oft dazu, dass wir bis in die Nacht miteinander quatschten.«

Simone (19 Jahre) ist als älteste Schwester eng mit ihrem jüngeren Bruder verbunden:

7 Inwiefern fungieren ältere Geschwister als »Erzieher«?

»Ich habe immer gewusst, und das ist auch heute noch so, dass ich mich auf meinen Bruder verlassen kann und ihm alles, was mich betrifft, erzählen/anvertrauen kann. In der Jugendzeit, in einem Alter, wo er größer als ich wurde und auch älter aussah, habe ich ihn auch als eine Art ›Beschützer‹ empfunden.«

Das alltägliche Miteinander der Geschwister durch vormachen, mitmachen, auffordern, erklären kritisieren in verschiedenen Mischungsverhältnissen verbindet sie auf komplexe Art und Weise miteinander, ohne dass sie sich darüber im Klaren sind, dass sie sich gegenseitig mit den pädagogischen Mitteln fördern, erziehen und dadurch gegenseitige Lernprozesse initiieren.

Gerade unter Geschwistern zeigt sich, wie eng Lernen mit Erziehen verbunden ist, denn sie nehmen von Anfang an, an der »Menschwerdung« des Geschwisters teil, da sie intensiv bereits vorgeburtlich durch die elterliche Vorbereitung auf das Hinzutreten eines jüngeren Geschwisters miteinander in Verbindung gebracht werden können.

Friedrich (18 Jahre) erlebt als Ältester von drei Geschwistern, wie seine Familie wächst. Er erinnert sich an die Geburt der Jüngeren und rückt die Schwester ins Zentrum:

»Da ich der Erstgeborene bin, war es für mich sehr schön mitzuerleben, wie unsere Familie größer wurde. ... Als meine kleine Schwester zur Welt kam, verlief das Ganze reibungslos. Ich hatte mich – auch durch Verwandtschaftszuwachs – daran gewöhnt, dass neue Familienmitglieder dazu kommen. So nahmen wir sie schnell in unserer Mitte auf und wir verstehen uns heute noch super.«

Durch das Miterleben, wie eine Familie wächst, werden in der Geschwisterbeziehung wertvolle Erfahrungen gesammelt, die in der Regel unter Verwendung einer gemeinsamen Sprache in einem dialogischen Prozess ablaufen. Diese Prozesse werden von Gefühlen, von Denken und Handeln begleitet, wie es ein ganzheitlicher Anspruch der Pädagogik, wie er seit Johann Heinrich Pestalozzi (1906) besteht, fordert. Wissen wird vermittelt und gleichzeitig wird Neues dazugelernt. Die Fähigkeit dazuzulernen und umzulernen wird ausgebildet (vgl. Meyer-Drawe 2008).

Durch das familiale Miteinander besteht die Möglichkeit die Umsetzungsfähigkeit zu trainieren, da das Übungsfeld »Leben-Lernen« permanent zur Verfügung steht und jederzeit eine Unterstützungsfunktion abgerufen werden kann. Ebenso wie Eltern vermitteln Geschwister zu einem hohen Anteil Lebenstechniken, Bewältigungs- und Befähigungsstrategien. Oftmals können diese durch die emotional nahe Beziehung unter den Geschwistern besonders gut angenommen, bzw. erlernt werden. In der heutigen, globalisierten Welt ist es von unschätzbarem Vorteil, wenn Geschwister nicht nur eindimensional von einer Eltern-Kind-Beziehung geprägt werden, sondern ihnen das mehrdimensionale Lebensfeld mit Geschwistern zur Verfügung steht, auf dem sie sich indirekt und direkt erproben können. Damit erlernen sie eine Vielschichtigkeit, die nicht nur stundenweise vorhanden ist, sondern welche von Anfang besteht.

Klara (20 Jahre), älteste Schwester eines jüngeren Bruders, beschreibt dies lehrbuchartig aus der berichteten Situation ihrer Eltern:

> »Mein Bruder war gerade mal wenige Monate alt, er schlief im Elternzimmer und ich auch (Mittagsschlaf), jedoch in getrennten Bettchen. Irgendwann bin ich erwacht und habe meinen Bruder vor sich ›hinblubbern‹ gehört, was für mich ein Anzeichen war, dass er wach ist. Ich bin also zu ihm hin, habe ihn aus seinem Bettchen geholt und in mein Bettchen getragen und ihm Geschichten erzählt. Nach einer Weile hat meine Mutter nach uns gesehen. Sie war sehr erstaunt darüber, meinen Bruder in meinem Kinderbett vorzufinden und fragte sich, wie ich *zartes* Mädchen, das doch recht *propere* Kerlchen in mein Bett getragen habe?! Zur Demonstration gab sie mir eine meiner Puppen. Ich war genervt über die Frage, habe die Puppe an den Haaren gepackt und in mein Bett gezerrt und geworfen. ... Ich jedoch wusste bzw. weiß, dass ich mit meinem Bruder sorgsam umgegangen bin und eigentlich bis heute immer für ihn da bin. Genauso, wie unsere Eltern es uns in ihrer Erziehung und Fürsorge gelehrt/vorgelebt und beigebracht haben. Wofür ich ihnen sehr dankbar bin.«

In der Familie findet das *Zeigen* als prototypische Erscheinung des Erziehens zu allererst statt. Hier werden die ersten Erfahrungen mit Erziehung gemacht, wenn das Kind den ersten Reizen und den ersten Selektionen, die für ein förderndes Gedeihen notwendig sind, begegnet. Jüngere imitieren das Verhalten älterer Geschwister, worauf auch die von Alfred Adler (1931/2006, S. 121) aufgestellte These gründet, dass das zweitgeborene Kind mindestens so gut sein möchte wie das Erstgeborene: »Es hat während seiner ganzen Kindheit einen Schrittmacher. Ein nach Alter und Entwicklungsstufe reiferes Kind ist beständig vor ihm, und es wird angeregt, sich zu bemühen und aufzuholen.« So zeigt sich, dass sich das Geschwisterbeziehungsfeld dazu eignet, Fähigkeiten und Fertigkeiten zu erlernen, das Leben in Auseinandersetzung mit sich, den Geschwistern, der Welt, den Anderen vielfältig zu erproben, um auf diese Art und Weise nach und nach die eigene Persönlichkeit und Identität zu konturieren. Das einzelne Geschwister lernt hier sich zu behaupten, sich durchzusetzen oder anzupassen, geübte Kritik mehr oder weniger abwägend annehmen oder ablehnen zu können und nach Kränkungen wieder verzeihend auf den anderen zuzugehen.

Tessa (19 Jahre) ist eine um drei Jahre ältere Schwester. Sie beschreibt, wie herausfordernd in der Pubertät jüngere Brüder für ältere Schwestern sein können:

> »In der Pubertät hat sich unser Verhältnis verschlechtert. Mein Bruder war für mich der nervige, kleine Bruder. Er hat sich in meine Privatsphäre eingemischt, indem er mich beim Telefonieren belauscht hat oder versucht hat meine Freundschaftstagebücher zu lesen. Wir stritten uns auch oft wegen dem Fernsehprogramm oder wer welche Hausarbeiten erledigen sollte.«

Trotzdem überwiegt ein positives Gefühl, und sie kann in Bezug auf *Zeigen* und voneinander Lernen erzählen:

> »Ich bin sehr froh, dass ich noch meinen Bruder hatte. Er gab mir das Gefühl von Geborgenheit und Liebe. Es war schön, die Zeit über immer jemanden bei sich zu haben. ... Ich habe durch meinen Bruder auch gelernt, wie wichtig Versöhnung ist. Zwar haben wir uns oft gestritten und uns geärgert, aber nach einiger Zeit versöhnten wir uns immer.«

Beziehung ist die Voraussetzung für Erziehung. Dies ist unabhängig davon, welche Ideale in einer Gesellschaft darüber herrschen, *wie* Kinder erzogen werden sollen. Erziehung wird durch eine Vermittlungstätigkeit von der älteren zur jüngeren Generation vollzogen und stellt einen wechselseitigen Prozess dar – auch innerhalb einer Generation. Davon ausgehend, dass Eltern ihre Kinder, aber auch Kinder ihre Eltern erziehen, können wir uns sicher sein, dass sich Geschwister ebenso auch untereinander wechselseitig erziehen (Ecarius 2007; Liegle/Lüscher 2004; Liegle 2013). Dies bedeutet: Nicht nur erwachsene Personen erziehen, sondern Erziehung findet durch Beziehungen unter Geschwistern statt, die geprägt sind von Dauerhaftigkeit, Vertrauen, Zuwendung sowie Verlässlichkeit und die in einem geschützten Raum stattfinden.

In der Eigendynamik einer Geschwisterbeziehung, bspw. im Verhältnis zwischen Nähe und Distanz, Fremd- und Selbstbestimmung in einer dynamischen Machtbalance, wird ein Erziehungssystem entwickelt, welches von den Bedingungen des jeweiligen Umfeldes abhängig ist. Der oder die Ältere in der Geschwisterbeziehung wird versuchen, seine Macht über den Jüngeren auszuüben und die Jüngere wird versuchen, sich zu widersetzen. Das Spiel um Machtverhältnisse prägt Geschwisterbeziehungen ebenso, wie es auch unsere Gesellschaft prägt. In diesem sozialen Kontext entsteht zwischen den Geschwistern ein konfliktreicher, aber auch lehrhafter Dialog, der Lernprozesse in Gang setzen kann. Am Ende von Auseinandersetzungen kann die Anerkennung des Anderen stehen sowie die Einsicht, dass es verschiedene Perspektiven und Sichtweisen auf ein und dieselbe Sache gibt (vgl. Brumlik 1995; Müller 1996).

So berichtet nicht nur Franziska (19 Jahre) vom Kampf um die »Macht«, als der kleine Bruder größer wurde:

»Wenn meine Eltern nicht zu Hause waren, hatte ich bis in die Jugendzeit das Sagen. Dies änderte sich, als mein Bruder älter wurde. Ab diesem Zeitpunkt war es ein stetiger Kampf, wer das Sagen in der bestimmten Situation hatte. Besonders deutlich wurde das beim Besitz der Fernbedienung. Da mein Bruder und ich mittags früher als meine Mutter zu Hause ankamen, schauten wir, bis sie kam, meist Fernsehen, obwohl das meine Mutter eigentlich untersagt hatte. Dabei ging es dann darum, wer die Fernbedienung, also die Macht, über das, was angeschaut wurde, hatte. Besonders in den Jahren lieferte das häufig einen Auslöser für recht heftige Streitigkeiten.«

7 Inwiefern fungieren ältere Geschwister als »Erzieher«?

Im Spannungsfeld der Geschwisterbeziehungen findet eine wechselseitige Erziehung statt, die ambivalent ist im Sinne von Sollen und Wollen. Nach dem Willen des Ältesten »sollen« die Jüngeren aufgetragene Arbeiten erledigen und sich unterwerfen, aber die Jüngeren »wollen« vielleicht nicht. So besteht wie im Rahmen der Eltern-Kind-Erziehung in der Geschwister-Geschwister-Erziehung in der Realität auch die Ambivalenz von Zwang und Freiheit (vgl. Kant 1803/1963).

So nutzt der elterliche Zwang Ariadne (20 Jahre) nichts, als ihr älterer Bruder ihr bei den Mathematikaufgaben helfen muss:

> »Ich erinnere mich an eine Hausaufgabensituation in der neunten Klasse, als mein Bruder mir mit meinen Mathehausaufgaben helfen sollte. Er hat es nicht freiwillig gemacht, sondern meine Mutter hat ihn darum gebeten. Ich hatte oft Schwierigkeiten in Mathe, während mein Bruder immer nur Einser bekam. An diesem Tag sollte er mir zeigen, wie man verschiedene Geometrieformeln verwendet. ... Jedoch hat er nur die ganze Zeit gesprochen ... Auch wenn er etwas hingeschrieben hat, konnte ich es meist nicht lesen ... Dann hat er mir einfach die Antwort gegeben ... Natürlich hatte ich nichts verstanden.«

Beruht die Hilfe hingegen auf einer Freiwilligkeit des älteren Geschwisters, wird aus dessen Sicht ein gelingendes Lernen, wie dies Inge (20 Jahre), eine um fünf Jahre ältere Schwester eines Bruders darstellt, deutlich:

> »Im Jugendalter hatte das im Großen und Ganzen gut geklappt. Wir haben oft gestritten, aber wenn wir zusammen gelernt haben (für eine Klassenarbeit von ihm), hatte er oft gute Noten und dann haben wir beide uns tierisch gefreut.«

Gerade dadurch, dass in der Regel eine wohlwollende und gleichzeitig ambivalente Bindung zwischen Geschwistern besteht und eine emotionale Qualität vorhanden ist, entsteht eine Bereitschaft zur Exploration einer gemeinsamen Umwelt. Durch die Beziehungserfahrung und die damit verbundene Bindungsqualität dürfte die Persönlichkeitsentwicklung ebenso geprägt werden wie durch die generationenübergreifenden Beziehungen. Emotionale Erfahrungen in der Geschwisterbeziehung führen zu Lernprozessen, welche die Ausbildung von Gemeinschaftsfähigkeit und autonomer Handlungsfähigkeit begünstigen.

Während in der Eltern-Kind-Erziehung überwiegend eine »Abhängigkeit« besteht, ist es in der Geschwister-Geschwister-Erziehung eine Gegenseitigkeit und Kooperation, die zu einem ganz anderen und wichtigen Erfahrungs- und Entwicklungsfaktor werden kann. Man könnte im Sinne von Karl Marx sagen: Das gesellschaftlich-geschwisterliche Sein bestimmt das Bewusstsein. So ist unter dem Begriff »Familienerziehung« (vgl. Büchner/Brake 2006; Belsky 2010) nicht nur die generationenübergreifende Erziehung zu verstehen, sondern auch die horizontale Geschwistererziehung. Diese steht im Gegensatz zu den Angeboten einer institutionellen Erziehung permanent zur Verfügung. Geschwister sind auch am Wochenende und in den Ferien zugegen, die institutionelle Erziehungs- und Bildungszentren sind dagegen die meiste Zeit geschlossen.

Liegle (2013, S. 102) konnte zeigen, dass »die Qualität der Familienbeziehungen und der Familienerziehung den wichtigsten Faktor der kindlichen Entwicklung darstellt, und zwar sowohl im Hinblick auf die Anregung und Förderung der Entwicklung als auch im Hinblick auf seelische Störungen und soziale Probleme bei den Kindern«. Bereits Adler (1931/2006, S.113; 1912/2009; 1927/2008) sah günstige Zeichen für ein Gemeinschaftsbewusstsein, wenn bspw. der Vater schon ein gutes Verhältnis zu seinen Eltern, Schwestern und Brüdern in der Kindheit und Jugend hatte, oder wenn Söhne und Töchter gleichgewichtete geschlechtsspezifische Anerkennung finden und diese auch unter den Geschwister ihren Platz hat.

Sicher wird in der Geschwister-Geschwister-Beziehung, vor allem wenn der Altersabstand gering ist, unbewusst und meist absichtslos, funktional erzogen, bspw. als Vorbild und in Form einer Vermittlung, die auch als »Sozialisation« beschrieben werden kann und sich meist am Modell der Eltern orientiert (vgl. Tremel 2000, S.67ff.). Im Spiel oder bei der Hausaufgabenbetreuung kann aber durchaus auch ein Moment der intentionalen Erziehung unter Ge-

7 Inwiefern fungieren ältere Geschwister als »Erzieher«?

schwistern entstehen, wenn der Ältere sein Wissen zur Verfügung stellt oder Ehrlichkeit und Fairness als Werte im Spiel einfordert. Gerade jüngere Kinder lernen implizit durch Spielen, Nachahmen und Erforschen und sind gegenüber Einzelkindern dadurch bevorzugt, dass sie dabei Geschwister an ihrer Seite haben.

Petra (20 Jahre), Älteste von drei Geschwistern, erinnert sich an dieses funktionale, wechselseitige Erziehen und beschreibt später ihr intentionales Handeln beim sieben Jahre jüngeren Bruder:

> »Beim Hausaufgabenmachen haben meine Schwester und ich uns sehr wenig gestritten und die Anwesenheit des anderen wahrgenommen, aber nie störend. Durch unser nahes Alter hatten wir oft ähnlichen Stoff und ich konnte helfen und sie konnte mich an Vergessenes erinnern. ... Mit meinem kleinen Bruder spielte ich oft nur, um ihm eine Freude zu machen. Er sagt oft ›Ich hätte auch gern einen Bruder/Schwester, die fast so alt ist wie ich zum Spielen.‹ Aber wir hatten trotzdem viel Spaß beim Fußball spielen oder wenn ich ihn das Inlinefahren beigebracht habe. ... Am Anfang gab es noch viele Stürze und kleine Unfälle und mein Bruder brauchte einige Motivation. Doch nach vielen Übe-Nachmittagen klappte es immer besser und wir konnten zusammen unsere Runden drehen.«

In einem vertrauensvollen Klima können Geschwister sich offen und ehrlich begegnen, sich selbst entfalten und sich als handelndes Individuum verstehen lernen (vgl. Grossmann/Grossmann 2003). Dies wird durch das von den Eltern vorgelebte positive Denken über Geschwister initiiert und führt zu einer positiven Geschwisterbeziehung, in der sozialer Rückhalt und emotionale Unterstützung gegeben sind. Geschwister können dann auch die Bindungssicherheit und damit auch die soziale Kompetenz erhöhen (vgl. Marbach 2005).

Welcher Stellenwert kommt der Erziehung von Geschwistern durch Geschwister in der Pädagogik zu?

Erziehung wurde im Wesentlichen immer verstanden als Erziehung durch Eltern, Kindergarten und Schule, als professionelle Tätigkeit von Lehrenden und Erziehenden. Eine Widersprüchlichkeit besteht naturgegeben dadurch, dass die Familie der erste Ort sozialer Erziehung ist, dort meist aber eine Versammlung von Laien besteht. Für Adler (1929/1973) gehört es zur »Erziehungskunst« der Mutter, ihre Kinder so zu fördern, dass diese auch Interesse an den Geschwistern und der weiteren Gemeinschaft gewinnen – eine sicherlich immer wieder herausfordernde Aufgabe.

Bei klassischen Pädagogen wie Heinrich Johann Pestalozzi, Johann Friedrich Herbart und Friedrich Schleiermacher findet man keine Reflexionen über die Rolle von Geschwistern als Erzieher. Pädagogen im 18. und 19. Jahrhundert waren davon überzeugt, dass Kinder von Erwachsenen auf die richtigen Ziele gelenkt werden und kontrolliert werden müssen. Unglück oder sogar der Tod würden folgen, so wie dies in Heinrich Hoffmanns »Struwwelpeter« (1848) und anderen Geschichten bildreich illustriert wurde (vgl. Richter 1987), sollte sich das Kind nicht so folgsam zeigen, wie von ihm gefordert. Erziehung fand statt durch Einwirkung der älteren auf die jüngere Generation. Zu Beginn des 20. Jahrhunderts, bei Pädagogen der Moderne wie Nohl, Spranger und Flitner, spielt die erzieherische Bedeutung von Geschwistern sporadisch eine Rolle, ist aber nie als zentrales Thema im Rahmen der Familie thematisiert worden. Eine Erziehung von Kindern durch Kinder finden wir im Grunde nur im Handeln und Wirken von Janusz Korczak und seiner Pädagogik der Achtung (vgl. Godel-Gaßner/Krehl 2011; Kreuzer 2013).

Blicken wir in die Kinder- und Jugendliteratur, werden die älteren Geschwister in der Regel als erziehende, fürsorgliche literarische Figuren dargestellt, wie bspw. in der Trilogie »Gretchen

Sackmeier« von Christine Nöstlinger (1981–1988/2001). Kindergemeinschaften lassen sich in der Kinder- und Jugendliteratur vereinzelt bei Peter Härtling in seinem Roman »Das war der Hirbel« (1976) und bei Mirjam Pressler »Wenn das Glück kommt, muss man ihm einen Stuhl hinstellen« (1994) finden. Beide Figuren, Hirbel und Halinka, wünschen sich leibliche Geschwister, verfügen jedoch nur über »Heimgeschwister«. Neidvolle Geschwisterbeziehungen finden sich in der Jugendliteratur bei Sonja Hartnett »Schalfende Hunde« (1995) (vgl. Kreuzer 2009).

Folgen wir Martin Buber in dessen »Rede über das Erzieherische« (1926/2005, S. 152), so werden wir erfahren, dass Erziehung nicht nur durch den Einfluss des ältesten auf das jüngste Geschwister wirkt und sich dadurch die Tradition wiederholt, sondern dass diese im wechselseitigen Geschehen zwischen den Geschwistern stattfindet und von der Vielfalt zwischenmenschlicher Beziehungen geprägt ist. Buber geht auf das dualistische Verhältnis zwischen Erzieher und Zögling ein, auf die »Gegenseitigkeit des Gebens und Nehmens« (ebd.). Er betont, dass der Erziehende »die Erfahrung der Gegenseite übt, ihr standhält, [und dadurch] in einem [B]eides [erfährt]: Seine Grenze an der Andersheit und seine Gnade in der Verbundenheit mit dem Anderen« (ebd.). Buber stellt die intentionale Erziehung in Frage, wenn er konstatiert: »Die immer wieder vorgebrachte Frage: ›Wohin, auf was zu, soll erzogen werden?‹ verkennt die Situation« (ebd., S. 153). Somit ist die Erziehung der Geschwister untereinander, gleich welche Bedeutung sie füreinander haben, eine gegenseitig.

Bereits 1973 begreift Jean Piaget die Geschwistererziehung als wichtiges Übungsfeld einer »kooperativen Moral«. Hier sieht er den Ort der Gruppe der Gleichaltrigen, in der eine Moral der Gegenseitigkeit, im Gegensatz zur einseitigen Abhängigkeit, wie sie im Eltern-Kind-Verhältnis besteht, weiterentwickelt werden kann.

Im Wandel der Beziehungsstruktur von der Asymmetrie hin zur Symmetrie in der Erziehung zeigt sich ein Spannungsverhältnis, das die Geschwisterbeziehung und -erziehung beeinflusst. Es konfrontiert Geschwister heute mit einer Koexistenz von Tradition und

Wandel. Somit stellt sich die Frage, wie sich der kulturellen Wandel auf die Erziehung auswirkt, ob es sich um eine Verschiebung zur rein funktionalen Beeinflussung, zur Sozialisation hin handelt, ob Geschwister die Erziehungstätigkeit der Eltern nur fortsetzen oder ersetzen, oder ob Geschwister sich in ihrer eigenen Welt beeinflussen und miteinander entwickeln. In Winfried Böhms (2005) Erziehungsideal, das eine Erziehung hin zu Autonomie und Mündigkeit anstrebt, scheinen gerade diese Erziehungsziele in einem Erziehungsprozess zwischen Geschwistern auffindbar, da einerseits Aufgaben oft eigenverantwortlich, aber auch für die Gemeinschaft der Familie, durch die Geschwister bewältigt werden müssen.

So schildert Sarah (20 Jahre), wie sie und ihre jüngere Schwester im Haushalt geholfen und auch bei Abwesenheit der Eltern Aufgaben ausgeführt haben:

»Generell war es so, dass meine Schwester und ich von Anfang an kleine ›Jöbchen‹ übernehmen mussten. Meine Schwester hat immer unseren ›gelbe-Tonne-Korb‹ geleert, d. h. Kartonage; gelben Tonne-Müll im Keller in die richtigen Mülleimer verteilt. Meine Aufgabe war es, samstags die Waschbecken beider Bäder zu putzen. Noch heute haben wir diese ›Jöbchen‹ inne – im Laufe der Zeit kamen einige hinzu. Samstag ist bei uns daheim immer Putz- und Gartentag. Während meine Schwester öfters im Haushalt meine Mutter unterstützte, war und bin ich heute noch gerner meinem Vater bei der Arbeit im Garten und auf dem Obststückle behilflich. Heute ist es für meine Schwester und mich selbstverständlich, dort mit anzupacken, wo Hilfe benötigt wird. Das funktioniert auch ohne Aufforderung oder explizite Arbeitsauftailung, wenn unsere Eltern nicht zu Hause sind.«

In allen hier aufgezeigten Geschwisterbeziehungen greift zu einem bestimmten Zeitpunkt die erzieherische Komponente des Älteren gegenüber dem Jüngeren, da Älteste als Stellvertreter elterliche Funktionen übernehmen. Dass die Erziehungstätigkeit dann häufig von ihnen wahrgenommen wird, lässt sich dadurch erklären, dass die gesellschaftlichen Erwartungen immer noch hierarchisch strukturiert sind. Ein geschlechtsrollenangemessenes Verhalten (Stoneman 2001) zeigt sich darin, dass ältere Schwestern häufiger als ältere Brüder Erziehungstätigkeit übernehmen.

7 Inwiefern fungieren ältere Geschwister als »Erzieher«?

Die Übernahme von Verantwortung zeigt sich in den Narrationen von Tanja (18 Jahre), die gegenüber ihrem viereinhalb Jahre jüngeren Bruder eine sehr mütterliche Rolle einnahm:

> »Ich denke, mein Bruder war gut und wichtig für meine Entwicklung. Da er 4,5 Jahre jünger ist als ich, gab es für mich bei der Geburt keinen Grund zur Eifersucht. Ich habe mich eher gefreut und war stolz darauf, dass ich einen kleinen Bruder bekommen hatte. Daher habe ich auch oft dabei geholfen, ihn zu wickeln, zu füttern, mit ihm zu spielen und ihn mit dem Kinderwagen durch die Gegend zu schieben. Dadurch habe ich gelernt, Verantwortung zu übernehmen (durch sehr viel späteres Aufpassen), Kompromisse einzugehen, sich auch mal durchzusetzen und aufeinander einzugehen (soziale Hilfsbereitschaft).
>
> Auch hatte ich durch meinen Bruder nie das Gefühl alleine zu sein, sondern wir waren eher ›Verbündete‹ und gegenseitige Vertrauenspersonen, was gerade während und nach der Trennung unserer Eltern, als mein Bruder gerade 4,5 Jahre alt war, auch deutlich wurde.«

Auch wenn die Erinnerungen in die frühe Kindheit zurückreichen, sind sie doch ausschlaggebend für die aktuell gute Beziehung unter den Geschwistern in der Phase der Jugend.

So »belohnen« und »bestrafen« Geschwister auch untereinander; wenn Jüngere sich in ihrem Verhalten so zeigen, wie die Ältesten es erwarten, werden sie dafür belohnt. Rebellieren sie gegen die Ältesten, »bestrafen« diese ihre jüngeren Geschwister, indem sie ihnen bspw. Fernsehverbot erteilen.

Dies schildert Patty (20 Jahre), die eine mittlere Schwester von fünf Geschwistern ist. Dadurch, dass sie drei ältere Brüder hat, gilt sie im Sinne Walter Tomans (1965/2020) als älteste Schwester, da noch ein jüngeres Geschwister folgt:

> »Meine älteren Brüder hatten in ihrer ›pubertären‹ Phase Freude daran, ihre ›Macht‹ auszukosten, um mich zu ärgern. Sie taten all die Dinge, die nicht erlaubt waren, da sie wussten, dass sie mich dadurch furchtbar aufregten. Sie drehten die Musik laut auf, bedienten sich bei allem, was der Kühlschrank so bot, und hinterließen einen Saustall in der Küche. ... Waren meine Schwester und ich allein, dann hatte ich als Ältere das Sagen, was mir meine Schwester nicht gerade sehr leicht machte. Sie ist mit ihrer Unordnung das krasse Gegenteil zu mir und mochte es nicht, wenn ich die

große Schwester raushängen ließ. Ich muss allerdings zugeben, dass ich mit meinem Pflichtbewusstsein oft überreagierte, nicht in der Lage war, Dinge locker zu sehen und schrecklich ›Mama-like‹ sein konnte. ... Als wir zum Beispiel eines Abends alleine waren, wollte meine Schwester nach dem ersten Film noch einen zweiten anschauen. Natürlich verbot ich das und bestand darauf, nun ins Bett zu gehen.«

Jasmin (19 Jahre) ist mittlere Schwester von drei Geschwistern. Sie hat eine um fünf Jahre ältere Schwester:

»Wenn die Eltern nicht da waren, hatte meine große Schwester das Sagen. Meine Eltern waren übers Wochenende im Urlaub und ich und meine Schwester waren allein daheim. Damals fiel meine Schwester automatisch in die Erzieherrolle und gab mir Strukturen vor (ich war da ca. 11 Jahre alt).«

Sarah (20 Jahre) erinnert sich auch noch an ihre »Zurechtweisungen« der jüngeren Schwester und ihre Reaktion. Zwar klingt das Ende wie eine sozial erwünschte Antwort, jedoch gehe ich davon aus, dass darin eine Wahrheit in der Geschwisterbeziehung besteht, da ähnlich gelagerte Antworten sehr häufig in den Narrationen vorgekommen sind:

»Während der Abwesenheit unserer Eltern übernahm ich als ältere Schwester das Kommando, obwohl sie nie gesagt haben, dass ich das tun sollte, weil wir beide doch relativ brave und zuverlässige Kinder waren.
  Wenn ich dennoch meine Schwester in irgendeiner Sache zurechtwies und meine Schwester meine Gründe nicht nachvollziehen konnte, sagte sie immer zu mir: ›Du bist nicht meine Mutter!‹ Was so viel heißen sollte wie: ›Nur unsere Mutter hat daheim das Sagen‹, was generell auch zutrifft, denn meine Mutter hat bei uns daheim ›die Hosen an‹. Meine Schwester folgte dann nicht meiner Zurechtweisung und machte trotzig, was sie wollte. Aus Gesprächen mit ihr weiß ich heute, dass sie das nur tat, um unabhängig zu sein und sie sich auch einmal durchzusetzen und Recht behalten wollte. Insgeheim hat sie immer zu mir als große Schwester aufgeschaut. Aber wir waren und sind auch heute noch öfters stur und wollen unsere Meinung und Ansichten durchsetzen.«

Übernimmt ein Geschwisterkind eine Ersatzerzieherrolle in kritischen Lebenssituationen, etwa bei Trennung, Scheidung oder durch den Tod eines Elternteils oder beider Eltern, so bedeutet dies, dass

7 Inwiefern fungieren ältere Geschwister als »Erzieher«?

es zumindest in den übertragenen Beaufsichtigungs- und Versorgungssituationen aus seinem Über-Ich heraus agieren muss. Auch in Familien, in denen Eltern an einer chronischen Krankheit leiden (vgl. Metzing 2007) oder längerfristig abwesend sind, entstehen geschwisterliche Ersatzerzieher. Die Besonderheit von Geschwisterbeziehungen bleibt auch in diesen Fällen bestehen und ein gemeinsamer Aufbau einer Gegenwelt zur Erwachsenenwelt kann geschehen. Auch bleibt in solchen Situationen die Besonderheit von Geschwisterbeziehungen bestehen. Es besteht weiterhin eine wechselseitige, nicht freiwillig gewählte, aber gegebene Beziehung, die es im späteren Lebensalter erleichtert, in freiwillig gewählten Beziehungssystemen zu handeln. Geschwister bilden in solch belastenden Phasen des Lebens emotionale Stützfunktion für einander (vgl. Beelmann/Schmidt-Denter 1991).

Jörg (21 Jahre), der fünf Jahre älter ist als seine Schwester und acht Jahre älter ist als sein Bruder, berichtet:

> »Durch die Trennung meiner Eltern ... hat sich bzgl. der Entwicklung der Beziehung zwischen meinen Geschwistern und mir eine äußerst positive Wende zugetragen. ...Wir haben mit einer zuvor nicht existierenden Rücksicht aufeinander Acht gegeben und uns gegenseitig neuen Rückhalt geboten.«

Älteste Geschwister sind in der Lage, den Umgang so zu gestalten, dass dieser für die jüngeren Geschwister zur Zone proximaler Entwicklung im Sinne von Vygotsky wird. Sie wirken erzieherisch als Vorbilder und Vermittler gesellschaftlicher Inhalte und kultureller Werte. So ist die Weitergabe zugeschriebener geschlechtshomogener Verhaltensmerkmale von Ältesten an Jüngere bewiesen. In bestimmten Geschwisterkonstellationen – gerade, wenn der Altersabstand gering ist – besteht die Tendenz, dass jüngere Schwestern von ältesten Brüdern, bei denen verstärkt männliche Merkmale auftreten, eher maskuline Merkmale annehmen als jüngste Brüder von ältesten Schwestern (vgl. Forer/Still 1984, S. 37). Dies kann damit in Verbindung gebracht werden, dass beim ältesten Bruder der Beschützerinstinkt gegenüber seiner jüngeren Schwester geweckt wird und dass in unserer Gesellschaft eine patriarchal geprägte Struktur existiert.

Älteste Geschwister stellen sich auf das Entwicklungsniveau der Jüngeren ein und geben ihnen Hinweise an die Hand, die sie benötigen, um auf dem nächst höheren Niveau zu operieren (vgl. Kasten 1993b, S. 47). Dies betrifft beispielsweise die Vermittlung und das Erlernen von Sprache, aber auch die Einübung von Gemeinschaftswerten wie teilen, sich einordnen und abgeben (vgl. Kasten 1993b, S. 151) sowie das Vorleben und die Kontrolle von geschlechtsrollenspezifischen Verhaltensweisen.

Andreas (20 Jahre), dessen Bruder zehn Jahre und seine Schwester fünf Jahre älter sind, schreibt:

»Mein Bruder war in meiner Kindheit immer der ›Beschützer‹ von mir. Er lehrte mich das ›Nicht-Angst-Haben‹ und war bestimmt auch für mein Selbstbewusstsein mitverantwortlich. Er lobte öfters meinen Charakter. Zudem war er für mich auch eine Art Freund, welcher mich in die Welt der Erwachsenen und zu seinen Freunden mitnahm.

Meine Schwester war für mich auch wichtig, sie spielte erst dann eine wirkliche Rolle im Leben, als mein Bruder auszog. Sie ging damals auch öfters mit mir shoppen, schenkte mir auch immer ihre ›alte‹ Musik und half mir beim Lernen. Ich hatte auch immer zu ihren Freundinnen eine gute Beziehung.«

Abschließend kann gesagt werden, dass Geschwister in der Regel in ihrer Geschwistergruppe füreinander einstehen und somit das Risiko reduziert wird, dass durch die Erziehungstätigkeit der Eltern das Selbstwertgefühl eines Kindes verletzt werden könnte (vgl. Frick 2009, S.107). Geschwister halten zusammen, zeigen sich solidarisch und können somit eine »Gegenmacht« zu den Eltern bilden: Geschwister können sich zusammentun und gegen bestimmte elterliche Erziehungsmaßnahmen rebellieren. Genauso gut können jüngere sich aber auch gegen Vorschriften von älteren Geschwistern zur Wehr setzen. Geschwister entwickeln Regeln untereinander, die nur für sie gelten, und manchmal benutzen sie eine Geheimsprache, welche die Eltern nicht verstehen und haben Geheimnisse miteinander (vgl. Petri 1994, S. 54f.). Ältere können mit ihren ausgebil-

7 Inwiefern fungieren ältere Geschwister als »Erzieher«?

deten Interessen jüngere Geschwister begeistern und sie in eine geistige Welt einführen, die ihnen bis dahin nicht zugänglich war. Bei der Bewältigung neuer Lebenssituationen, etwa bei der Bewährung in der fremden Welt der Schule, können ältere Geschwister zu Lotsen werden. Streiten, Konflikte austragen, Regeln und Normen aushandeln, lassen sich unter Rahmenbedingungen, die sich von anderen Gleichaltrigenbeziehungen unterscheiden, leichter erlernen. Sicher ist die Unkündbarkeit der Beziehung: Ich bleibe Bruder oder Schwester mein Leben lang. Das heißt auch, dass erfahren werden kann, dass Streit und Konflikte eine dauerhafte Bindung nicht aufs Spiel setzen müssen (vgl. Gritzner-Altgayer 1997). Das Gefühl von Vertrauen und Verlässlichkeit kann aufgebaut werden. Geschwister können zu den ersten und besten (auch lebenslangen) Freunden und Freundinnen werden. Für die Geschwisterbeziehungen gilt mehr als für alle anderen Beziehungen, dass sie nicht nur die Erziehungsphasen im engeren Sinne, sondern den Lebenslauf im Ganzen begleiten.

Carlotta (21 Jahre) ist das jüngste von vier Geschwistern und berichtet über diese Funktionen von älteren Brüdern und Schwestern eindrücklich:

> »Meine Schwester war auch oft meine engste Vertraute. Wir haben über Probleme in der Schule, mit den Eltern, mit Freundinnen und später dann auch über Jungs und den Glauben gesprochen. Aber ich glaube, es war auch gut, dass sie mit 16 für ein Jahr nach Kanada ging, so war ich gezwungen, auch mal ohne sie klar zu kommen und konnte besser meinen eigenen Weg gehen.
>
> Meine Brüder waren immer Vorbilder für mich. Vor allem der zweitälteste! Er lebte mir vor, wie toll es ist, sich in der Natur zu bewegen. So kam es, dass ich, motiviert durch sein Vorbild, schon mit 14 Jahren zusammen mit einem Hund zwei Tage allein Wandern ging und unter freiem Himmel übernachtet habe.
>
> Diese Erfahrungen wiederum prägten mein ganzes Leben. Meine Schwester und dieser Bruder waren auch zeitweise meine Jugendleiter in der Kirche und waren in dieser Rolle nochmal verstärkt Vorbilder und Ansprechpartner. In dieser Zeit entwickelte sich auch eine sehr vertrauensvolle Beziehung zu meinem Bruder, und er konnte mir bei vielen Fragen und Entscheidungen beistehen und mir dadurch auch helfen, meinen Weg zu finden.«

Welche Rolle spielen explizite »Erziehungsziele« im Umgang der Geschwister?

Elmar Drieschner (2007) führt an, dass sich in der Diskussion um Erziehungsziele auch Diskrepanzen zwischen den Forderungen, Kinder und Jugendliche zur Mündigkeit und Selbständigkeit zu erziehen beziehungsweise Kinder in ihrer Unmündigkeit und heilen Welt zu belassen, auftun, und Kinder möglichst in einen Schonraum belassen werden sollen.

Den Begriff des »Erziehungsziels« formulieren Uwe Sandfuchs et al. (2012, S. 154) in Anlehnung an Immanuel Kant: »Erziehungsziele beschreiben einen Soll-Zustand, eine gedankliche Konstruktion, die sich auf den Zustand eines Educanden oder den Zustand einer Gesellschaft und ihrer Kultur beziehen lassen.« Daraus folgt, dass erzieherisches Handeln sich den Idealvorstellungen von Erziehenden möglichst anpassen soll. Für Eltern spielt es im Alltag keine Rolle, ob Erziehungs- und Lernziele konkret benannt werden, vielmehr sollen sie miteinander zum Erreichen von Kompetenzen führen. Diese sollen als Persönlichkeitseigenschaften bzw. -merkmale immer stärker in den Vordergrund rücken (Erpenbeck/Rosenstiel 2003) und anerkannt werden. Wolfgang Brezinka (1990, S. 155) schreibt dazu:

> »Da Erziehung ein zielgerichtetes Handeln ist, gehört der Begriff des Erziehungsziels zu den Grundbegriffen der Pädagogik. [...] Ein Erziehungsziel ist eine Norm, die eine für Educanden als Ideal gesetzte psychische Disposition (oder ein Dispositionsgefüge) beschreibt und vom Erzieher fordert, er solle so handeln, dass der Educand befähigt wird, dieses Ideal soweit wie möglich zu verwirklichen.«

Diese Sichtweise trifft in der Regel nicht auf Geschwister zu. Zwar übernehmen Älteste in ihrem erzieherischen Handeln oftmals Haltungen der Eltern. Jüngere hingegen in Abhängigkeit zu halten oder ihnen das eigene beziehungsweise übernommene Ideal aufzuzwingen, war letzten Endes nicht möglich, wie die Narrationen zeigen konnten. Im Gegenteil: Es hat sich gezeigt, dass Älteste eher die Mündigkeit ihrer jüngeren Geschwister erstrebenswert finden und eine Abhängigkeit und Anhänglichkeit von jüngeren Geschwistern bei den Ältesten eher Ablehnung und Ermüdung hervorgerufen hat. Älteste dienen, wie auch die Eltern, den jüngeren Geschwister als Vorbild, von welchem sie bestimmte Verhaltensweisen annehmen, aber auch ablehnen können. Somit führen älteste bzw. ältere Geschwister ihre jüngeren aus dem Schonraum heraus und führen sie ähnlich wie die Peers an die reale Lebenswelt heran.

1925 beschreibt Siegfried Bernfeld einen neuen Ton im Umgang mit Kindern. Seine Formel lautet: »Unbedingte Liebe und Achtung gegenüber den Kindern, rücksichtslose Hemmung aller Macht-, Eitelkeits-, Herrscher-, Erziehergelüste in sich selbst« (1925/1967, S. 126f.) – was konträr zur Erfüllung der Idealvorstellung mancher Eltern erscheint. Bernfeld fordert, dass der Erzieher – vorwiegend der institutionell beauftragte, aber dies gilt ebenso für die Eltern – »zu seiner eigenen Kindheit in einem ruhigen, klaren Verhältnis stehe, um nicht sich selbst in den anderen zu bestrafen, verurteilen, erziehen, d.h. verdrängen zu wollen« (ebd.). Bei der Überlegung, wem Erziehungsziele nützen, rückt Bernfeld den Erzieher in das Blickfeld:

> »Eine weitere Funktion von Erziehungszielen ist es, in den Erziehern das Gefühl der Bedeutung zu erwecken und zu erhalten. Vor allem die letzten, die hohen und anspruchsvollen Ziele sind geeignet, denjenigen, die sich zu ihrer Verwirklichung berufen wissen, Selbstbewusstsein zu verleihen und in ihnen den Anspruch auf besondere Wertschätzung der Gesellschaft zu begünstigen [und] das zumindest ein Teil der Erzieher hohe Erziehungsideale als Kompensation für den Mangel an Befriedigung in ihrer Erziehungstätigkeit nötig hat« (ebd., S. 153).

In der Familie, die eine Lebensgemeinschaft darstellt, werden Eltern in der Regel nicht davon sprechen, bestimmte Erziehungsziele erreichen zu wollen. Auch in den Geschwisterbeziehungen untereinander werden keine Erziehungsziele verfolgt oder psychische Dispositionen planmäßig ausgebildet. Weder Erziehungs- noch Beziehungsziele werden zielstrebig verfolgt, obwohl bestimmte Wert-

– Welche Rolle spielen explizite »Erziehungsziele« im Umgang der Geschwister?

vorstellungen im Alltagshandeln zum Ausdruck gebracht und Ansprüche und Erwartungen, wie beispielsweise ein faires, freundliches und respektvolles Miteinander, explizit eingefordert werden. Eltern hoffen, dass sich ihre Kinder nach Möglichkeit so entwickeln, wie sie es sich wünschen. Normen und Werte, die für sie selbst bedeutsam sind, sollen auch für ihre Kinder bedeutsam werden. Die Wünsche der Eltern werden übertragen, besonders auf die ältesten Kinder, die diese dann in ihrer Stellvertreterfunktion an ihre jüngeren Geschwister weitervermitteln. Somit wird erkennbar, dass das von Sandfuchs oder Brezinka oben zitierte Ideal auch im horizontalen Erziehungsverhältnis unter Geschwistern Eingang findet. In den Shell-Jugendstudien seit 2002 konnte festgestellt werden, dass durch beinahe alle sozialen Schichten hindurch die Jugendlichen ihre Kinder so erziehen wollen, wie sie von ihren Eltern erzogen worden sind. Die einzige Ausnahme bildet die sogenannte »Untere Schicht«. Jugendliche hier wollen nur zu 47 % ihre Kinder so erziehen, wie sie erzogen worden sind. Jugendliche, die der sogenannten »Oberen Schicht« zugehörig sind, wollen ihre Kinder sogar zu 81 % – was auch die höchste Zustimmung zur Weitergabe elterlichen Erziehungsverhaltens darstellt – erziehen, wie sie selbst erzogen worden sind (Leven/Quenzel/Hurrelmann 2015, S. 54). Welche Auswirkung diese Einstellungen auf die Geschwisterbeziehungen haben, zeigt sich in den autobiografischen Narrationen.

Gerade für eine Beziehung zwischen ältesten und jüngeren Geschwistern könnte das oben genannte »Selbstbewusstsein« Bernfelds zum Tragen kommen, wenn es den Eltern gelingt, den Ältesten Aufgaben zu übertragen, die befriedigend erfüllt werden können, und somit eine Ich-Stärkung im Sinne Anna Freuds und daran anknüpfend eine Stärkung des Selbstwertgefühls gestaltet werden kann. Die befriedigende Situation führt zu einer Akzeptanz des ältesten Kindes, was sich in der Beziehungsdynamik zwischen den Geschwistern wiederspiegelt.

Bereits bei Anna Freud findet sich die Idee der pädagogischen »Ich-Stärkung« als Erziehungsziel, ebenso wie die Skepsis, dass eine innere Harmonie durch Erziehung erreichbar sei. »Konfliktfreiheit und Einheitlichkeit der Person sind unerfüllbare Ideale für den Kulturmenschen« nach Anna Freud (1968, S. 18). Rolf Göppel vermutet einen paradoxen Zusammenhang zwischen der Präzision pädagogischer Zielbestimmungen und der Vehemenz pädagogischer Zielverfolgungen einerseits und der Wahrscheinlichkeit der Zielerreichung andererseits: Es ist seiner Meinung nach zu vermuten,

> »Dass Erziehung nämlich umso besser gelingt, je weniger der explizite Rekurs auf bestimmte Erziehungsziele, die möglichst planmäßig angestrebt und erreicht werden sollen, die Beschwörung von erwünschten Sollenszuständen – und damit die Unzufriedenheit mit den realen Seinzuständen der Kinder – darin überhaupt eine Rolle spielt, je besser Eltern es also schaffen, eine einigermaßen harmonische Kultur des Umgangs zu entwickeln, eine Kultur, die von wechselseitigem Vertrauen, von Zuneigung, Fairness, Respekt und Verlässlichkeit geprägt ist« (2010, S. 269).

Göppel nennt die Diskrepanz zwischen »sein und sollen« und plädiert für ein »erfahrungsverwurzeltes Gefühl« von »In-Ordnung-Sein« und »Angenommensein«, was auch auf die Ältesten als Erzieher zutrifft.

Heid (1994, S. 57) hingegen besteht darauf, dass Geschwister nicht erziehen, da »von Erziehung im Sinne eines rationalen, planbaren und verantwortbaren Handelns [nur gesprochen werden kann], wenn aufgrund nomologischen Wissens die Wahrscheinlichkeit bestimmt werden kann, mit der von erzieherisch intendiertem Handeln eine der ›Absicht‹ entsprechende ›Wirkung‹ erwartet werden kann.« Bittner formuliert gegenüber dieser rationalistischen Übertreibung, was Erziehung im Kern tatsächlich ausmacht: Erziehen sei »in den meisten Fällen ein so alltäglicher Bestandteil unseres Lebens, dass wir es gar nicht durchhielten, uns immer mit pfiffigen Absichten dafür zu rüsten« (2008, S. 255). Viel wichtiger seien die Gründe, die wir für unser Handeln haben und deutlich machen, wenn der Erziehende erklärt, warum er beispielsweise um etwas bittet oder etwas fordert. Für Göppel (2010, S. 253) ist es außerdem fragwürdig, ob Erziehung überhaupt nach dem Grundmodell

> »1. zunächst Klärung, Festlegung, Begründung der anzustrebenden Erziehungsziele, dann 2. Suche nach dem für die Erreichung dieser Ziele am bes-

– Welche Rolle spielen explizite »Erziehungsziele« im Umgang der Geschwister?

ten geeigneten erzieherischen Mitteln und Maßnahmen und schließlich 3. Umsetzung dieser zielführenden erzieherischen Maßnahmen in der pädagogischen Praxis funktioniert, ob sich also der erzieherische Prozess als zwischenmenschliches Geschehen überhaupt in solchen Zweck-Mittel-Relationen angemessen fassen lässt.«

Eltern und Geschwister handeln also spontan, aus ihrem eigenen Erleben und ihrem Erzogen-Worden-Sein heraus, indem sie die Argumente und die Beweggründe, mit denen sie sich selbst auseinandersetzen müssen, anwenden. Für sie ist es ein zwischenmenschlicher Umgang, der geprägt ist von intergenerationellen Erfahrungen. Sie reagieren so, wie sie es selbst für angemessen halten, ohne sich weitreichende Gedanken darüber zu machen, wie sie Erziehungsziele verwirklichen können. Diese hängen stark von der Einstellung, den Normen und Werten ab, die von den Eltern vertreten werden und werden zudem nach einem Erziehungskonzept formuliert. Dabei werden sie oft mit den Begriffen Bildungsziele, Erziehungsideale oder Entwicklungsaufgaben vermengt (vgl. Brezinka 1978, S. 103f.).

Wenn älteste und ältere Geschwister jüngere Geschwister beaufsichtigen, betreuen, mit ihnen spielen oder lernen, also sich um sie kümmern, wenn die Eltern nicht anwesend sind, kann es durchaus sein, dass sie bisweilen auch mit einer gewissen »Hinterlist« agieren. Dies geschieht aber nicht mit der Intention des Wissenschaftlers zu strategischen Eingriffen in das Gefüge der Persönlichkeitsdispositionen, sondern einfach nur, um in der aktuellen Situation den gewünschten Erfolg beim jüngeren Geschwister zu erzielen. Göppel kritisiert diese »strategische Position« so:

»Nicht, dass mich eine bestimmte Verhaltensweise oder eine bestimmte Leistung eines Kindes, je nach Lage der Dinge erfreut, entzückt, begeistert und ich sie deshalb hervorhebe, lobe, bewundere, bestärke oder aber dass mich ein anderes Verhalten irritiert, enttäuscht, ärgert, empört, besorgt oder traurig macht und ich deshalb eine entsprechend kritische Rückmeldung gebe und die Gründe dafür kundtue, soll im Zentrum der erzieherischen Interaktion stehen, sondern dass ich jenseits davon mit meiner Anerkennung oder Ablehnung bestimmte Erziehungsziele und -absichten befördern möchte« (2010, S. 266).

7 Inwiefern fungieren ältere Geschwister als »Erzieher«?

Dieses tagtägliche Geschehen innerhalb der Familie bezeichnet Oelkers als »Day-by-Day-Practice« (2003, S. 62), beispielsweise: »Wenn du deine Hausaufgaben machst, spiele ich hinterher mit dir.«

Eine Wenn-Dann-Logik ist in den Narrationen nicht unbedingt zu finden; ebenso wenig die von Oelkers formulierte »Day-by-Day-Practice«. Zu finden sind hingegen Schilderungen – beispielsweise von Lisa (20 Jahre), die älteste von drei Schwestern ist –, die ein strukturiertes Vorgehen zeigen:

> »Da ich die Älteste bin, hatte ich wahrscheinlich das Sagen und die Verantwortung bei meinen Geschwistern, wenn meine Eltern nicht da waren. Dass sie zu bestimmten Uhrzeiten ins Bett gingen oder Aufgaben erledigten, musste ich regeln und war verantwortlich dafür, dass alles funktionierte. Die Aufgaben, die wir in der Familie zu erledigen hatten, wurden, als meine Schwestern älter wurden, zu meist gerecht aufgeteilt.
>
> Als wir kleiner waren, mussten wir oft gemeinsam unsere Unordnung in unserem gemeinsamen ›Spielzimmer‹ aufräumen. Wir haben das Zimmer in verschiedene Abschnitte aufgeteilt und jeder kümmerte sich um seinen Abschnitt.
>
> Wenn ich daran zurückdenke, fällt mir auf, dass ich das Ganze in die Hand genommen und moderiert habe. Ich teilte das Zimmer in verschiedene Abschnitte auf und gab an, wer was und wo aufzuräumen hatte. Wenn jeder damit einverstanden war, waren wir sehr schnell fertig und wir brauchten gemeinsam weniger Zeit für das ganze Zimmer.«

Auch unter Geschwistern gibt es tägliche Anpassungs- und Aushandlungsprozesse, bei denen sich die Geschwister abstimmen müssen, wenn sie ihren familiären Alltag gestalten. Hier entwickeln sich dann erzieherische Momente, in welche auch die Überlegungen und Forderungen der Eltern mit einfließen, wie dies bei Lisa oder Andreas weiter oben zu lesen ist. Diese erzieherischen Maßnahmen der Eltern wirken besonders stark auf die ältesten Geschwister und bewirken unbewusst eine Übernahme des Erziehungsverhaltens oder eine bewusste Ablehnung dieser Maßnahmen im lauten oder stillen Protest. Hannah (20 Jahre) wählte den lauten Protest, um sich vom Druck der Verantwortung zu befreien:

> »Ursprünglich war es so, dass, wenn wir alleine zu Hause waren, immer ich, als Älteste, die Verantwortung für meine Geschwister und das Haus

bekam. Zunächst machte mir das nichts aus, doch irgendwann fing ich an, diese Verantwortung zunehmend als Druck/Last zu empfinden. Was, wenn wirklich etwas passierte? War ich dann schuld, weil ich doch die Verantwortung für alles hatte? Lange Zeit sagte ich nichts und ärgerte mich nur im Stillen darüber, dass immer ich alle Verantwortung tragen musste – was damals meiner Meinung nach ungerecht war, denn meine Geschwister waren schließlich nur 1 ½ Jahre jünger als ich.

Als meine Eltern zu irgendeinem Besuch gingen und es wiedermal hieß: ›und du Große passt auf, dass hier nichts passiert, du hast die Verantwortung für deine Geschwister und das Haus‹ wurde ich sehr wütend, weil ich es satthatte, immer allein die Verantwortung übernehmen zu müssen – und so sagte ich das in diesem Moment auch meinen Eltern. Von da an war es so, dass wir alle drei die Verantwortung für ›uns und das Haus‹ bekamen, wenn meine Eltern nicht da waren.«

Zur Beziehungsrealität formuliert Andreas Flitner sehr treffend, dass Erziehen

»ein behutsames Begleiten und denkendes Mitwirken an dem, was im Zusammenleben der Menschen, also unabhängig von Erziehung, von selbst geschieht [sei]. Dieses von selbst Geschehende wird unter einer bestimmten Verantwortung und Selbstreflexion (mehr noch als unter den üblicherweise genannten ›Zielsetzungen‹) verstärkt, korrigiert und vor schädlichem Einfluss bewahrt« (Flitner 1982, S. 63).

Erziehung durch Geschwister bezieht sich also auf den ganzen Komplex des Lebensraumes, sie ist allumfassend und kann in Anlehnung an Liegle (2000) so ausgedrückt werden: Erziehung findet immer und überall statt, wo zwei Menschen miteinander in Beziehung treten. In diesem tagtäglichen Umgang unter Geschwistern spielen auch Erziehungsmaßnahmen, gerade, wenn sie Wenn-Dann-Situationen betreffen, eine bedeutende Rolle. Giesecke formuliert dies, meines Erachtens, auch im Sinne einer Geschwister-Erziehung, wenn er schreibt: Erziehung sei

»offensichtlich gar keine pädagogische Handlungsform, sondern eine Interpretationskategorie für alle möglichen Handlungsformen und genau darin liegt das Problem. Das tatsächliche pädagogische Handeln und Verhalten, so scheint es, steht in einem mehr oder weniger großen Widerspruch zu bewussten und vor allem unbewussten Vorstellungen, die sich um den Begriff ›Erziehung‹ ranken« (Giesecke 1987, S. 401).

8

Schluss: Geschwister als Herausforderung und Chance

Die Jugendlichen und ihre Geschwisterbeziehungen stellen sich in ihren dynamischen Prozessen so individuell und vielschichtig dar, wie die Jugendlichen selbst sind. In diesem Band konnten die Geschwister dies ansatzweise zum Ausdruck bringen, indem sie zu Wort gekommen sind. Die Jugendlichen, an der Schwelle zum jungen Erwachsenenalter stehend, konnten ihre Beziehungen zu ihren Geschwistern in der Jugendzeit aktuell wie im Rückblick darstellen – meist im positiven Verlauf, jedoch nicht immer harmonisch und in manchen Dynamiken bedauerlicherweise auch negativ. Viele der Jugendlichen und jungen Erwachsenen haben im rekonstruktiven Verfahren der Narrationen (vgl. Bohnsack 2008) ihre Jugend beschrieben und dabei erklärt, dass Geschwister nicht austauschbar sind wie beispielsweise Freunde; für die meisten waren sie erwünscht und sind sie unersetzlich.

Hierfür ist die Familie die primäre Sozialisationsinstanz, in der Geschwister Liebe, Geborgenheit, Stabilität sowie Reibungen erfahren, um nur einige Faktoren zu nennen. Die Familie bietet ihnen einen Rückzugs- und Schonraum und ermöglicht, dass sie auf dem geschwisterlichen Feld den Umgang mit Anderen üben können, ohne Angst vor dauerhafter Beschämung oder Verlusten haben zu müssen. So ziehen sich gemeinsame Aktivitäten aus der Kindheit durch die Jugend hindurch – auch wenn in dieser Phase immer wieder Abstand voneinander gewonnen werden muss und Abstand genommen wird. Eine Annäherung findet in beinahe allen Geschwisterbeziehungen spätestens im postadoleszenten Alter oder während des emerging adulthood statt. Dies widerspricht den bisherigen Annahmen, dass Geschwister sich erst später in ähnlichen Lebenssituationen und bei ähnlichen Themen, wie beispielsweise nach eigener Familiengründung und bei der Frage nach der Versorgung der gealterten Eltern, wieder einander nähern.

Für die ältesten stellt die Geburt eines jüngeren Geschwisters grundsätzlich eine Herausforderung dar. In erster Linie »verliert« das älteste Kind sein Alleinstellungsmerkmal als Einzelkind und »gewinnt« eine neue Rolle: Es wird zum ältesten Geschwisterkind und kann somit erfahren, was es bedeuten kann zu beschützen und zu behüten.

Die noch vor 100 Jahren beschriebenen Entthronungstraumata in der Kindheit werden in den Narrationen nur teilweise bestätigt, da viele Eltern bewusst ihr ältestes bereits frühzeitig auf das Hinzutreten weiterer Kinder in die Familie vorbereiten. Dies bewahrt das älteste Kind vor Traumata und Schädigungen durch möglicherweise entstehende Phantasieräume, die mit Ängsten gefüllt sein können. Zudem gibt es immer mehr Angebote von sogenannten »Geschwisterkursen« für älteste Kinder, um es ihnen sowie den Eltern zu erleichtern grundlegende Dinge in der Beziehungsgestaltung der Geschwister tendenziell richtig zu machen. So sind Hinweise, dass das Neugeborene bspw. dem älteren Geschwister »etwas mitbringt, schenkt«, das sich das ältere Kind schon lange gewünscht hat, einleuchten. Genauso haben die Hinweise, dass gerade die Großeltern ihren bisher einzigen Enkel oder einzige Enkelin nicht plötzlich »fallen lassen«, nur weil ein Neuankömmling da ist, großen Wert und sind in den älteren Generationen nicht unbedingt verankert. Gerade in dieser sehr sensiblen Phase für Familien, die sich neu einstellen müssen, sehe ich für die späteren Beziehungen der Geschwister untereinander in der Jugend ein sehr wichtiges Moment.

Je älter das Älteste bei der Geburt des Jüngeren ist, desto eher beschreiben die Jugendlichen, wie erfreut sie über das jüngere Geschwister waren. Ist der Altersabstand hingegen gering, wird die erste Zeit als Einzelkind meist nicht mehr erinnert und das Gefühl des gemeinsamen Aufwachsens, dass das Geschwister immer zugegen war, steht im Vordergrund.

Die Anhänglichkeit jüngerer an ihre älteren Geschwister im Verlauf der frühen Kindheit beschäftigte britische und kanadische Forscherteams (vgl. Teti/Ablard 1989; Bowlby 1969). Eine sichere Bindung der Kinder an die Mutter sowie die Unterstützung beim Aufbau der Beziehung zwischen den Geschwistern ist förderlich und kann in den Narrationen immer wieder gefunden werden. Generell betont wird, dass es während der Kindheitsjahre entscheidend von den Eltern abhängt, ob sich zwischen den Geschwistern eine positive Beziehung aufbaut oder nicht, da ein Familiensystem auf Homöostase ausgerichtet ist (vgl. Dunn/Plomin 1996).

Selten kam es bei einem sehr großen Altersabstand vor, dass die älteren gar kein oder nur ein sehr vermindertes Interesse an ihren jüngeren Geschwistern zeigten. Dies kann lediglich bei familiären Bindestrich-Konstellationen in Bezug auf Halb- und Stiefgeschwister gesagt werden, bei denen die Patchwork-Situation misslang. Dies ist ursächlich auf das Unvermögen der sich getrennten Elternpaare und der damit verbundenen Kränkungen sowie der hinzutretenden neuen Partnerinnen und Partner zurückzuführen. Ihnen ist es dann nicht geglückt, für die Kinder

8 Schluss: Geschwister als Herausforderung und Chance

und Jugendlichen eine gelingende geschwisterliche Beziehung zu unterstützen.

Neben dem Faktor des Altersabstandes spielt ebenso das Geschlecht, der Geburtenrangplatz sowie die Geschwisterreihenfolge eine wichtige Rolle (vgl. Toman 1965/2020). So sind Unterschiede zwischen den geschilderten Geschwisterbeziehungen wahrzunehmen, wenn es sich um monosexuelle oder zweigeschlechtliche Geschwistergruppen handelt. Die jungen Erwachsenen beschreiben dann andere Bedürfnisse, deren Befriedigung sie sich verstärkt von ihren Freunden in der Peergruppe erhoffen. So beschreiben Schwestern in monosexuellen Geschwisterkonstellationen, dass sie ein inniges und vertrauensvolles Verhältnis untereinander hatten. Treten hingegen sogenannte Paar-Geschwister auf, ist in den Narrationen oftmals zu lesen, dass die typische und altersadäquate Bewegung nach außen, hin zu den Freunden und Freundinnen verstärkt wird, um sich beispielsweise über geschlechtertypische Themen auszutauschen. Auch sind in diesen Geschwisterkonstellationen öfter intensivere Auseinandersetzungen vorzufinden und mehrere Narrationen berichten von negativen Belastungen und Entwicklungen der Geschwisterbeziehung.

Ältere Geschwister sind heute weitgehend von den Betreuungsaufgaben entbunden. Hingegen müssen Geschwister im Haushalt helfen und sind aktiv eingebunden. Dies ist durch den heute meist längeren Verbleib Jugendlicher und junger Erwachsener im elterlichen Haushalt erklärbar und die übertragenen Aufgaben aus der Kindheit werden in der Jugend fortgeführt, ausgebaut und später vor allem oftmals unter den Geschwistern selbst verhandelt.

Prinzipiell leiten ältere Geschwister jüngere an, wie sie dies von ihren Eltern erfahren haben. In den Narrationen wurde ersichtlich, dass die geschlechterstereotypen Muster innerhalb der Familien weitergegeben werden: So werden bspw. Söhne von ihren Vätern für das Rasenmähen, Heckeschneiden oder Müllrausbringen in Verantwortung genommen, während Töchter von ihren Müttern im Haus Verantwortung übertragen bekommen. Die Älteren geben ihre gewonnenen Erfahrungen dann weiter an die

Jüngeren; sie stehen ihnen meist zu Seite, fordern aber auch ein, dass die Jüngeren ihr Wort akzeptieren und widerstandslos annehmen. Dass dies nicht immer in der frühen Jugend ohne Reibungen abläuft, wurde in den Narrationen deutlich. Insbesondere wurde dies in den Situationen sichtbar, wenn die jüngeren Geschwister älter werden und selbst im adoleszenten Geschehen ihren Wunsch nach Gleichberechtigung einfordern. Dies findet beispielsweise seinen Ausdruck im bekannten »Kampf um die Macht« (Fernbedienung) oder in der Ablehnung der Ältesten: »Du bist nicht meine Mutter!«

Wenn die ältesten freiwillig den jüngeren Geschwistern bei schulischen Aufgaben unterstützend zur Seite stehen, wurde von allen Seiten beschrieben, dass die Inhalte gelingend miteinander gelernt werden konnten. Wurden ältere hingegen gezwungen, jüngeren Geschwistern zu helfen, endete dies entweder im Streit oder darin, dass das Jüngere die Erklärungen nicht verstand und selbständig weiter lernen musste. In solchen Konstellationen gelangen die Unterstützungsmomente nicht – im Gegenteil: das jüngere Geschwister wurde entmutigt. Nach Alfred Adler (1912/2009, S. 48ff.) kann dadurch das Minderwertigkeitsgefühl genährt werden. Dieses ist nach der Ansicht Adlers jedoch gleichzeitig Triebfeder, um sich zu entwickeln und Gegenstück zum Streben nach Überlegenheit (Adler 1930/2009, S. 215). Erkennen Eltern solch eine negative Entwicklung in der Geschwisterdynamik nicht, kann die Geschwisterbeziehung zur Belastung werden, statt zur erhofften Unterstützung führen.

Eltern können subjektiv betrachtet durch ihr erzieherisches Handeln und Wirken nicht gerecht sein. Auch wenn sie objektiv betrachtet meinen, dass sie kein Kind bevorzugen, bspw. dadurch, dass die Geschwister dieselben Geschenke erhalten, werden sie sich oftmals mit dem Vorwurf auseinandersetzen müssen, dass das andere Geschwister bevorzugt behandelt worden sei. Eltern können dem nur durch eine offene, liebevolle und verständige Haltung entgegentreten. Die Eltern müssen anerkennen, dass die Liebe zu ihren Kindern immer eine unterschiedliche ist, und dies

8 Schluss: Geschwister als Herausforderung und Chance

auch ihren Kindern verständlich machen – Eltern lieben ihre Kinder, aber jedes individuell auf seine Art und Weise.

So kann eine subjektiv wahrgenommene Ungleichbehandlung durch die Eltern dazu führen, dass Geschwister lernen müssen, mit Neid und Eifersucht umzugehen. Auch zwischen rivalisierenden Geschwistern besteht eine Bindung und sie beeinflussen sich gegenseitig bei der Bildung ihrer Identität. In den Geschwisterbeziehungen der Jugendlichen entstehen Gefühle sowohl für die eigene Persönlichkeit wie auch für die des Bruders oder der Schwester. Selbst wenn die Beziehung belastet ist, entsteht doch das Gefühl einer vertrauten und intimen Anwesenheit, egal wie schwierig sie auch sein mag. (Sohni 2011, S. 112; Bank/Kahn 1989, S. 249ff.)

Um möglichen Ungleichbehandlungen zuvor zu kommen, sollten von den Eltern jedoch die Bedürfnisse Ältester, Mittler und Jüngster berücksichtigt werden und ihnen Dank, Anerkennung, Ermutigung und Bestätigung entgegengebracht werden. Erfahren Geschwister dies, ist eine enge, dauerhafte und gelingende Geschwisterbeziehung in den meisten Fällen gesichert. Geschwister untereinander können dann eine gute Beziehung miteinander führen; sie müssen nichts befürchten. Ältere wie jüngere Geschwister berichten, dass sie voneinander lernen können miteinander umzugehen, dass sie kooperieren können und auf die Bedürfnisse des oder der Anderen einzugehen.

Geschwister können in ihren Rückmeldungen untereinander sicherlich auch harsch sein, sie üben Kritik und müssen gleichzeitig lernen, diese auch zu ertragen. Dies ist verbunden mit der Suche nach Kompromissen, nach Lösungsmöglichkeiten, was zu einer hohen sozialen Kompetenz führen kann und sich auf die Entwicklung ihres Selbstbewusstseins positiv auswirkt.

Älteste und ältere Geschwister wirken als »Sozialisationsagenten« (vgl. Dunn 1992) für ihre jüngeren Geschwister. Dies hängt damit zusammen, dass Geschwister in ihrer Kindheit oftmals in einem gemeinsamen Zimmer aufwachsen; dadurch erhöht sich der zeitliche Rahmen, in dem sie miteinander kommunizieren. In der Jugend werden Ältere dann zu Vertrauten – oftmals spielt dabei die bspw. ältere Schwester für die jüngere eine besondere Rolle, wie dies auch von den Brüdern in den Narrationen geschildert worden ist. Ältere berichten mit wenigen Ausnahmen, was für ein inniges Verantwortungs- und Verbundenheitsgefühl sie gegenüber ihren jüngeren Geschwistern hatten und haben; sie werden Dritten gegenüber solidarisch zueinander. Mittlere Geschwister formulieren, dass sie jeweils abhängig von Geschlecht und Altersabstand entweder zum älteren oder jüngeren Geschwister tendieren. Jüngste stellen fest, dass sie die Zuwendung der älteren Geschwister erhalten haben, davon profitierten und dies genossen.

In allen Narrationen der Jugendlichen und jungen Erwachsenen kann gelesen werden, welche Bedeutung Geschwister füreinander haben. Alle Geschwister – egal ob Älteste, Mittlere oder Jüngste – beschreiben, dass ihre Bindung und Beziehung von der ganzen Bandbreite der menschlichen Emotionen untereinander geprägt waren und sind – oder einfach ausgedrückt, so wie dies Dalia (22 Jahre), jüngere von zwei Schwestern, formuliert: »Ich denke, es ist toll, Geschwister zu haben!«

Literatur

In dieses Buch haben folgende bereits veröffentlichte Texte des Autors in erweiterter, gekürzter oder anderweitig überarbeiteter Form Eingang gefunden:

Kreuzer, T. F. (2007). Psychoanalytische Pädagogik und ihre Bedeutung für die Schule. Würzburg: Königshausen & Neumann.

Kreuzer, T. F. (2011). Geschwisterneid, Eifersucht und Rivalität. In: T. F. Kreuzer & K. Weber (Hrsg.), Invidia – Eifersucht und Neid in Kultur und Literatur. Gießen: Psychosozial-Verlag. S. 61–88.

Kreuzer, T. F. (2013a). Das Motiv des Zorns in ausgewählten Märchen und Sagen. In: B. A. Badura & K. Weber (Hrsg.), Ira – Wut und Zorn in Kultur und Literatur. Gießen: Psychosozial-Verlag. S. 177–212.

Kreuzer, T. F. (2013b). Die Wurzeln pädagogischen Handelns bei Janusz Korczak und die »Neue Lernkultur« in der heutigen Lehrerausbildung von Baden-Württemberg. In: R. Godel-Gaßner & S. Krehl (Hrsg.), Facettenreich im Fokus. Janusz Korczak und seine Pädagogik; historische und aktuelle Perspektiven. Jena: Garamond-Verl., Edition Paideia. S. 297–316.

Kreuzer, T. F. (2014a). Superbia und Narzissmus: Hochmut, Stolz und Eitelkeit. Ein Streifzug durch Kultur und Literatur. In: B. A. Badura & T. F. Kreuzer (Hrsg.), Superbia – Hochmut und Stolz in Kultur und Literatur. Gießen: Psychosozial-Verlag. S. 13–42.

Kreuzer, T. F. (2014b). Narzissmus in Mythen und Märchen. In: B. A. Badura & T. F. Kreuzer (Hrsg.), Superbia – Hochmut und Stolz in Kultur und Literatur. Gießen: Psychosozial-Verlag. S. 61–86.

Kreuzer, T. F. (2015). Wenn Geschwister um die Wette laufen ... Geschwisterkonkurrenz, Neid und Eifersucht unter Geschwistern. In: M. Dörr; J. Gstach.: Trauma und schwere Störung – Pädagogische Praxis mit psychiatrisch diagnostizierten Kindern und Erwachsenen. Jahrbuch für Psychoanalytische Pädagogik 23. Gießen: Psychosozial Verlag. S. 112–127.

Kreuzer, T. F. (2016). Geschwister als Erzieher?! Bedingungsgefüge, Beziehung und das erzieherische Feld. Paderborn: Schöningh. S. 23–204.

Abramovitch, R., Corter, C. & Lando, B. (1979). Sibling interaction in the home. Child Development 50, 997–1003.
Abramovitch, R., Corter, C., Pepler, D. J. & Stanhope, L. (1986). Sibling and peer interaction: A final follow-up and a comparison. Child development, 57 (1), 217–229.
Achilles, I. (2002). »... und um mich kümmert sich keiner!« Die Situation der Geschwister behinderter und chronisch kranker Kinder. München: Reinhardt.
Adler, A. (1912/2008). Über den nervösen Charakter. In: K.-H. Witte; A. Bruder-Bezzel & R. Kühn (Hrsg.), StA 2. Göttingen: Vandenhoeck & Ruprecht.
Adler, A. (1912/2007). Zur Erziehung der Eltern. In: A. Bruder-Bezzel (Hrsg.), StA 1. Göttingen: Vandenhoeck & Ruprecht. S. 223–236.
Adler, A. (1920/2006). Praxis und Theorie der Individualpsychologie. Frankfurt am Main: Fischer.
Adler, A. (1927/2007). Menschenkenntnis. In: J. Rüedi (Hrsg.), StA Bd. 4. Göttingen: Vandenhoeck & Ruprecht.
Adler, A. (1929/2009). Neurosen. Zur Diagnose und Behandlung. In: W. Datler, J. Gstach & M. Wininger (Hrsg.), StA 4. Göttingen: Vandenhoeck & Ruprecht.
Adler, A. (1929/1973). Individualpsychologie in der Schule. Vorlesungen für Lehrer und Schüler. Frankfurt am Main: Fischer.
Adler, A. (1929/1978). Lebenskenntnis. Frankfurt am Main: Fischer.
Adler, A. (1930/1976). Kindererziehung. Frankfurt am Main: Fischer.
Adler, A. (1931/2006). What life should mean to you. – Wozu leben wir? Frankfurt am Main: Fischer.
Adler, A. (1933/2008). Der Sinn des Lebens. Religion und Individualpsychologie. In: R. Brunner & R. Wiegand (Hrsg.), StA Bd. 6. Göttingen: Vandenhoeck & Ruprecht.
Adorno, T. (1982). Erziehung zur Mündigkeit. Frankfurt am Main: Suhrkamp.
Ahrbeck, B. (2004). Kinder brauchen Erziehung: Die vergessene pädagogische Verantwortung. Stuttgart: Kohlhammer.
Aichhorn, A. (1925/1977). Verwahrloste Jugend: Die Psychoanalyse in der Fürsorgeerziehung; zehn Vorträge zur ersten Einführung. Bern: Huber.
Ainsworth, M. D. S. (1978). The Bowlby-Ainsworth attachment theory. Behavioral and Brain Sciences, 1 (3), 436–438.
Alanen, L. (1997). Soziologie der Kindheit als Projekt: Perspektiven für die Forschung. Zeitschrift für Sozialisationsforschung und Erziehungssoziologie, 17, 162–177.
Albert, M., Hurrelmann, K. & Quenzel, G. (2010). 16. Shell Jugendstudie: Jugend 2010. Eine pragmatische Generation behauptet sich. Frankfurt am Main: Fischer.

Albert, M., Hurrelmann, K., Quenzel, G. & TNS Infratest Sozialforschung (2015). 17. Shell Jugendstudie: Jugend 2015. Eine pragmatische Generation im Aufbruch. Frankfurt am Main: Fischer.

Allensbach Institut für Demoskopie (2004). Einflussfaktoren auf die Geburtenrate. Ergebnisse einer Repräsentativbefragung der 18- bis 44-jährigen Bevölkerung. Allensbach am Bodensee.

Allensbach Institut für Demoskopie (2005). Einstellung junger Männer zu Elternzeit, Elterngeld, und Familienfreundlichkeit im Betrieb. Ergebnisse einer repräsentativen Bevölkerungsumfrage. Allensbach am Bodensee.

Alt, C. (2001). Kindheit in Ost und West: Wandel der familialen Lebensformen aus Kindersicht. Opladen: Leske + Budrich.

Baacke, D. & Schulze, T. (1979/1993) (Hrsg.). Aus Geschichten lernen. Zur Einübung pädagogischen Verstehens. München: Juventa Verlag.

Balint, M. (1957). Die drei seelischen Bereiche. Psyche, 11 (6), 321–344.

Balint, M. (1966). Die Urformen der Liebe und die Technik der Psychoanalyse. Stuttgart: Klett-Cotta.

Balint, M. (1960/2013). Angstlust und Regression. Stuttgart: Klett-Cotta.

Bandura, A. (1979). Aggression: Eine sozial-lerntheoretische Analyse. Stuttgart: Klett-Cotta.

Bandura, A. & Walters, R. (1959). Adolescent aggression. New York: Ronald Press.

Bank, S. P. & Kahn, M. D. (1989). Geschwister-Bindung. Paderborn: Junfermann Verlag.

Bauer, P. & Wiezorek, Ch. (Hrsg.) (2017). Familienbilder zwischen Kontinuität und Wandel. Weinheim und Basel: Juventa.

Beck, U. (1986). Risikogesellschaft. Frankfurt am Main: Suhrkamp.

Beck, U. & Beck-Gernsheim, E. (Hrsg.). (1994). Riskante Freiheiten. Frankfurt am Main: Suhrkamp.

Becker, F., Eigenbrodt, J. & May, M. (1984). Pfadfinderheim, Teestube, Straßenleben. Jugendliche Cliquen und ihre Sozialräume. Frankfurt am Main: Extrabuch-Verlag.

Beckmann, P. (2002). Zwischen Wunsch und Wirklichkeit. Tatsächliche und gewünschte Arbeitszeitmodelle von Frauen mit Kindern liegen immer noch weit auseinander. IAB-Werkstattbericht 12/2002. Nürnberg.

Bedford, V. (1989). Understanding the value of siblings in old age: A proposed model. American Behavioral Scientist, 33 (1), 33–44.

Beelmann, F. & Schmidt-Denter, U. (1991). Kindliches Erleben sozial-emotionaler Beziehungen und Unterstützungssysteme in Ein-Elternteil-Familien. Psychologie in Erziehung und Unterricht, 38, 180–189.

Behnken, I. & Zinnecker, J. (2001). Kinder, Kindheit, Lebensgeschichte: Ein Handbuch. Seelze; Velber: Kallmeyer.
Benner, D. & Oelkers, J. (2004). Historisches Wörterbuch der Pädagogik. Weinheim; Basel: Beltz.
Bernfeld, S. (1925/1967). Sisyphos oder die Grenzen der Erziehung. Frankfurt am Main: Suhrkamp.
Bernfeld, S. (1974). Kinderheim Baumgarten. In: R. Wolff & L.V. Werder (Hrsg.), Antiautoritäre Erziehung und Psychoanalyse. Bd. 1. Frankfurt am Main: März Verlag. S. 94–215.
Bernstein, A. C. (1990). Die Patchworkfamilie: Wenn Väter oder Mütter in neuen Ehen weitere Kinder bekommen. Zürich; Stuttgart: Kreuz-Verlag.
Bertelsmann Stiftung (Hrsg.). (2013). Chancenspiegel 2013. Zur Chancengerechtigkeit und Leistungsfähigkeit der deutschen Schulsysteme mit einer Vertiefung zum schulischen Ganztag. Gütersloh: Verlag Bertelsmann Stiftung.
Bertram, H. (2003). Die multilokale Mehrgenerationenfamilie. In: M. Feldhaus, N. Logemann & M. Schlegel (Hrsg.), Blickrichtung Familie – Vielfalt eines Forschungsgegenstandes. Würzburg: Ergon Verlag. S. 15–34.
Bertram, H. (2008). Die Mehrkindfamilie. Zur demographischen Bedeutung der Familie mit drei und mehr Kinder und zu ihrer ökonomischen Situation in Deutschland. Expertise im Auftrag des BMFSFJ. Berlin.
Bion, W. R. (1961). Experience in groups. London: Tawistock.
Bion, W. R. (1962). Lernen durch Erfahrung. Frankfurt am Main: Fischer.
Bittner, G. (1967). Psychoanalyse und soziale Erziehung. München: Juventa.
Bittner, G. (1984). Das Jugendalter und die Geburt des Selbst. Neue Sammlung, 24 (4), 331–344.
Bittner, G. (1996). Kinder in die Welt, die Welt in die Kinder setzen. Eine Einführung in die pädagogische Aufgabe. Stuttgart; Berlin; Köln: Kohlhammer.
Bittner, R. (2008). Mit Gründen, ohne Absicht. Handlungstheoretische Überlegungen zum Erziehen. In: G. Bittner & V. Fröhlich (Hrsg.), Ich handelte wie ein Mensch, nicht wie ein Formalist, Pädagogisches Handeln im Kontext aktueller Handlungsdiskurse. Würzburg: Königshausen & Neumann. S. 151–160.
Blos, P. (1973). Adoleszenz. Eine psychoanalytische Interpretation. Stuttgart: Klett.
Blos, P. (1979). The adolescent passage: Developmental issues. New York: International Universities Press, Inc.
Böhm, F. (2005). Wörterbuch der Pädagogik. Stuttgart: Kröner.
Bohleber, W. (Hrsg.) (1996). Adoleszenz und Identität. Stuttgart: Klett.
Bohleber, W. (2009). Das *Problem* der Identitätin der *Spätmoderne – Psychoanalytische Perspektiven*. In: V. King, B. Gerisch (Hrsg.), Zeitgewinn und Selbstver-

lust Folgen und Grenzen der Beschleunigung. Frankfurt am Main: Campus, S. 202–220.
Bois-Reymond, Du, M. (1994). Die moderne Familie als Verhandlungshaushalt. Eltern-Kind-Beziehungen in West-und Ostdeutschland und in den Niederlanden. In: M. Du Bois-Reymond, P. Büchner, H.-P. Krüger, J. Ecarius & B. Fuchs (Hrsg.), Kinderleben. Modernisierung von Kindheit in interkulturellen Vergleich. Opladen: Leske + Budrich. S. 137–219.
Bois-Reymond, Du, M. (2007). Europas neue Lerner: Ein bildungskritischer Essay. Opladen: Budrich.
Boll, T., Ferring, D. & Filipp, S. (2005). Effects of parental differential treatment on relationship quality with siblings and parents: Justice evaluations as mediators. Social Justice Research, 18 (2), 155–182.
Bowlby, J. (1969). Attachment and Loss: Vol. 1: Attachment. New York: Basic Books.
Bowlby, J. (2005). Frühe Bindung und kindliche Entwicklung. München: Reinhardt.
Brake, A. & Büchner, P. (2006). Dem familialen Habitus auf der Spur. Bildungsstrategien in Mehrgenerationenfamilien. In: B. Friebertshäuser, M. Rieger-Ladich & L. Wigger (Hrsg.), Reflexive Erziehungswissenschaft. Forschungsperspektiven im Anschluss an Pierre Bourdieu. Wiesbaden: VS Verlag für Sozialwissenschaften. S. 59–80.
Bramberger, A. (1998). Verboten Lieben: Bruder-Schwester-Inzest. Pfaffenweiler: Centaurus.
Brazelton, T. B. & Cramer, B. G. (1991). Die frühe Bindung. Die erste Beziehung zwischen dem Baby und seinen Eltern. Stuttgart: Klett-Cotta.
Bretherton, I. (1995). Attachment theory and developmental psychopathology. In: D. Cicchetti & S.L. Toth (Hrsg.), Emotion, cognition and representation. Rochester: University of Rochester Press. S. 231–260.
Brezinka, W. (1978). Metatheorie der Erziehung. Eine Einführung in die Grundlagen der Erziehungswissenschaft, der Philosophie der Erziehung und der Praktischen Pädagogik. München; Basel: Reinhardt.
Brezinka, W. (1990). Grundbegriffe der Erziehungswissenschaft. Analyse, Kritik, Vorschläge. München; Basel: Reinhardt.
Brinkmann, M. (2012). Pädagogische Übung: Praxis und Theorie einer elementaren Lernform. Paderborn; München; Wien; Zürich: Schöningh.
Brisch, K.-H. (2019). Pubertät. Stuttgart: Klett-Cotta.
Brockhaus (1997). Brockhaus – Die Enzyklopädie in 24 Bänden. Leipzig, Mannheim: F.A. Brockhaus.
Brody, G. H. (1998). Sibling relationship quality. Its causes and consequences. Annual Review Psychology, 49, 1–24.

Literatur

Brody, G.H. (2004). Siblings' direct and indirect contriutions to child development. Current directions in psychological science 13, 124–126.
Brody, G.H., Stoneman, Z. & McCoy, J.K. (1992). Associations of maternals and paternal direct and differential behavior with sibling relationssships: Contemporaneous and longitudinal analyses. Journal of Children in Contemporary Society, 63, 82–92.
Brumlik, M. (1995). Gerechtigkeit zwischen den Generationen. Berlin: Berlin-Verlag.
Brumlik, M. (2013). Theorie der praktischen Pädagogik. Grundlagen erzieherischen Sehens, Denkens und Handelns. Stuttgart: Kohlhammer.
Buber, M. (1926). Rede über das Erzieherische. Berlin: Lambert Schneider.
Buber, M. (2005). Schriften zu Jugend, Erziehung und Bildung. Gütersloh: Gütersloher Verlagshaus.
Bundesministerium für Familien, Senioren, Frauen und Jugend – BMFSFJ. (Hrsg.). (1995). Fünfter Familienbericht. Familien und Familienpolitik im geeinten Deutschland. Zukunft des Humanvermögens. Berlin.
BMFSFJ. (Hrsg). (2000). Sechster Familienbericht: Familien ausländischer Herkunft in Deutschland. Berlin.
BMFSFJ. (Hrsg.). (2002). Elfter Kinder- und Jugendbericht. Bericht über die Lebenssituation junger Menschen und die Leistungen der Kinder- und Jugendhilfe in Deutschland. Berlin.
BMFSFJ. (2005a). Familie ja, Kinder nein. Was ist los in Deutschland? – Monitor Familiendemographie – Beiträge aus Forschung, Statistik und Familienpolitik – Ausgabe 1–3. Berlin.
BMFSFJ. (Hrsg.). (2005b). Kinderarmutsbericht 2005. Berlin.
BMFSFJ. (Hrsg.). (2005c). Monitor Familiendemographie. Ausgabe Nr. 1: Deutschland: Kinderlos trotz Kinderwunsch? Berlin.
BMFSFJ. (Hrsg.). (2006). Erziehung, Haushalt und Beruf: Anforderungen und Unterstützungen für Familien. Monitor Familienforschung. Beiträge aus Forschung, Statistik und Familienpolitik. Ausgabe 4–8. Berlin.
BMFSFJ. (Hrsg.). (2006b). Siebter Familienbericht: Familie zwischen Flexibilität und Verlässlichkeit – Perspektiven für eine lebenslaufbezogene Familienpolitik. Baden-Baden: Koelblin-Fortuna-Druck.
BMFSFJ. (Hrsg.). (2007). Familienatlas 2007. Standortbestimmung, Potenziale, Handlungsfelder. Berlin.
BMFSFJ. (Hrsg.). (2010). Wohlfahrtsstaatliche Einflussfaktoren auf die Geburtenrate in europäischen Ländern. Evidenzen aus Schweden, Finnland, Norwegen und Frankreich. Berlin.
BMFSFJ. (Hrsg.). (2011). Familienreport 2011. Leistungen, Wirkungen, Trends. Berlin.

BMFSFJ. (Hrsg.). (2017). Familienreport 2017. Leistungen, Wirkungen, Trends. Berlin.
BMFSFJ. (Hrsg.). (2013). 14. Kinder- und Jugendbericht. Bericht über die Lebenssituation junger Menschen und die Leistungen der Kinder- und Jugendhilfe in Deutschland. Berlin.
BMFSFJ. (Hrsg.). (2018). Väterreport. Vater sein in Deutschland heute. Berlin.
BMFSFJ. (Hrsg.). (2021). Väterreport. Update 2021. Berlin.
Bürgin, D. (Hrsg.). (1998). Triangulierung: Der Übergang zur Elternschaft. Stuttgart; New York: Schattauer Verlag.
Cassel-Baehr, S. (2013). »The first cut is the deepest.« Die Bedeutung des negativen Ödipuskomplexes für die Perversion der Frau. Psyche, 67 (4), 330–358.
Cicirelli, V.G. (1995). Sibling relationship across the life span. New York: Plenum Press.
Claessens, D. (1979). Familie und Wertsystem – Eine Studie zur ›zweiten, sozio-kulturellen Geburt‹ des Menschen und der Belastbarkeit der ›Kernfamilie‹. Berlin: Duncker & Humblot.
Claxton, R. P. (1994). Empirical relationshships between birth order and two types of parental feedback. The Psychological Record, 44 (4), 475–487.
Damm, S. (1994). Geschwisterrollen sind Lebensrollen. In: Dies. (Hrsg.), Geschwister- und Einzelkinderfahrungen. Aufarbeitung im Kontext multimodaler Psychotherapie. Pfaffenweiler: Centaurus. S. 90–108.
Dammasch, F. (2000). Die innere Erlebniswelt von Kindern alleinerziehender Mütter. Frankfurt am Main: Brandes & Apsel.
Dammasch, F. (2008a). Die Krise der Jungen. Statistische, sozialpsychologische und psychoanalytische Aspekte. In: Ders. (Hrsg.), Jungen in der Krise. Das schwache Geschlecht?. Frankfurt am Main: Brandes & Apsel. S. 9–28.
Dammasch, F. (2008b). Triangulierung und Geschlecht. Das Vaterbild in der Psychoanalyse und die Entwicklung des Jungen. In: F. Dammasch, D. Katzenbach & J. Ruth (Hrsg.), Triangulierung. Lernen, Denken und Handeln aus psychoanalytischer und pädagogischer Sicht. Frankfurt am Main: Brandes & Apsel. S. 13–39.
Deppe, U. (2016). Die Bedeutung der Familie für die Gleichaltrigenbeziehungen. In: S.-M. Köhler, H.-H. Krüger & N. Pfaff (Hrsg.), Handbuch Peerforschung. Opladen. Budrich. S. 275–289.
destatis (Hrsg.). (2006). Familien und Lebensformen: Ergebnisse des Mikrozensus 1996–2004. Wiesbaden.
Deutsches Jugendinstitut (2003). 3. Jugendsurvey 2003. Befragung der 12- bis 15-Jährigen und Befragung der 16- bis 29-Jährigen.
Deutsches Jugendinstitut (2005). DJI-Kinderbetreuungsstudie 2005. München

Diepold, B. (1988). Psychoanalytische Aspekte von Geschwisterbeziehungen. Praxis der Kinderpsychologie und Kinderpsychiatrie, 37, 274–280.

Diersch, N. & Walther, E. (2010). Umfrageforschung mit Kindern und Jugendlichen. In: E. Walther, F. Preckel & S. Mecklenbräuker (Hrsg.), Befragung von Kindern und Jugendlichen: Grundlagen, Methoden und Anwendungsfelder. Göttingen: Hogrefe. S. 297–318.

Downey, D. B. (2001). Number of siblings and intellectual development: the resource dilution explanation. American Psychologist, 56 (6–7), 497–503.

Dornes, M. (1997). Die frühe Kindheit. Frankfurt am Main: Fischer-Taschenbuch-Verlag.

Dornes, M. (2006). Die Seele des Kindes. Entstehung und Entwicklung. Frankfurt am Main: Fischer-Taschenbuch-Verlag.

Dornes, M. (2009). Der kompetente Säugling. Frankfurt am Main: Fischer.

Dornes, M. (2010). Die Modernisierung der Seele. Psyche, 64 (11), 995–1033.

Drieschner, E. (2007). Erziehungsziel »Selbstständigkeit«. Grundlagen, Theorien und Probleme eines Leitbildes der Pädagogik. Wiesbaden: VS Verlag für Sozialwissenschaften.

Drieschner, E. (2013). Kindheit in pädagogischen Schonräumen: Bilder einer Entwicklung. Hohengehren: Schneider Verlag.

Dunn, J. (1983). Sibling relationships in early childhood. Child development, 54, 787–811.

Dunn, J. (1985). Sisters and brothers. The developing child. Cambridge: Harvard University Press.

Dunn, J. (1989). Siblings and the development of social understanding in early childhood. In: P. G. Zukow (Hrsg.), Sibling interaction across cultures: Theoretical and methodological considerations. New York: Springer. S. 106–116.

Dunn, J. (2002). Mindreading, emotion understanding, and relationship. In: W. W. Hartup & R.K. Silvereisen (Hrsg.), Growing points in developmental science: An introduction. New York: Psychology Press. S. 167–176.

Dunn, J. (2007). Siblings and Socialization. In: J. E. Grusec & P. D. Hastings (Hrsg.), Handbook of socialization. Theory and research. New York: Guilford Press. S. 309–327.

Dunn, J., Creps, C. & Brown, J. (1996). Children's family relationships between two and five: Developmental changes and individual differences. Social Development, 5 (3), 230–250.

Dunn, J. & Kendrick, C. (1972). Interaction between young siblings in the context of family relationships. In: M. Lewis & L. A. Rosenblum (Hrsg.), The child and its family. New York: Plenum Press. S. 143–169.

Dunn, J. & Plomin, R. (1996). Warum Geschwister so verschieden sind. Stuttgart: Klett-Cotta.

Ecarius, J. (2007). Handbuch Familie. Wiesbaden: VS Verlag für Sozialwissenschaften.
Engstler, H. (1997). Die Familie im Spiegel der amtlichen Statistik. Lebensformen, Familienstrukturen, wirtschaftliche Situation der Familien und familiendemographische Entwicklung in Deutschland. Bonn: Bundesministerium für Familien, Senioren, Frauen und Jugend.
Erdheim, M. (1984). Die gesellschaftliche Produktion von Unbewusstheit: Eine Einführung in den ethnopsychoanalytischen Prozess. Frankfurt am Main: Suhrkamp.
Erdheim, M. (2002). Psychoanalytische Erklärungsansätze. In: H.-H. Kürger & C. Grunert (Hrsg.), Handbuch Kindheits- und Jugendforschung. Opladen: Leske und Budrich. S. 65-82.
Erikson, E. H. (1953). Wachstum und Krisen der gesunden Persönlichkeit. Psyche, 7 (1), 1-31.
Erikson, E. H. (1959/1971). Identität Und Entwurzelung in unserer Zeit. In: Ders. (Hrsg.), Einsicht und Verantwortung. Die Rolle des Ethischen in der Psychoanalyse. Frankfurt am Main: Fischer Taschenbuch Verlag. S. 70-94.
Erikson, E. H. (1968/1998). Jugend und Krise: die Psychodynamik im sozialen Wandel. Stuttgart: Klett-Cotta.
Ernst, C. & Angst, J. (1983). Birth Order: Facts and Fiction Concerning Its Influence on Personality: a Survey of the Literature, 1946-1980, Followed by a Study of a Representative Young Adult Population. Berlin: Springer.
Fatke, R. & Schneider, H. (2005). Kinder- und Jugendpartizipation in Deutschland. Gütersloh: Bertelsmann Stiftung.
Fend, H. (2000). Entwicklungspsychologie des Jugendalters. Opladen: Leske + Budrich.
Ferchhoff, W. (2013). Jugend und Jugendkulturen. In: T. Rauschenbach, S. Borrmann (Hrsg.), Herausforderungen des Jugendlalters. Weinheim und Basel: Juventa. S. 44-68.
Ferenczi, S. (1908/1984). Psychoanalyse und Pädagogik. In: Ders. (Hrsg.) Bausteine zur Psychoanalyse, Bd. 3. Frankfurt am Main: Ullstein. S. 9-22.
Ferenczi, S. (1909/1970). Introjektion und Übertragung. In: M. Balint (Hrsg.), Schriften zur Psychoanalyse. Bd. I. Frankfurt am Main: Fischer. S. 12-47.
Fischer, A., Fritzsche, H., Fuchs-Heinritz, H. & Muenchmeier, R. (Hrsg.). (2000). 13. Shell Jugendstudie: Jugend 2000. Opladen: Leske + Budrich.
Flitner, A. (1963). Soziologische Jugendforschung: Darstellung und Kritik aus pädagogischer Sicht. Heidelberg: Quelle & Meyer.
Flitner, A. (1982). Konrad, sprach die Frau Mama. Über Erziehung und Nicht-Erziehung. Berlin: Severin und Siedler.

Flitner, A. (2002). Spielen – Lernen: Praxis und Deutung des Kinderspiels. Weinheim; Basel: Beltz.
Flürenbrock, M. (2002). Geschwisterbeziehungen in Kinderbücher zum Thema Behinderung: Eine literaturwissenschaftliche Untersuchung unter Berücksichtigung geschlechtertypischer Rollendivergenzen. Frankfurt am Main: Peter Lang.
Fonagy, P., Gergely, G., Jurist, E., Target, M. (2004). Affektregulierung, Mentalisierung und die Entwicklung des Selbst. Stuttgart: Klett-Cotta.
Forer, L. K. & Still, H. (1984). Großer Bruder, kleine Schwester: Die Geschwisterreihe und ihre Bedeutung. Köln: Kiepenheuer & Witsch.
Frankl, V. E. (1977). Das Leiden am sinnlosen Leben: Psychotherapie für heute. Freiburg: Herder.
Freud, A. (1958). Wege und Irrwege in der Kinderentwicklung. Stuttgart: Klett-Cotta.
Freud, A. & Dann, S. (1951/1980). Gemeinschaftsleben im frühen Kindesalter. In: A. Freud (Hrsg.), Die Schriften der Anna Freud Band IV. München: Kindler. S. 1161–1228.
Freud, S. (1905/1999). Drei Abhandlungen zur Sexualtheorie. In: Gesammelte Werke. Bd. V: Werke aus den Jahren 1904–1905. Frankfurt am Main: Fischer. S. 33–145.
Freud, S. (1908/1999). Der Dichter und das Phantasieren. In: GW. Bd. VII: Werke aus den Jahren 1906–1909. Frankfurt am Main: Fischer. S. 213–223.
Freud, S. (1909a/2000). Der Familienroman der Neurotiker. In: StA IV. Frankfurt am Main: Fischer Taschenbuch Verlag. S. 221–226.
Freud, S. (1909b/2000). Analyse der Phobie eines fünfjährigen Knaben. In: StA VIII. Frankfurt am Main: Fischer Taschenbuch Verlag. S. 9–123.
Freud, S. (1910a/1999). Eine Kindheitserinnerung Des Leonardo Da Vinci. In: GW. Bd. VIII: Werke aus den Jahren 1909–1913. Frankfurt am Main: Fischer. S. 127–211.
Freud, S. (1910b/2000). Eine Kindheitserinnerung Des Leonardo Da Vinci. In: StA X. Frankfurt am Main: Fischer Taschenbuch Verlag. S. 87–159.
Freud, S. (1912–1913/1999). GW. Bd. IX: Totem und Tabu. Frankfurt am Main: Fischer.
Freud, S. (1912–1913/2000). Totem und Tabu. Einige Übereinstimmungen im Seelenleben der Wilden und der Neurotiker. In: StA IX. Frankfurt am Main: Fischer Taschenbuch Verlag. S. 287–444.
Freud, S. (1923/2000). Das Ich und das Es. In: StA III. Frankfurt am Main: Fischer Taschenbuch Verlag. S. 273–327.
Frick, J. (2006). Ich mag dich – du nervst mich! Bern: Huber.

Frick, J. (2009). Ergebnisse der Resilienzforschung und Transfermöglichkeiten für die Selbstentwicklung als Erziehungspersonen. Zeitschrift für Individualpsychologie, 34 (4), 391-409.

Fthenakis, W. E. (1985a). Väter. Bd. 1: Zur Psychologie der Vater-Kind-Beziehung. München: Urban & Schwarzenberg.

Fthenakis, W. E. (1985b). Väter. Bd. 2: Zur Vater-Kind-Beziehung in verschiedenen Familienstrukturen. München: Urban & Schwarzenberg.

Fthenakis, W. E. (1992). Familien – Lebensformen für Kinder. Weinheim: Beltz.

Fthenakis, W. E. (1995). Ehescheidung als Übergangsphase im Familienentwicklungsprozess. In: M. Perrez, J.L. Lambert, C. Ermert & B. Plancherel (Hrsg.), Familie im Wandel. Freiburger Beiträge zur Familienforschung. Bern: Huber. S. 63-95.

Fthenakis, W. E. (2005). Facetten moderner Vaterschaft. Perspektiven einer innovativen Väterpolitik Gutachten im Auftrag des Bundesministeriums für Familie, Senioren, Frauen und Jugend. Berlin.

Fthenakis, W. E. & Textor, M.R. (Hrsg.). (2002). Mutterschaft, Vaterschaft. Weinheim; Basel: Beltz.

Furman, W. & Buhrmester, D. (1985). Children's perceptions of the personal relationships in their social networks. Developmental Psychology, 21 (6), 1016-1024.

Fuß, S. (2006). Familie, Emotionen und Schulleistung: eine Studie zum Einfluss des elterlichen Erziehungsverhaltens auf Emotionen und Schulleistungen von Schülerinnen und Schülern. Münster; München; Berlin: Waxmann Verlag.

Gensicke, T. (2002). Individualität und Sicherheit in neuer Synthese? Wertorientier-ungen und gesellschaftliche Aktivität. In: B. Hurrelmann & M. Albert (Hrsg.), 14. Shell Jugendstudie: Jugend 2002. Zwischen pragmatischen Idealismus und robustem Materialismus. Frankfurt am Main: Fischer-Taschenbuch-Verlag. S. 139-212.

Giesecke, H. (1987). Über die antiquiertheit des Begriffes »Erziehung«. Zeitschrift für Pädagogik, 33 (3), 401-406.

Goetting, A. (1986). The developmental tasks of siblingship over the life cycle. Journal of Marriage and the Family, 48, 703-714.

Gold, D.T. (1989). Sibling relationshis in old age: A typology. International Journal of Aging and Human Development 1(28), 37-51.

Gotschall, K. & Voß, G. G. (2003). Entgrenzung von Arbeit und Leben – Zur Einleitung. In: K. Gottschall (Hrsg.), Entgrenzung von Arbeit und Leben. Zum Wandel der Beziehung von Erwerbstätigkeit und Privatsphäre im Alltag. München: Hampp Rainer Verlag. S. 11-33.

Literatur

Göhlich, M. & Zirfas, J. (2007a). Lernen. Ein pädagogischer Grundbegriff. Stuttgart: Kohlhammer.

Göppel, R. (1992). Bewältigungsprozesse und fördernde Umwelt. Der Integrationsprozeß älterer Kinder in die Adoptionsfamilie. In: V. Fröhlich & R. Göppel (Hrsg.), Sehen, Einfühlen, Verstehen: Psychoanalytisch orientierte Zugänge zu pädagogischen Handlungsfeldern. Würzburg: Königshausen & Neumann. S. 129–148.

Göppel, R. (1997). Ursprünge der seelischen Gesundheit: Risiko- und Schutzfaktoren in der kindlichen Entwicklung. Würzburg: Ed. Bentheim.

Göppel, R. (1998). Eltern, Kinder und Konflikte. Stuttgart: Kohlhammer.

Göppel, R. (2004). Das Jugendalter. Stuttgart: Kohlhammer.

Göppel, R. (2007). Aufwachsen heute: Veränderungen der Kindheit – Probleme des Jugendalters. Stuttgart: Kohlhammer.

Göppel, R. (2010). Pädagogik und Zeitgeist. Stuttgart: Kohlhammer.

Göppel, R. (2013). Haben Kinder und Jugendliche größere emotionale Defizite und psychosoziale Störungen als früher? In: F. Dammasch & M. Teising (Hrsg.), Das modernisierte Kind. Frankfurt am Main: Brandes & Apsel Verlag. S. 52–83.

Göppel, R. (2014). Bin ich ein »Psychoanalytischer Pädagoge« – und wenn ja, in welchem Sinne? In: M. Fürstaller, W. Datler & M. Wininger (Hrsg.). Psychoanalytische Pädagogik: Selbstverständnis und Geschichte. Opladen: Budrich.

Göppel, R. (2019). Das Jugendalter. Theorien, Perspektiven, Deutungsmuster. Stuttgart: Kohlhammer.

Grabbe, K. (2005). Geschwisterliebe: Verbotenes Begehren in literarischen Texten der Gegenwart. Bielefeld: Aisthesis Verlag.

Grieser, J. (1998). Der phantasierte Vater: Zur Entstehung und Funktion des Vaterbildes beim Sohn. Tübingen: Ed. Diskord.

Gritzner-Altgayer, E. (1997). Geschwisterbeziehungen. Loyale Akzeptanz unter Geschwistern als Erziehungsziel. Dissertation Universität Wien.

Grossmann, K. E. & Grossmann, K. (2003). Bindung und menschliche Entwicklung: John Bowlby, Mary Ainsworth und die Grundlagen der Bindungstheorie. Stuttgart: Klett-Cotta.

Hackenberg, H. (1987). Die psycho-soziale Situation von Geschwistern behinderter Kinder. Heidelberg: Schindele.

Hackenberg, H. (2008). Geschwister von Menschen mit Behinderung. München: Reinhardt.

Harring, M., Witte, M. D., Wrulich, A. (2015). Lebenslagen Jugendlicher in Deutschland. Aufwachsen unter Bedingungen von Pluralität und Entgrenzung. In: J. Fischer, R. Lutz (Hrsg), Jugend im Blick. Gesellschaftliche Kon-

struktionen und pädagogische Zugänge. Weinheim und Basel: Beltz Juventa. S. 12–31.
Havighurst, R. J. (1948/1963). Developmental tasks and education. New York: David McKay.
Hays, S. (1998). Die Identität der Mütter: Zwischen Selbstlosigkeit und Eigennutz. Stuttgart: Klett-Cotta.
Härtling, P. (1976). Das war der Hirbel. Weinheim, Basel: Beltz.
Heid, H. (1994). Erziehung. In: D. Lenzen (Hrsg.), Erziehungswissenschaft: Ein Grundkurs. Berlin: Rowohlt. S. 43–68.
Hengst, H. (2013). Kindheit im 21. Jahrhundert. Weinheim; Basel: Beltz-Juventa.
Hetherington, E. M. (1972). Effects of father absence on personality development in adolescent daughters. Developmental Psychology, 7 (3), 313.
Hetherington, E. M. (1988). Parents, children, and siblings: Six years after divorce. In: R. Hindle & J. Stevenson-Hindle (Hrsg.), Relationships within families: Mutual influences. Cambridge: Clarendon Press. S. 311–331.
Hoanzl, M. (1997). Über die Bedeutung der Geschwisterkonstellation. Zeitschrift für Individualpsychologie, 22 (3), 220–231.
Hoanzl, M. (2005). »Die andere Realität.« Unterricht mit schwierigen Kindern zwischen »Außenwelt« und »Innenwelt«. In: Bundesministerium für Bildung, Wissenschaft und Kultur Österreich (Hrsg.), Auffangen, nicht fallen lassen. Wien. S. 15–30.
Hoanzl, M. (2006). »Ich oder du... und wir »– Abgrenzung und Verbundenheit als bedeutsame innere Themen im Kontext des Geschwisterlichen. In: U. Lehmkuhl (Hrsg.), Instanzen im Schatten–Väter, Geschwister, bedeutsame Andere. Göttingen: Vandenhoeck & Ruprecht. S. 78–104.
Hofer, M. & Pikowsky, B. (1992). Die Familien mit Jugendlichen. Ein Übergang für Eltern und Kinder. In: M. Hofer, E. Klein-Allermann & P. Noack (Hrsg.), Familienbeziehungen. Eltern und Kinder in der Entwicklung. Göttingen: Hogrefe. S. 50–53. Göttingen: Hogrefe. S. 194–216.
Hofer, M., Wild, E. & Noack, P. (Hrsg.). (2002). Lehrbuch der Familienpsychologie. Eltern und Kinder in der Entwicklung. Göttingen: Hogrefe.
Honig, M.-S. & Ostner, I. (2001). Das Ende der fordistischen Kindheit. In: A. Klocke & K. Hurrelmann (Hrsg.), Kinde rund Jegendliche in Armut. Wiesbaden: VS Verlag für Sozialwissenschaften. S. 293–310.
Hopf, H. (2012). Mich beunruhigen die unruhigen Jungen. In: K. Hurrelmann & T. Schultz (Hrsg.), Jungen als Bildungsverlierer: Brauchen wir eine Männerquote in Kitas und Schulen?. Weinheim: Beltz-Juventa. S. 201ff.
Hopf, H. (2014). Die Psychoanalyse des Jungen. Stuttgart: Klett Cotta.
Hölscher, P. (2003). »Immer musst Du hingehen und praktisch betteln.« Frankfurt am Main: Campus.

Hug-Hellmuth, H. (1912). Das Kind und seine Vorstellung vom Tode. Imago I, 286–298.
Hurrelmann, K. (2004). Lebensphase Jugend: Eine Einführung in die sozialwissenschaftliche Jugendforschung. Weinheim; München: Juventa Verlag.
Hurrelmann, K. & Albert, M. (2002). 14. Shell Jugendstudie: Jugend 2002. Zwischen pragmatischen Idealismus und robustem Materialismus. Frankfurt am Main: Fischer.
Hurrelmann, K., Albert, M. & TNS, I.S. (Hrsg.). (2006). Shell Jugendstudie: Jugend 2006. Eine pragmatische Generation unter Druck. Frankfurt am Main: Fischer.
Hurrelmann, K., Andresen, S. & TNS, I.S. (Hrsg.). (2007). Kinder in Deutschland 2007. 1. World Vision Kinderstudie. Frankfurt am Main: Fischer.
Hurrelmann, K. & Andresen, S. (Hrsg.). (2010). Kinder in Deutschland 2010. 2. World Vision Kinderstudie. Frankfurt am Main: Fischer.
Hurrelmann, K. & Quenzel, G. (2012). Lebensphase Jugend. Weinheim: Juventa Verlag.
Jacobson, E. (1998): Das Selbst und die Welt der Objekte. 5. Aufl. Frankfurt am Main: Suhrkamp Verlag.
JIM. (2012). Jugend, Information, (Multi-) Media, Basisuntersuchung zum Medienumgang. Jugend, Information, (Multi-) Media. Stuttgart.
Jugendwerk der Deutschen Shell (Hrsg.). (1992). 12. Shell Jugendstudie: Jugend '92 – Lebenslagen, Orientierungen und Entwicklungsperspektiven in vereinigten Deutschland. Opladen: Leske + Budrich.
Jugendwerk der Deutschen Shell (Hrsg.). (1997). Jugend '97. 12. Jugendstudie. Opladen.
Jung, C. G. (1929/1991). Ziele der Psychotherapie. Gesammelte Werke. Bd. 16: Praxis der Psychotherapie. Düsseldorf: Walter. S. 48–63.
Jung, C. G. (1925/1994). Die Ehe als psychologische Beziehung. Gesammelte Werke. Bd. 17: Über die Entwicklung der Persönlichkeit. Düsseldorf: Walter. S. 215–227.
Jung, C.G. (1931/1995). Die seelischen Probleme der menschlichen Altersstufen. Gesammelte Werke. Bd. 8: Die Dynamik des Unbewussten. Düsseldorf: Walter. S. 427–442.
Jung, C.G. (1934/1996). Gesammelte Werke. Bd. 9/I: Die Archetypen und das kollektive Unbewusste. Düsseldorf: Walter.
Jungmann, J. (2000). Geschwisterbeziehungen bei Adoptivkindern. In: G. Klosinski (Hrsg.), Verschwistert mit Leib und Seele. Geschwisterbeziehungen gestern – heute – morgen. Tübingen: Attempto. S. 195–209.
Jurczyk, K. (2014). Doing Family – der Practical Turn der Familienwissenschaften. In: A. Steinbach, M. Hennig & O. A. Becker (Hrsg.), Familie im Fokus der Wissenschaft. Wiesbaden: Springer VS. S. 117–137.

Kant, I. (1793/1968). Die Religion innerhalb der Grenzen der bloßen Vernunft. Die Metaphysik der Sitten. Berlin; New York: Walter de Gruyter.

Kant, I. (1803/1963). Über Pädagogik. Hrsg. v. F.T. Rink. In: Ausgewählte Schriften zur Pädagogik und ihre Begründung. Paderborn: Schöningh. S. 5–59.

Karle, M., Kleefeld, H. & Klosinski, G. (2000). Geschwisterbeziehungen: Allgemeine Aspekte und die besondere Situation in Trennungs- und Scheidungsfamilien. In: G. Klosinski (Hrsg.), Verschwistert mit Leib und Seele. Geschwisterbeziehungen gestern – heute – morgen. Tübingen: Attempo. S. 155–175.

Kasten, H. (1993a). Die Geschwisterbeziehung, Bd. I. Göttingen: Hogrefe.

Kasten, H. (1993b). Die Geschwisterbeziehung, Bd. II. Göttingen: Hogrefe.

Kasten, H. (1998). Einzelkinder: Aufwachsen ohne Geschwister. Berlin: Springer.

Kasten, H. (2003). Geschwister: Vorbilder, Rivalen, Vertraute. München; Basel: Reinhardt.

Kasten, H. (2004). Geschwister – der aktuelle Stand der Forschung. In: W.E. Fthenakis & M.R. Textor (Hrsg.), Das Online-Familienhandbuch des Staatsinstituts für Frühpädagogik (IFP).

Kasten, H. (2010). Der aktuelle Stand der Geschwisterforschung. In: E. Fthenakis & M. R. Textor (Hrsg.), Das Online-Familienhandbuch des Staatsinstituts für Frühpädagogik (IFP).

Katan, A. (1951). The role of »displacement« in agoraphobia. The International journal of psychoanalysis, 21, 41–50.

Kernberg, O. F. (1980). Adolescent sexuality in the light of group processes. The Psychoanalytic quarterly, 49 (1), 27–47.

Kernberg, O. F. (1985). Internal world and external reality: Object relations theory applied. Northvale: Jason Aronson.

Kernberg, O. F. & Schultz, H. (1978). Borderline-Störungen und pathologischer Narzißmus. Frankfurt am Main: Suhrkamp.

Key, E. (1902/1978). Das Jahrhundert des Kindes. Königstein: Athenäum.

Key, E. (1905/1921). Über Liebe und Ehe: Essays. Berlin: Fischer.

Kilius, U. (2002). Essgestörte Patientinnen und ihre Geschwister. Unterschiede und Gemeinsamkeiten in der subjektiven Sicht der Familie. Diplomarbeit. Uni Göttingen.

Killus, D. & Tillmann, K.-J.; (Hrsg.) (2017). Eltern beurteilen Schule – Entwicklungen und Herausforderungen. Ein Trendbericht zu Schule und Bildungspolitik in Deutschland. Die 4. JAKO-O Bildungsstudie in Kooperation mit Kantar Emnid. Münster: Waxmann.

King, V. (2002). Tochterväter. Dynamik und Veränderungen einer Beziehungsstruktur. In: H. Walter (Hrsg.), Männer als Väter. Sozialwissenschaftliche Theorie und Empirie. Gießen: Psychosozial-Verlag. S. 519–554.

King, V. (2010a). Bedingungen der Elternschaftskonstellation. Kinderanalyse, 18 (1), 1–28.
King, V. (2010b). Psyche und Gesellschaft: Anmerkungen zur Analyse gegenwärtiger Wandlungen. Psyche, 64 (11), 1040–1053.
King, V. & Gerisch, B. (2015): Perfektionierung und Destruktivität – eine Einführung. In: Psychosozial. Zeitschrift für Sozialpsychologie und Kulturanalyse. Schwerpunktheft ›Perfektionierung und Destruktivität‹, H. 3/2015.
Klages, W. (1975). Die unruhige Gesellschaft: Untersuchungen über Grenzen und Probleme sozialer Stabilität. München: Beck.
Klagsbrun, F. (1992). Der Geschwisterkomplex: Ein Leben lang Liebe, Hass, Rivalität und Versöhnung. Frankfurt am Main: Eichborn.
Klagsbrun, F. (1997). Der Geschwisterkomplex : Ein Leben lang Liebe, Hass, Rivalität und Versöhnung. München: Heyne.
Klosinski, G. (Hrsg.). (2000). Verschwistert mit Leib und Seele: Geschwisterbeziehungen gestern-heute-morgen. Tübingen: Attempto.
Kohlberg, L. (1974). Zur kognitiven Entwicklung des Kindes: drei Aufsätze. Frankfurt am Main: Suhrkamp.
Kohnstamm, R. (1988). Praktische Psychologie des Schulkindes: eine Einführung. Bern: Huber.
Kohut, H. (1973). Narzissmus: eine Theorie der psychoanalytischen Behandlung narzisstischer Persönlichkeitsstörungen. Frankfurt am Main: Suhrkamp.
Kohut, H. (1979). Die Heilung des Selbst. Frankfurt am Main: Suhrkamp.
Koller, H.-C. (2008). Sozialisation als pädagogischer Grundbegriff. In: G. Mertens, U. Frost, W. Böhm & V. Ladenthin (Hrsg.), Handbuch der Erziehungswissenschaft. Bd. I: Grundlagen Allgemeine Erziehungswissenschaft. Paderborn; München; Wien; Zürich: Schöningh. S. 343–358.
Köhler, S.-M., Krüger, H.-H. & Pfaff, N. (Hrsg) (2016). Handbuch Peerforschung. Opladen: Budrich.
König, R. (1945/1974). Zwei Grundbegriffe der Familiensoziologie. In: Ders. (Hrsg.), Materialien zur Soziologie der Familie. Köln: Kiepenheuer & Witsch. S. 55–87.
Krappmann, L. (1991). Entwicklungsfördernde Aspekte in den Freundschaften von Kindern und Jugendlichen. Gruppendynamik, 24 (2), 119–129.
Krappmann, L. (1993). Die Entwicklung vielfältiger sozialer Beziehungen unter Kindern. In: A.E. Auhagen (Hrsg.), Zwischenmenschliche Beziehungen. Göttingen; Bern: Hogrefe. S. 37–58.
Kraus, A. (2007). Die Öhrcheninstallation: Ein Erhebungsverfahren in der Kindheits- und Schülerforschung. Hamburg: Verlag Dr. Kovač.
Kreppner, K., Paulsen, S. & Schütze, H. (1981). Familiale Dynamik und sozialisatorische Interaktion nach der Geburt des zweiten Kindes. Zeitschrift für Sozialisationsforschung und Erziehungsstile, 1, 291–297.

Krüger, H.-H. & Marotzki, H. (Hrsg.). (1999). Handbuch erziehungswissenschaftliche Biographieforschung. Opladen: Leske + Budrich.
Künkel, F. (1928). Angewandte Charakterkunde. Bd. 1: Einführung in die Charakterkunde. Leipzig: Hirzel.
Künkel, F. (1931). Angewandte Charakterkunde. Bd. 2: Charakter, Wachstum und Erziehung. Leipzig: Hirzel.
Künkel, F. (1932). Angewandte Charakterkunde. Bd. 3: Charakter, Liebe und Ehe. Leipzig: Hirzel.
Künkel, F. (1933). Angewandte Charakterkunde. Bd. 4: Charakter, Einzelmensch und Gruppe. Leipzig: Hirzel.
Künkel, F. (1934a). Angewandte Charakterkunde. Bd. 5: Charakter, Leiden und Heilung. Leipzig: Hirzel.
Künkel, F. (1934b). Charakter, Wachstum und Erziehung. Leipzig: Wissenschaftliche Buchgesellschaft.
Künkel, F. (1935). Angewandte Charakterkunde. Bd. 6: Charakter, Krisis und Weltanschauung. Leipzig: Hirzel.
Lacan, J. (1949/1991). Das Spiegelstadium als Bildner der Ich-Funktion. In: Ders. (Hrsg.), Schriften I. Weinheim; Basel: Quadriga. S. 61–70
Lackner-Seifert, K. (2005). Die Geschwisterbeziehung von Anorexia nervosa Patientinnen im Vergleich zu Bulimia nervosa Patientinnen. Dissertation Uni Innsbruck.
Lamb, M. E. (1997). The role of the father in child development. New York: John Wiley & Sons.
Lamb, M. E. & Sutton-Smith, B. (1982). Sibling relationships across the lifespan: An overview and introduction. Sibling relationships: Their nature and significance across the lifespan, 1–11. Erlbaum Hillsdale, NJ.
Lange, A. (2017). Eltern-und Familienbildung in der späten Moderne: Soziologische Perspektiven auf Herausforderungen und Konsequenzen. In: S. Fass, S. Landhäußer & R. Treptow (Hrsg.), Familien- und Elternbildung stärken. Konzepte, Entwicklung, Evaluation. Wiesbaden: Springer. S. 21–50.
Langness, A., Leven, I. & Hurrelmann, K. (2006). Jugendliche Lebenswelten: Familie, Schule, Freizeit. Jugend, 15, 49–102.
LBS-Initiative Junge Familie (Hrsg.). (2002). Kindheit 2001. LBS-Kinderbarometer. Was Kinder wünschen, hoffen und befürchten. Opladen: Leske + Budrich.
Le Camus, J. (2001). Väter: die Bedeutung des Vaters für die psychische Entwicklung des Kindes. Weinheim; Basel: Beltz.
Lehmkuhl, U. (2006). Instanzen im Schatten: Väter, Geschwister, bedeutsame Andere. Göttingen: Vandenhoeck & Ruprecht.
Lehmkuhl, U. & Lehmkuhl, G. (1994). Geschwisterkonstellationen aus in- dividualpsychologischer Sicht: Ein altes Konzept neu betrachtet. In: S. Damm

(Hrsg.), Geschwister- und Einzelkinderfahrungen . Pfaffenweiler: Centaurus. S. 188–201.

Lehmkuhl, U. & Lehmkuhl, G. (1995). Die Bedeutung der Geschwisterkonstellation aus psychotherapeutischer Sicht. Zeitschrift für Individualpsychologie, 20 (3), 195–207.

Lenz, K. (1986). Alltagswelten von Jugendlichen: eine empirische Studie über jugendliche Handlungstypen. Frankfurt am Main: Campus Verlag.

Leven, I., Quenzel, G., Hurrelmann, K. (2017). Familie, Bildung, Beruf, Zukunft: Am liebsten alles. In: M. Albert, K. Hurrelmann, G. Quenzel, TNS Infratest Sozialforschung (Hrsg.), 17. Shell Jugendstudie Jugend 2015. Frankfurt am Main: Fischer, S. 47–110.

Lewis, K.G. (1988). Symptoms as sibling messages. In: M. Kahn & K. G. Lewis (Hrsg.), Siblings in therapy: Life span and clinical issues. New York: Norton. S. 255–272.

Lichtenberg, J.D. (1991). Psychoanalyse und Säuglingsforschung. Berlin; Heidelberg; New York: Springer.

Liegle, L. (2000). Geschwisterbeziehungen und ihre erzieherische Bedeutung. In: A. Lange & H. Lauterbach (Hrsg.), Kinder in Familie und Gesellschaft zu Beginn des 21sten Jahrhunderts. Stuttgart: Lucius & Lucius. S. 105–130.

Liegle, L. (2013). Frühpädagogik: Erziehung und Bildung kleiner Kinder; ein dialogischer Ansatz. Stuttgart: Kohlhammer.

Liegle, L. & Lüscher, K. (2004). Das Konzept des »Generationenlernens«. Zeitschrift für Pädagogik, 1, 38-55.

Locke, J. (1690/1995). Zwei Abhandlungen über die Regierung. Frankfurt am Main: Suhrkamp.

Locke, J. (1706/1996). The conduct of the understanding. Stuttgart: Frommann-Holzboog.

Macha, H. (2011). Konstruktionen der geschlechtsidentität–Widersprüche aktueller Sozialisationsprozesse. Gruppendynamik und Organisationsberatung, 42 (2), 105–124.

Macha, H. & Mauermann, L. (Hrsg.). (1997). Brennpunkte der Familienerziehung. Weinheim: Beltz.

Mahler, M. S., Pine, F. & Bergman, A. (1980). Die psychische Geburt des Menschen. Symbiose und Individuation. Frankfurt am Main: Fischer.

Marschall, H. (2000). Brüder und Schwestern: Einige ethnologische Bemerkungen zu Geschwistern. In: G. Klosinski (Hrsg.), Verschwistert mit Leib und Seele. Tübingen: Attempto-Verl. S. 31–40.

Matthias, H. (2009): Persönliche Beziehungen in der Familienforschung. In: K. Lenz & F. Nestmann (Hrsg.), Handbuch persönliche Beziehungen. Weinheim: Juventa Verlag. S. 123–144.

McKinsey & Company (Hrsg.). (2004). Perspektive Deutschland 3: Sonderauswertung Arbeit und Beruf. Berlin: McKinsey.
Mekos, D., Hetherington, E.M. & Reiss, D. (1996). Sibling differences in problem behavior and parental treatment in nondivorced and remarried families. Child development, 67 (5), 2148–2165.
Mertens, G., Frost, U., Böhm, W., Koch, L. & Ladenthin, V. (Hrsg.). (2011). Allgemeine Erziehungswissenschaft I und II. Paderborn; München; Wien; Zürich: Schöningh.
Metzing, S. (2007). Kinder und Jugendliche als pflegende Angehörige: Erleben und Gestalten familialer Pflege. Bern: Hans Huber Verlag.
Meyer-Drawe, K. (2008). Diskurse des Lernens. München: Fink.
Mischau, A. & Oechsle, M. (2005). Arbeitszeit-Familienzeit-Lebenszeit: Verlieren wir die Balance? Wiesbaden: VS Verlag für Sozialwissenschaften.
Mitscherlich, A. (1973/2003). Auf dem Weg zur vaterlosen Gesellschaft. München: Piper.
Modell, A. H. (1968). Object Love and Reality. An Introduction to a Psychoanalytic Theory of Object Relations. New York: Int. Univ. Press.
Mollenhauer, K. (2006). Familie – Familienerziehung. In: D. Lenzen (Hrsg.), Pädagogische Grundbegriffe. Bd. I. Reinbeck bei Hamburg: Rowohlt. S. 603–614.
Mollenhauer, K., Brumlik, M. & Wudtke, W. (1975). Die Familienerziehung. Weinheim: Juventa Verlag.
Müller, B.K. (1996). Was will denn die jüngere Generation mit der älteren? In: E. Liebau & C. Wulff (Hrsg). Generationen. Weinheim: DSV. S. 304–331.
Nave-Herz, R. (2009a). Geschwisterbeziehungen. In: K. Lenz & F. Nestmann (Hrsg.), Handbuch Persönliche Beziehungen. Weinheim; Basel: Juventa Verlag. S. 337–351.
Nave-Herz, R. (2009b). Familie heute. Darmstadt: Primus Verlag.
Nave-Herz, R. & Markefka, M. (1989). Handbuch der Familien und Jugendforschung: Familienforschung. Luchterhand: Neuwied.
Nave-Herz, R. & Schneewind, K.A. (1988). Kinderlose Ehe. In: K. Lüscher & F. Schultheis (Hrsg.), Die »postmoderne« Familie – familiale Strategien und Familienpolitik in einer Übergangszeit. Konstanz: Universitätsverlag. S. 193–200.
Naudascher, B. (1977): Die Gleichaltrigen als Erzieher. Fakten, Theorien, Konsequenzen zur Peer-Group-Forschung. Bad Heilbrunn/Obb: Klinkhardt.
Neidhardt, F. (1970). Bezugspunkte einer soziologischen Theorie der Jugend. In: F. Neidhardt, R. Bergius, T. Brocher, D. Eckensberger, W. Honstein, L. Rosenmayr (Hrsg.), Jugend im Spektrum der Wissenschaften. Beiträge zur Theorie des Jugendalters. München: Juventa Verlag. S. 11–48.

Noack, P. (2002). Familie und Peers. In: M. Hofer, E. Wild & P. Noack (Hrsg.), Lehrbuch Familienbeziehungen. Eltern und Kinder in der Entwicklung. Göttingen: Hogrefe. S. 143–167.

Nolting, H.-P. (1997). Lernfall Aggression. Reinbeck bei Hamburg: Rowohlt.

Nöstlinger, C. (2001). Gretchen Sackmeier. Hamburg: Oetinger Verlag.

OECD. (2001). Lernen für das Leben: Erste Ergebnisse von PISA 2000. Paris.

Oelkers, J. (1985). Die Herausforderung der Wirklichkeit durch das Subjekt. Literarische Reflexionen in pädagogischer Absicht. Weinheim: Juventa.

Oelkers, J. (2003). Wie man Schule entwickelt. Eine bildungspolitische Analyse nach Pisa. Weinheim: Beltz.

Oerter, R. (Hrsg.). (2002). Entwicklungspsychologie. Weinheim; Basel; Berlin: Beltz.

Olivier, C. (1994). Die Söhne des Orest.: Ein Plädoyer für Väter. Düsseldorf: ECON-Verlag.

Oswald, H. & Boll, W. (1992). Das Ende des Generationenkonflikts? Zum Verhältnis von Jugendlichen zu ihren Eltern. Zeitschrift für Sozialisationsforschung und Erziehungssoziologie, 12 (1), 30–51.

Paetzold, B. & Fried, L. (1989). Einführung in die Familienpädagogik. Weinheim: Beltz.

Papastefanou, C. (1992). Das zweite Kind und die Erweiterung der familialen Beziehungen. In: M. Hofer, E. Klein-Allermann & P. Noack (Hrsg.), Familienbeziehungen. Eltern und Kinder in der Entwicklung. Göttingen: Hogrefe. S. 152–166.

Papastefanou, C. & Hofer, M. (2002). Familienbildung und elterliche Kompetenzen. In: M. Hofer & P. Noack (Hrsg.), Lehrbuch Familienbeziehungen. Eltern und Kinder in der Entwicklung. Göttingen: Hogrefe. S. 168–191.

Parens, H. (1988). Siblings in early childhood: Some direct observational findings. Psychoanalytic Inquiry, 8 (1), 31–50.

Pestalozzi, J. H. (1906). Ausgewählte Werke. Dritter Band. Langensalza: Beyer.

Petermann, U. (2004). Entspannungstechniken für Kinder und Jugendliche. Weinheim: Psychologie Verlags Union.

Petri, H. (1994). Geschwister – Liebe und Rivalität. Die längste Beziehung unseres Lebens. Zürich; Stuttgart: Kreuz-Verlag.

Petri, H. (1996). Die Geburt der Geschwisterliebe. Zeitschrift für Jugend, Familie und Gesellschaft, 77 (2), 11–14.

Petri, H. (2001). Geschwister – Liebe und Rivalität. Die längste Beziehung unseres Lebens. Zürich; Stuttgart: Kreuz-Verlag.

Petri, H. (2006). Geschwister. Liebe und Rivalität: Die längste Beziehung unseres Lebens. Stuttgart: Kreuz.

Petri, H. (2009). Das Drama der Vaterentbehrung. Vaterlosigkeit in vaterarmen Zeiten. München: Reinhardt.
Pleck, E. & Pleck, J. (1997). Fatherhood ideals in the United States: Historical dimensions. In: M.E. Lamb (Hrsg.), The role of the father in child development. Hoboken: John Wiley & Sons. S. 33–48.
Postman, N. (1983). Das Verschwinden der Kindheit. Frankfurt am Main: Fischer.
Prange, K. (2005). Die Zeigestruktur der Erziehung. Grundriss einer Operativen Pädagogik. Paderborn: Schöningh.
Prange, K. (2011). Zeigen – Lernen – Erziehen. Jena: Garamond.
Pressler, M. (1994). Wenn das Glück kommt, muss man ihm einen Stuhl hinstellen: Roman. Weinheim: Beltz & Gelberg.
Preuß-Lausitz, U. (1995). Kriegskinder, Konsumkinder, Krisenkinder. Weinheim; Basel: Beltz.
Prognos, AG. (2007). Familienatlas 2007. Standortbestimmung, Potenziale, Handlungsfelder. Paderborn.
Pulakos, J. (1989). Young adult relationships: Sibling and friends. Journal of psychology, 123, 237–244.
Rank, O. (1924/1998). Das Trauma der Geburt und seine Bedeutung für die Psychoanalyse. Gießen: Psychosozial-Verlag.
Rank, O. (1926). Das Inzestmotiv in Sage und Dichtung: Grundzuege einer Psychologie des dichterischen Schaffens. Darmstadt: Wiss. Buchges.
Rauschenbach, T., Bien, W. (Hrsg.). (2012). Aufwachsen in Deutschland (AID: A). Der neue DJI-Survey. Weinheim/Basel: Juventa Verlag.
Reinders, H. (2003). Jugendtypen. Ansätze zu einer differentiellen Theorie der Adoleszenz. Opladen: Leske + Budrich.
Reinders, H. (2006). Jugendtypen zwischen Bildung und Freizeit: theoretische Präzisierung und empirische Prüfung einer differenziellen Theorie der Adoleszenz. Münster: Waxmann Verlag.
Richter, H.-E. (1963). Eltern, Kind und Neurose: Psychoanalyse der kindlichen Rolle. [die Rolle des Kindes in der Familie]. Stuttgart: Klett-Cotta.
Richter, D. (1987). Das fremde Kind: Zur Entstehung der Kindheitsbilder des bürgerlichen Zeitalters. Frankfurt am Main: Fischer.
Ritzenfeldt, S. (1998). Kinder mit Stiefvätern: Familienbeziehungen und Familienstruktur in Stiefvaterfamilien. Weinheim; München: Juventa Verlag.
Robert-Koch-Institut (2008). Studie zur Gesundheit von Kindern und Jugendlichen in Deutschland (KiGGS).
Rosa, H. (2013). Beschleunigung und Entfremdung: Entwurf einer kritischen Theorie spätmoderner Zeitlichkeit. Frankfurt am Main: Suhrkamp.

Rufo, M. (2004). Geschwisterliebe, Geschwisterhass: die prägendste Beziehung unserer Kindheit. München: Piper.

Salinger, J.D. (1951/1962). Der Fänger im Roggen. Reinbeck bei Hamburg: Rowoht.

Sandfuchs, U., Melzer, W., Dühlmeiser, B. & Rausch, A. (2012). Handbuch Erziehung. Regensburg: UTB.

Schelsky, H. (1957). Die skeptische Generation: eine Soziologie der deutschen Jugend. Düsseldorf: Diederichs.

Schenk-Danzinger, L. (1977). Entwicklungspsychologie. Wien: Österr. Bundesverlag für Unterricht, Wissenschaft und Kunst.

Schinkel, S. (2013). Familiäre Räume: Eine Ethnographie des »gewohnten« Zusammenlebens als Familie. Bielefeld: Transcript Verlag.

Schlottner, I. (2002). Der Kinderwunsch von Männern: Bewusstes und Nicht-Bewusstes. Gießen: Psychosozial-Verlag.

Schmid, C. (2015). Lernen von älteren oder Lernen durch jüngere Geschwister? Effekte der Geschwisterkonstellation auf die Lesekompetenz und Hausaufgabenhilfe in PISA 200-E. Zeitschrift für Erziehungswissenschaft, 18, 591–615.

Schneewind, K.A. (1994). Erziehung und Sozialisation in der Familie. In: Ders. (Hrsg.), Enzyklopädie der Psychologie. Pädagogische Psychologie, Bd. 1: Psychologie der Erziehung und Sozialisation. Göttingen: Hogrefe. S. 435–464.

Schneewind, K.A. (1995). Familienentwicklung. In: R. Oerter & L. Montada (Hrsg.), Entwicklungspsychologie: Ein Lehrbuch. Weinheim: Beltz. S. 128–166.

Schneewind, K.A. (1997). Ehe ja, Kinder nein-eine Lebensform mit Zukunft? System Familie, 10 (4), 160–165.

Schneewind, K.A. (2008). Sozialisation in der Familie. In: K. Hurrelmann, M. Grundmann & S. Walper (Hrsg.), Handbuch der Sozialisationsforschung. Weinheim: Beltz. S. 256–273.

Schneewind, K.A. (2010). Familienpsychologie. Stuttgart: Kohlhammer.

Schon, L. (2000). Sehnsucht nach dem Vater. Stuttgart: Klett-Cotta.

Schottlaender, F. (1961). Die Mutter als Schicksal: Bilder und Erfahrungen aus der Praxis eines Psychotherapeuten. Stuttgart: Klett.

Schwalb, H. & Theunissen, G. (Hrsg.). (2009). Inklusion, Partizipation und Empowerment in der Behindertenarbeit: Best Practice-Beispiele: Wohnen – Leben – Arbeit – Freizeit. Stuttgart: Kohlhammer.

Seelmann, K. (1927). Das jüngste und älteste Kind. Dresden: Verlag am andern Ufer.

Seiffge-Krenke, I. (1996). Selbstkonzept und Körperkonzept bei chronisch kranken und gesunden Jugendlichen. Zeitschrift für Gesundheitspsychologie, 4, 247–259.

Seiffge-Krenke, I. (2001). »Am liebsten würde ich fliegen ...«: Kindheitserfahrungen chronisch kranker Jugendlicher. In: I. Behnken & J. Zinnecker (Hrsg.), Kinder. Kindheit. Lebensgeschichte. Ein Handbuch. Kempten: Kösel. S. 536–546.

Seiffge-Krenke, I. (2017). Die Psychoanalyse des Mädchens. Stuttgart: Klett Cotta.

Sohni, H. (1991). Mutter, Vater, Kind – Zur Theorie dyadischer und triadischer Beziehungen. Praxis der Kinderpsychologie und Kinderpsychiatrie, 40, 213–221.

Sohni, H. (2004). Geschwisterbeziehungen in Familien, Gruppen und in der Familientherapie. Göttingen: Vandenhoeck & Ruprecht.

Sohni, H. (2011). Geschwisterdynamik. Gießen: Psychosozial-Verlag.

Spitz, R.A. (1954). Die Genese der ersten Objektbeziehung. Stuttgart: Klett.

Stambolis, B. (2013). Vaterlosigkeit in vaterarmen Zeiten: Beiträge zu einem historischen und gesellschaftlichen Schlüsselthema. Weinheim; München: Beltz-Juventa.

Statistisches Bundesamt (Hrsg.) (2013). Statistisches Jahrbuch für die Bundesrepublik Deutschland. Wiesbaden.

Stern, D.N. (1992). Die Lebenserfahrung des Säuglings. Stuttgart: Klett-Cotta.

Stern, D.N. (2006). Die Mutterschaftskonstellation – eine vergleichende Darstellung verschiedener Formen der Mutter-Kind-Psychotherapie. Stuttgart: Klett-Cotta.

Stoch, A. & Minister für Kultus Jugend und Sport des Landes Baden-Württemberg (Hrsg.). (2013). Jugendstudie Baden-Württemberg 2013.

Stoneman, Z. (2001). Supporting positive sibling relationships during childhood. Mental Retardation and Developmental Disabilities Research Reviews, 7 (2), 134–142.

Stöhr, R.-M., Laucht, M., Ihle, W., Esser, G. & Schmidt, M.H. (2000). Die Geburt eines Geschwisters: Chancen und Risiken für das erstgeborene Kind. Kindheit und Entwicklung, 9 (1), 40–49.

Streeck-Fischer, A. (2004). Adoleszenz-Bindung-Destruktivität. Stuttgart: Klett-Cotta.

Sulloway, F.J. (1997). Der Rebell der Familie. Berlin: Siedler.

Target, M. & Fonagy, P. (2003). Väter in der modernen Psychoanalyse und in der Gesellschaft. In: P. Fonagy & M. Target (Hrsg.), Frühe Bindung und psychische Entwicklung. Gießen: Psychosozial-Verlag. S. 71–102.

Tenorth, H.-E. & Tippelt, R. (Hrsg.). (2007). Beltz Lexikon Pädagogik. Weinheim: Beltz.

Teti, D.M. & Ablard, K.E. (1989). Security of attachment and infant-sibling relationships: A laboratory study. Child development, 60, 1519–1528.

Teubner, M.J. (2005). Brüderchen, komm tanz mit mir... Geschwister als Entwicklungsressource für Kinder. Kinderleben – Aufwachsen zwischen Familie, Freunden und Institutionen, 1, 63–98.
Theunissen, G. & Schwalb, H. (2009). Einführung–Von der Integration zur Inklusion im Sinne von Empowerment. In: Dies. (Hrsg.), Inklusion, Partizipation und Empowerment in der Behindertenarbeit. Best-Practice-Beispiele: Wohnen–Leben–Arbeit–Freizeit. Stuttgart: Kohlhammer. S. 11–36.
Thomä, H. & Kächele, H. (1985). Lehrbuch der psychoanalytischen Therapie, Bd. 1: Grundlagen. Berlin; Heidelberg: Springer.
Tietze, W. & Roßbach, H.-G. (1991). Die Betreuung von Kindern im vorschulischen Alter. Zeitschrift für Pädagogik, 37 (4), 55–57.
Tillmann, K.J. (2010). Sozialisationstheorien: Eine Einführung in den Zusammenhang von Gesellschaft, Institution und Subjektwerdung. Reinbeck bei Hamburg: Rowohlt.
TNS Emnid (Hrsg.). (2012). 2. JAKO-O Bildungsstudie. Berlin.
Toman, W. (1965/2020). Familienkonstellationen: ihr Einfluss auf den Menschen und seine Handlungen. München: Beck.
Toman, W. & Preiser, S. (1973). Familienkonstellationen und ihre Störungen. Ihre Wirkungen auf die Person, ihre sozialen Beziehungen und die nachfolgende Generation. Stuttgart: Enke.
Treffers, P.D., Goedhart, A.W., Waltz, J.W. & Koudijs, E. (1990). The systematic collection of patient data in a centre for child and adolescent psychiatry. The British Journal of Psychiatry, 157 (5), 744–748.
Tyson, P. & Tyson, R.L. (2009). Lehrbuch der psychoanalytischen Entwicklungspsychologie. Stuttgart: Kohlhammer.
Visher, E.B. & Visher, J.S. (1987). Stiefeltern, Stiefkinder und ihre Familien. München: Psychologie Verlag Union.
Vorwerk (Hrsg.). (2010). Vorwerk Familienstudie 2010. Ergebnisse einer repräsentativen Bevölkerungsumfrage zur Familienarbeit in Deutschland, durchgeführt vom Institut für Demoskopie Allensbach. Wuppertal.
Vorwerk (Hrsg.). (2012). Vorwerk Familienstudie 2012. Ergebnisse einer repräsentativen Bevölkerungsumfrage zur Familienarbeit in Deutschland, durchgeführt vom Institut für Demoskopie Allensbach. Wuppertal.
Wagner, M. & Schütze, Y. (Hrsg.). (1998). Verwandtschaft: Sozialwissenschaftliche Beiträge zu einem vernachlässigten Thema. Stuttgart: Ferdinand Enke Verlag.
Wahl, M. (1996). Emma und Daniel. München: dtv.
Walper, S. & Wild, E. (2002). Wiederheirat und Stiefelternschaft. In: M. Hofer, E. Wild & P. Noack (Hrsg.), Lehrbuch der Familienpsychologie. Eltern und Kinder in der Entwicklung. Göttingen: Hogrefe. S. 336–361.

Wedekind, F. (1906/1995). Frühlings Erwachen. Berlin: Cornelsen.
Weimann, B. (1994). Geschwisterbeziehung – Konstant und Wandel. Identifikation, Konflikte, Loyalität während des ganzen Lebens. In: S. Damm (Hrsg.), Geschwister- und Einzelkinderfahrungen. Pfaffenweiler: Centaurus. S. 76–89.
Welter-Enderlin, R. & Hildenbrand, B. (2006). Resilienz-Gedeihen trotz widriger Umstände. Heidelberg: Carl-Auer-Verlag.
Wexberg, E. (1930). Individualpsychologie. Eine systematische Darstellung. Leipzig: Hirzel.
Widlöcher, D. (1965). Was eine Kinderzeichnung verrät: Methode und Beispiele psychoanalytischer Deutung. Frankfurt am Main: Kindler.
Wilk, J. & Bacher, J. (1994). Kindliche Lebenswelten: Eine sozialwissenschaftliche Annäherung. Opladen: Leske + Budrich.
Winkler, M. (2012). Erziehung in der Familie. Innenansichten des pädagogischen Alltags. Stuttgart: Kohlhammer.
Winnicott, D.W. (1967). The minor role of mother and family in child development. In Playing and Reality. Harmondsworth: Penguin Books.
Winnicott, D.W. (1974). Die Entwicklung der Fähigkeit zur Besorgnis. In: Ders. (Hrsg.), Reifungsprozesse und fördernde Umwelt. München: Kindler. S. 93–105.
Winnicott, D.W. (2008). Von der Kinderheilkunde zur Psychoanalyse. Gießen: Psychosozial-Verlag.
Winnicott, D.W. & Niederhöffer, von, M. (1960). Primäre Mütterlichkeit. Psyche, 14 (7), 393–399.
Winterhager-Schmid, L. (2002). Die Beschleunigung der Kindheit. In: W. Datler, A. Eggert-Schmid Noerr & L. Winterhager-Schmid (Hrsg.), Jahrbuch für psychoanalytische Pädagogik. Bd. 12: Das selbstständige Kind. Gießen: Psychosozial-Verlag. S. 15–31
Wustmann, C. (2004). Resilienz: Widerstandsfähigkeit von Kindern in Tageseinrichtungen Fördern. Weinheim: Beltz.
Zajonic, R. B. (2001). The family dynamics of intellectual development. American Psychologist, 56 (6–7), 490–496.
Zimmermann, P. (1995). Bindungsentwicklung von der frühen Kindheit bis zum Jugendalter und ihre Bedeutung für den Umgang mit Freundschaftsbeziehungen. In: G. Spangler & P. Zimmermann (Hrsg.), Die Bindungstheorie Grundlagen, Forschung und Anwendung. Stuttgart: Klett-Cotta. S. 203–231.
Zimmermann, R. (2002). Geschwisterkonstellationen in Essstörungs- und Vergleichsfamilien. Dissertation Medizinische Fakultät der Technische Hochschule Aachen.
Zinnecker, J. (1991). Jugend als Bildungsmoratorium. Zur Theorie des Wandels der Jugendphase in west- und osteuropäischen Gesellschaften. In: W. Mel-

zer, W. Heitmeyer, L. Lieglile, J. Zinnecker (Hrsg), Osteuropäische Jugend im Wandel. Ergebnisse vergleichender Jugendforschung in der Sowjetunion, Polen, Ungarn und der ehemaligen DDR. Weinheim und Basel: Juventa. S. 9-25.

Zinnecker, J. (2000). Künftige Kindheitsforschung. Eine komplexe Wegbeschreibung. Zeitschrift für Sozialisationsforschung und Erziehungssoziologie, 2, 203-207.

Zinnecker, J. (2002). Wohin mit dem »strukturlosen Subjektzentrismus«? Eine Gegenrede zur Entgegnung von Ullrich Bauer. Zeitschrift für Soziologie der Erziehung und Sozialisation, 22 (2), 143-154.

Zifras, J. (1998). Die Normativität des Humanen. Zur Theorie der Behinderung aus der Sicht von pädagogischer Anthropologie und Ethik. In: H. Eberwein & A. Sasse (Hrsg.), Behindert sein oder behindert werden? Interdisziplinäre Analysen zum Behinderungsbegriff. Berlin: Neuwied. S. 96-119.

Zirfas, J. (2012). Eine Pädagogische Anthropologie der Behinderung. Über Selbstbestimmung, Erziehungsbedürftigkeit und Bildungsfähigkeit. In: D. Horster & V. Moser (Hrsg.), Ethik der Behindertenpädagogik. Menschenrechte, Menschenwürde, Behinderung. Eine Grundlegung. Stuttgart: Kohlhammer. S. 75-89.

Zukow, P.G. (Hrsg.). (1989). Sibling interaction across cultures: Theoretical and methodological issues. New York: Springer-Verlag Publishing.